La gran pantalla dominicana

La gran pantalla dominicana
Miradas críticas al cine actual

Adriana Tolentino
Patricia Tomé (eds.)

Almenara

CONSEJO EDITORIAL

Luisa Campuzano Waldo Pérez Cino
Adriana Churampi Juan Carlos Quintero Herencia
Stephanie Decante José Ramón Ruisánchez
Gabriel Giorgi Julio Ramos
Gustavo Guerrero Enrico Mario Santí
Francisco Morán Nanne Timmer

© los autores, 2017
© Almenara, 2017

www.almenarapress.com
info@almenarapress.com

Leiden, The Netherlands

ISBN 978-94-92260-23-9

Imagen de cubierta: © W Pérez Cino, 2017

Esta publicación se hizo posible con fondos de la beca de investigación Lloyd W. Chapin otorgada por Eckerd College.

All rights reserved. Without limiting the rights under copyright reserved above, no part of this book may be reproduced, stored in or introduced into a retrieval system, or transmitted, in any form or by any means (electronic, mechanical, photocopying, recording or otherwise) without the written permission of both the copyright owner and the author of the book.

ADRIANA TOLENTINO & PATRICIA TOMÉ
En busca de una identidad fílmica. El proceso evolutivo
del emergente cine dominicano. 9

LAS SECUELAS DEL TRUJILLATO

LISA BLACKMORE
Cine en postdictadura. La memoria
cultural de las hermanas Mirabal. 31

FERNANDO VALERIO-HOLGUÍN
Las hermanas Mirabal. Mercantilización
de la memoria histórica. 61

IDENTIDADES DOMINICANAS: SEXUALIDADES Y ESTÉTICAS

FERNANDA BUSTAMANTE ESCALONA
De esos cuerpos que sugieren barbarie. Una lectura de las
subjetividades en un devenir endriago, o desprovistas de un
devenir, en los filmes *Jean Gentil* (2010) y *La Gunguna* (2015) . . 85

ROSANA DÍAZ ZAMBRANA
El desorientador lenguaje de los afectos y los cuerpos
en *Dólares de arena* (2014) 107

MARÍA GARCÍA PUENTE
Y Ceniciento ya no sueña con ser blanco…ni «bello».
Reescribiendo el rostro de la dominicanidad del siglo XXI
en *Feo de día, lindo de noche* (2012). 127

IRUNE DEL RÍO GABIOLA
María, ¿Virgen o Dios? La (im)posibilidad de la intersexualidad
en el cine dominicano 153

Música y sabor criollo: Quisquella la bella

Patricia Tomé
La comida en el cine dominicano actual. Creando una identidad gastrofílmica. 173

Naida García Crespo
Reconstruyendo la historia dominicana. La narración oral en *Perico ripiao* de Ángel Muñiz. 203

Rita De Maeseneer
Resort, música popular y antagonismos. La comedia *Sanky panky* 1 (2007) de José Enrique Pintor. 223

Raymond Torres-Santos
Música cinematográfica dominicana. Un panorama 243

Lazos trasnacionales en el Caribe

Miharu M. Miyasaka
Por los intersticios transnacionales y transdisciplinarios de *El Muro*. Expansión de los imaginarios fílmico y social dominicanos a través de un documental cubano sobre la diáspora japonesa en República Dominicana. 265

Kristina I. Medina Vilariño
El cine dominicano. Arte de colaboración e intersecciones transcaribeñas. 299

Apéndice

Patricia Tomé
Entrevista a Ivette Marichal, directora de la DGCINE 319

Adriana Tolentino
Entrevista a Armando Guareño, fundador y director actual del Festival de Cine Dominicano en Nueva York 329

Félix Manuel Lora
Catálogo de cine dominicano (2014-2017) 335

A Óscar, Antón y Benjamín

En busca de una identidad fílmica
El proceso evolutivo del emergente cine dominicano

Adriana Tolentino | Patricia Tomé

> Una buena película que aparece en un país que constantemente celebra un carnaval de películas malas y mediocres instantáneamente pone en vergüenza a sus predecesores...
>
> Pedro Cabiya, a propósito de *La Gunguna*

Tímida y vacilante, aunque cada vez más notoria, se vislumbra ya en el radar de la cartelera caribeña y latinoamericana de la presente década la emergente actividad fílmica de la República Dominicana. A nivel nacional e internacional, algunos eventos como el Festival de Cine Global Dominicano en la capital, el Festival de Cine Dominicano de Nueva York, la Muestra de Cine Dominicano en Madrid y recientemente una esporádica aparición en el Festival Fílmico Sundance han sido instrumentales para acaparar miradas hacia la industria cinematográfica nacional. Sin embargo, han sido diversos los factores que han contribuido al aparente vacío, tanto de producciones fílmicas netamente dominicanas como de un sólido aparato crítico sobre el tema.

Tan sólo hace falta observar que no fue sino hasta 1979, hace apenas 36 años, que el cineasta Agliberto Meléndez fundó la primera Cinemateca Nacional, incentivando así una manera de conservar y organizar un archivo y memoria fílmica dominicanos. Dados los extremos recortes presupuestarios que acechaban a la media Isla, bajo el mandato del presidente Balaguer, ésta cesó de fungir como tal en poco menos de una década, lo cual supuso en cierta forma la discontinuidad del interés nacional en su patrimonio cinematográfico. Tras haber sido rezagada a un pequeño centro audiovisual del Museo de Historia y Geografía en Santo Domingo durante varios lustros, en 2002 el gobierno considera reinstaurar la Cinemateca Nacional con el fin de «rescatar, conservar y exhibir joyas del cine clásico y contemporáneo» en aras de reanudar el estudio y la investigación del séptimo arte y de «aumentar el acervo de materiales fílmicos», particularmente en el cine criollo (DGCINE: en línea).

Sin duda, fue la promulgación de la Ley de Cine en el 2010 (Ley Nº 108-10 para el fomento de la actividad cinematográfica en la República Dominicana), legislada durante el mandato de Leonel Fernández Reyna, el mayor estímulo que ha propulsado el quehacer de la imberbe industria fílmica criolla y le ha brindado cierta visibilidad, aunque no necesariamente notoriedad como en otros cines incipientes (dígase el destacado caso colombiano, a modo de ejemplo reciente). Previo a esta protección legal por parte del gobierno, los trabajos cinematográficos corrían a cargo de iniciativas personales o de grupos de cineastas (Getino 2012: 205). Actualmente, ya bajo el auspicio del Ministerio de Cultura y la Dirección General de Cine (DGCINE), la misión de la Cineteca Nacional consiste en «crear las condiciones propicias para que el cine de estimable calidad sea difundido y así formar nuevas generaciones con una visión crítica del fenómeno fílmico en todo el territorio nacional para finalmente transformar, educar y concientizar a través del cine» (DGCINE: en línea).

Como parte de sus tareas de promoción y con el fin de cumplir los objetivos trazados en aras de la solidificación de su industria fílmica, la DGCINE se ha abocado a difundirla tanto a nivel nacional como internacional, apoyando diversos proyectos en las que estelarizan creaciones dominicanas, como el ya aludido Festival Global de Cine Dominicano o el recientemente concebido Festival de Cine Dominicano en Miami. La Muestra de Cine en Madrid ya va por su quinta edición, y según atestigua la sección de cine del periódico nacional *El Diario*, cada vez goza de mayor número de espectadores, duplicando la asistencia desde sus propuestas iniciales. Por ejemplo, a propósito de la IV edición de dicha muestra, Ivette Marichal, la Directora General de DGCINE, puntualizó que el país se mantiene en una búsqueda constante de oportunidades en coproducciones y ofrece a España –y a otras industrias fílmicas extranjeras más consolidadas– «recursos humanos de calidad» además de lugares excepcionales para rodar, y que en contrapartida esperan con los brazos abiertos «experiencia» y «directores e historias formidables» que contar. Según reconoce, el punto débil del incipiente cine dominicano son ‹algunos guiones›». Como ejemplos recientes de coproducciones hispano-dominicanas podrían citarse *El rey de La Habana* (dir. Agustí Villaronda, 2015), basada en la novela homónima del cubano Pedro Juan Gutiérrez, y en menor escala *Falling* (dir. Ana Rodríguez Rossel, 2016), sin dejar de mencionar otras coproducciones internacionales destacadas como *El hombre que cuida* (dir. Alejandro Andújar, 2017), con Brasil, y *Dólares de arena* (dir. Laura Amelia Guzmán e Israel Cárdenas, 2014), con México y Argentina. No cabe duda que si bien estas producciones carecen del posible etiquetamiento de cine criollo puro, la imagen de la República Dominicana proyectada en la pantalla italiana, estadounidense o latinoamericana, así como la inclusión e interacción de cineastas, actores, equipo técnico y artistas del cine locales con extranjeros, contribuye en gran medida a la formación necesaria de nuevos talentos.

Un beneficio agregado que emerge de dicha dinámica consiste en presentar ante una tarima global el potencial de Quisqueya como un espacio idóneo para la creación y producción de cine de calidad enmarcado en las paradisíacas playas dominicanas, pero sobre todo bañado de su sabor y talentos caribeños. De ahí que en los últimos años la DGCINE se haya involucrado en iniciativas de capital privado que intentan impulsar el desarrollo del cine, pero considerando principalmente su potencial como dinamizador económico. Así lo demuestra el anuncio de un reciente proyecto a cargo de la Asociación de Industrias de la República Dominicana (AIRD). Dicha entidad, intenta materializar un plan enfocado en «el desarrollo del cine y su rol potencial como un vehículo de promoción de la marca país, mediante un plan de capacitación y desarrollo del sector, que cuenta con apoyo del Banco Interamericano de Desarrollo (BID)[1]» (Redacción *Acento*: en línea).

Otro factor promotor de la marca país ha sido impulsar la reputación de la República Dominicana como locación para el rodaje de películas internacionales, como es el caso del reciente éxito taquillero en Italia del largometraje *Vacanze al Caraibi: Il Film di Natale* (dir. Neri Parenti, 2015). La DGCINE informa que «Parenti y su equipo filmaron una parte en Italia (Roma, El Vaticano y un barco crucero) y un 80% en la República Dominicana, específicamente en Bayahíbe, Casa de Campo y Punta Cana durante el segundo trimestre del 2015 e inyectaron a la economía dominicana un monto superior a DOP$ 48 millones». Según la directora de la DGCINE, en 2015 «la República Dominicana como locación fílmica ha dado un salto de más del 300 por ciento» (Redacción AV451: en línea). La inversión extranjera en rodajes ascendió de 12 millones de euros en 2015, a 52 millones tan sólo durante el primer trimestre del 2016, debido principalmente a que «aterrizaron en República Dominicana dos rodajes de superproducciones norteamericanas: la producción de Netflix *The True Memoirs of an International Assassin*, con Kevin James y Andy García, y una nueva entrega de *XXX: Return of Xander Cage* de Vin Diesel, que rodó también en los estudios Pinewood de República Dominicana durante tres semanas» (Redacción AV451: en línea).

---

[1] Véase la web de DGCINE para una lista completa sobre los talleres impartidos hasta la fecha.

La DGCINE, por su parte, se ha interesado en paulatinamente crear en los cinéfilos una conciencia crítica e histórica sobre el séptimo arte. A ese fin, se montan continuamente ciclos de cine basados en algún director destacado, como se pudo notar en la Retrospectiva de Ángel Muñiz en 2015 o en el ciclo de cine sobre La mujer en 2016, eventos en los que se proyectan largometrajes tanto dominicanos como latinoamericanos. En términos generales y como sugiere un estudio basado en apuntes del crítico dominicano Félix Manuel Lora, desde la aplicación de la Ley de Cine se han estado sentando las bases «para construir verdaderamente una industria cinematográfica local, que cumpla con la cuota de demanda en el territorio nacional y que, por demás, se logre la exportación de filmes dominicanos hacia otros mercados» (DGCINE: en línea). Es de esta forma que se forja lentamente en la presente década el impulso de organizar la incipiente labor fílmica de la isla y de revalorar el rol del cine como una fibra primaria del tejido cultural, cotidiano y del imaginario nacional dominicano.

A nivel local, la DGCINE ha incentivado la creación y producción cinematográfica nacional con eventos didácticos y de capacitación impartidos por profesionales de la industria de manera gratuita, talleres de rodaje, concursos de cortometrajes para jóvenes promesas, congresos con directores y productores, muestras internacionales de cine dominicano, e incluso se ha venido promocionando más y más los Premios La Silla, auspiciados por la Asociación Dominicana de Profesionales de Cine (ADOCine). Bajo el formato de talleres, seminarios, foros o laboratorios con temática orientada a cubrir diversas áreas de la industria que van desde la actuación para cine hasta la creación de guiones y el desarrollo de ideas, la DGCINE parece reconocer las deficiencias existentes y la urgencia de capacitar y motivar a las nuevas generaciones de cineastas.

Inicios cinematográficos en la República Dominicana

Para ubicar los inicios del cine nacional, basta remontarse en la rigurosa y detallada investigación de Félix Manuel Lora en la que documenta y ubica el quehacer fílmico de la isla a partir de la segunda década del siglo XX. Para 1922, el equipo conformado por el editor y fotógrafo Francisco A. Palau y los fotógrafos Tuto Báez y Juan B. Fonseca, junto al historiador Bernardo Pichardo, llevan a la pantalla grande la primera película dominicana, *La leyenda de nuestra señora de Altagracia* (dir. Francisco A. Palau, 1923). Dos años más tarde habrían de aventurarse a estrenar la comedia *Las emboscadas de Cupido* (dir. Francisco A. Palau, 1925). Fueron dichos proyectos de Palau, además de su documental histórico *La República Dominicana* (1923), los que sentaron las bases de la actividad fílmica de la isla, pero ésta no logró establecer continuidad debido en gran medida a la represión y censura durante el Trujillato.

En las más de tres décadas del régimen de Rafael Leónidas Trujillo (1930-1961) se producen alrededor de una docena de documentales realizados por la compañía Cine Dominicano, destinados a promover y ensalzar la administración trujillista, y alguna producción disidente como *La silla* (dir. Franklin Domínguez, 1963), donde se denuncia el horror de la dictadura. Para el lustro siguiente, a partir de 1967, comienza a aparecer una cantidad modesta de producciones entre largometrajes de ficción y documentales de índole variopinta, entre las que destacan los que documentan la historia y cultura dominicanas: *Nuestra historia* (dir. Max Pou y Eduardo Palmer, 1967), *El esfuerzo de un pueblo* (dir. Eduardo Palmer, 1968), *Enrique Blanco* (1973), *Siete días con el pueblo* (dir. Jimmy Sierra, 1978), *Rumbo al poder* (dir. José Bujosa Mieses, 1978), entre otras. Sin embargo, desde la perspectiva de Lora, tras el Trujillato tuvieron que pasar veinticinco años para que «apareciera otro producto dominicano que diera respuesta a la voluntad de formalizar una filmografía dominicana» (Lora 2007c: en línea). Es así como emergen paulatinamente trabajos de temática variada entre los que destacan dramas y comedias que abordan realidades sociales e idiosincráticas de la isla como la migración, la marginación social y económica, la violencia, las prácticas religiosas y la corrupción gubernamental. Entre las más comentadas y taquilleras se encuentran *Un pasaje de ida* (dir. Agliberto Meléndez, 1988), *Nueba Yol I* (dir. Ángel Muñiz, 1995), *Pasión Mortal* (dir. Freddy Gutiérrez, 1995), *Prisionera* (dir. Federico Segarra 1995), *Para vivir o morir* (dir. Radel Villalona, 1996), *Cuatro hombres y un ataúd* (dir. Pericles Mejía, 1996), *Nueba Yol III* (dir. Ángel Muñiz, 1997), *Perico ripiao* (dir. Ángel Muñiz, 2003), *Éxito por intercambio* (dir. Miguel Vázquez, 2003), *Negocios son negocios* (dir. Joppe de Bernardi, 2004), *La cárcel de la Victoria* (dir. José Enrique Pintor, 2004), *Los locos también piensan* (dir. Humberto Castellanos, 2005), *Operación Patakón* (dir. Tito Nekerman, 2006), *Sanky Panky* (dir. José Enrique Pintor, 2007), *Yuniol* (dir. Alfonso Rodríguez, 2007), *Un macho de mujer* (dir. Alfonso Rodríguez, 2007) y *Tubérculo Gourmet* (dir. Archie López, 2015). La copiosa y dominante presencia de la comedia de costumbres se ha manifestado desde entonces hasta la presente década con contadas y singulares incursiones en el cine de género de terror y el fantástico; es el caso de *Andrea* (dir. Roger Bencosme, 2005) y *La maldición del padre Cardona* (dir. Félix Germán, 2005), y de *Las cenizas del mal* (dir. Javier Vargas, 2008) y *Enigma* (dir. Robert Cornelio, 2008).

Ahora bien, no podemos dejar de mencionar la modesta contribución de la diáspora al imaginario fílmico dominicano y a su desarrollo actual. Aunque para algunos críticos y directores ese cine no debe etiquetarse como dominicano al ser concebido y realizado fuera de la isla, de acuerdo al crítico nacional de cine Arturo Rodríguez su mayor acierto es haberle «hecho sentir al dominicano que vive aquí en la isla el dolor de la ausencia, el dolor de estar lejos, ese vacío existencial a pesar de que está ganando en dólares» y que «no son dominicanos los de aquí solamente, sino los que llevan lo dominicano en la sangre» (Lora 2007b). Asimismo, entre drama y comedia estas producciones audiovisuales cobran importancia al intentar recopilar parte de la sensibilidad fílmica y los valores culturales dominicanos: documentan y recrean ficticiamente las vicisitudes, experiencias y preocupaciones de los habitantes de Washington Heights, el corazón de Quisqueya en la Gran Manzana. Entre ellas, *Buscando un sueño* (dir. Joseph Medina,1997), *Una locura en Brooklyn* (dir. Juan Guillén, 1998), *El círculo vicioso* (dir. Nelson Peña, 1999), *A golpe de güira y tambora* (dir. Maxi Domingo-Sosa, 2000), *Pasaporte rojo* (dir. Albert Xavier, 2003), *Los jodedores* (dir. Eddy Durán, 2004) y *Oso grande* (dir. Eddy Durán, 2005)[2].

En la actualidad, ya bien entrada en vigor la Ley de Cine, la producción fílmica dominicana abunda, aunque no necesariamente en talento e innovación de acuerdo a sus propios críticos. Contados realizadores de las nuevas hornadas zarandean emocional y psicológicamente a sus personajes y aún menos los mismos guiones, que en su mayoría carecen de estilo o retórica creíble o que sencillamente buscan «aplatanar» fórmulas hollywoodenses, es decir, matizarlas con un giro dominicano normalmente simplista y estereotipado. Otras de sus producciones pecan de ser ricas en albures y chistes sexistas o con doble sentido, conocidos y populares en el gusto dominicano, y de optar por una trama fácil resuelta mediante mecanismos de índole supersticiosa o religiosa. De hecho, si nos atenemos a la filosofía de André Breton, quien argumentaba que el cine es reflejo de una determinada sociedad y que se convierte, a su vez, en un conformador social, en la última década surgen varias constantes en el cine nacional que logran sondear el carácter social, político, cultural y, a menudo, transnacional de la República Dominicana.

Ahora bien, a poco más de un lustro de entrar en vigor y a pesar de ser concebida como un atisbo de esperanza que apuesta por el rescate

---

[2] Véase «Historia del cine dominicano». en cinemadominicano.com (blog de Felix Manuel Lora, basado en Lora 2007).

y forjamiento de una identidad fílmica netamente dominicana y por una profesionalización gremial, la Ley de Cine no ha sido una panacea para la evidente inmadurez de la industria. A pesar de la abundancia de rodajes propiciada a partir de dicha legislación, en la actualidad el cine dominicano continúa ocupando un espacio marginal y precario dentro del concepto internacional de industria cinematográfica latinoamericana. Relegado a un calibre inferior sea por sus deficiencias técnicas y de producción, por la debilidad de sus guiones, por su limitada distribución o por la escasez de un reparto local respetable, los rodajes netamente dominicanos todavía resultan insustanciales y baladíes si se comparan con la larga trayectoria de sus contrapartidas latinoamericanas, incluyendo a Cuba, cuyo insularismo surge como singular característica compartida con la República Dominicana. Dentro de estos retos al desarrollo de la industria cinematográfica enteramente dominicana no hay que pasar por alto la ya mencionada abrumadora represión sociocultural durante el Trujillato (1930-1961), la carencia de apoyo gubernamental a las artes cinematográficas y la escasez de infraestructura en torno a la educación, preparación, creación y producción del séptimo arte en un país que, hoy día, germina sus primeros pasos como nación democrática, de carácter distintivamente caribeño y dominicano.

Aunque bien puede ser cierto que el estancamiento perenne y, por consiguiente, el lento desarrollo del cine nacional puede atribuirse en gran medida al limitado presupuesto con el que cuentan los realizadores, existe la percepción pública de que la reciente Ley de Cine ha beneficiado a un selecto grupo de directores y productores, no necesariamente en pos de materializar un proyecto de identidad nacional sino meramente personal y económico. Es decir, «el beneficio para hacer películas se ha convertido más en un negocio al vapor que en una estampa de buen cine local como lo es en otros países» (Lora 2007c: en línea). Junto a Lora, otros académicos del gremio audiovisual igualmente reconocen que existe «la urgencia de construir una identidad audiovisual dominicana fundamentada en los valores, la identidad cultural, las referencialidades y contextualizaciones de la realidad dominicana». Para algunos críticos, como la profesora Isadora Miguel, del Instituto Tecnológico de Las Américas (ITLA), dentro de los grandes detractores de este avance figuran el surgimiento de «producciones audiovisuales diariamente de personas desvinculadas con el sector tradicional audiovisual y sin ninguna educación formal en el ámbito» (DGCINE 2016b: en línea). Este serio cuestionamiento a la integridad de la Ley y sus mecanismos de gestión apunta a cómo la arbitrariedad en los procesos de selección de proyectos que reciben incentivos fiscales no sólo desvirtúa el potencial de su propio cine, en tanto que se perpetúan tendencias tanto temáticas como estéticas y se realizan trabajos mal logrados o carentes de una visión fílmica clara, sino sobre todo se ataja el desarrollo de nuevas propuestas y talentos que podrían engalanar la pantalla grande nacional e inspirar a las nuevas generaciones.

En el marco del Festival de Cine Dominicano de Nueva York del 2016, durante la conferencia de prensa del evento, un grupo de panelistas integrados por directores y productores dominicanos (Bladimir Abud, Francis Disla, Celinés Toribio, Guillermo Zouain) y moderado por Armando Guareño, Fundador y Director Ejecutivo del Festival de Cine Dominicano de Nueva York, se reunió para dar testimonio de los logros y desafíos de la Ley de Cine. Entre la audiencia, además de público general, había un gran número directores, productores y actores de la diáspora dominicana. Dentro de la rueda de prensa se alabaron los beneficios de la Ley de Cine para el desarrollo de la cinematografía dominicana, pero también se discutieron catártica y abiertamente los desaciertos y deficiencias tanto de la Ley como de quienes se favorecen o intentan beneficiarse de ella, así como el estado actual y las proyecciones futuras del cine nacional. Dentro de las principales vertientes de la discusión se destacaron la corrupción y favoritismo en el proceso de selección de los proyectos que reciben los estímulos de la Ley de Cine, la burocracia y su aparente desdén por los directores y actores de la diáspora y el escaso profesionalismo en el proceso de selección, en el que a menudo se da prioridad al potencial económico del proyecto por sobre su calidad o mérito artístico. Asimismo, respaldado por Guareño, según el propio Bladimir Abud –director de algunos de los filmes dominicanos contemporáneos mejor realizados, como *La lucha de Ana* (2012), *Los Súper* (2013) o *A orillas del mar* (2016)–, a los directores criollos les hace falta «letrarse» adecuadamente: «Nos falta formación… alguien que nos instruya». Ese proceso implica reconocer también la función de las coproducciones como modelos de aprendizaje, y sobre todo un conocimiento más rotundo de cómo la Ley de Cine, particularmente mediante los artículos 34 y 39, respectivamente, protege el producto y talento nacionales y a la vez incentiva la economía mediante la inversión extranjera. A su vez, durante el intercambio, se resaltaron las limitaciones presupuestarias de cualquier director de cine, la mayor competencia para atraer a los inversionistas que aseguren la distribución de los proyectos audiovisuales y la necesidad de recurrir al mismo grupo de actores, a menudo caras conocidas de la pantalla chica local y no necesariamente con talento histriónico, en pos de asegurar la recaudación.

Miradas críticas del cine dominicano actual

Mientras el impacto de la Ley de Cine se analiza entre los interesados en el quehacer fílmico dentro de la isla y desde la diáspora, este volumen presenta lecturas académicas que abordan cuestiones relativas a una identidad fílmica dominicana. De igual forma, y conscientes de las insuficiencias cinematográficas anteriormente destacadas, busca sondear e identificar las constantes recurrentes del cine dominicano y determinar cómo este se inserta en la formulación de la identidad, la cultura y la nación criolla actual. Partimos del presupuesto, reiterado por diversos críticos y cineastas dominicanos, que entiende al cine nacional como una industria en busca de una identidad propia. En palabras de Carlos Francisco Elías, crítico dominicano de cine, «no hay una constante cultural que permita una identificación global, general de lo que es nuestra identidad musical, nuestra identidad antropológica y nuestra identidad social» (Lora 2007b). Para René Fortunato, uno de los cineastas más logrados y reconocidos, el cine actual «representa a un sector de la *dominicanidad* que no necesariamente es toda la *dominicanidad*. Representa únicamente a sectores específicos» (Lora 2007b). Al abordar aquí la labor cinematográfica como un cine errante, en constante proceso de revisión, avance, retroceso y evolución, se busca analizar los esfuerzos fílmicos actuales como resultado de una tradición que, aunque joven y difusa, se ha utilizado como modelo a seguir, afianzar, rechazar e incluso reinterpretar.

De esta forma, nos planteamos explorar cómo se ha tratado de construir la identidad fílmica dominicana a lo largo de su historia y cómo la abundante producción cinematográfica propiciada por la Ley de Cine está abriendo espacio para producciones cualitativamente mejor logradas. De manera inicial, identificamos en la repetición sistemática de temas y, sobre todo, de géneros fácilmente reconocibles para una audiencia nacional –con la comedia como el género por antonomasia–, las bases de dicha identidad. Algunos rodajes recientes se valen de la comedia buscando romper con el patrón de éxitos malogrados y de tramas irresolutas e insustanciales. Podemos ya contar algunos aciertos como *La Gunguna* (dir. Ernesto Alemany, 2015), *Los Súper* (dir. Bladimir Abud, 2013) y *Carpinteros* (dir. José María Cabral, 2017), en cuyos guiones y ejecución se inserta un comentario social intrínseca y coherentemente ligado al desarrollo de la trama de aventuras y enredos de barrio. Asimismo, sobre todo en las producciones del último lustro existe un esfuerzo palpable por explotar las capacidades afectivas, poéticas y políticas del cine al tiempo que se responde a exigencias que apuestan a captar la experiencia, las expectativas y los gustos tanto de una audiencia local como global. Dentro de este grupo se cuentan *Jean Gentil* (dir. Laura Amelia Guzmán e Israel Cárdenas, 2010), *Hermafrodita* (dir. Albert Xavier, 2009), *La lucha de Ana* (dir. Bladimir Abud, 2012), *Cristo Rey* (dir. Leticia Tonos, 2013), *Dólares de arena* (dir. Laura Amelia Guzmán e Israel Cárdenas, 2014), *A orillas del mar* (dir. Bladimir Abud, 2014), *Algún lugar* (dir. Guillermo Zouain, 2015), *La hija natural* (dir. Leticia Tonos, 2011) y *María Montéz* (dir. Vicente Peñarrocha, 2016), entre varios otros que comienzan recién su trayectoria en la gran pantalla. Como parte de este nuevo impulso vale destacar la incursión de las mujeres en el cine ya no sólo como sujetos de placer visual, sino en papeles protagónicos meritorios (Cheddy García en *La lucha de Ana* y *Los Súper*, Celinés Toribio en *María Montéz*), o como realizadoras, guionistas y productoras –tal es el caso de Laura Amelia Guzmán, Leticia Tonos, Virginia Sánchez Navarro, Suzette Reyes, Dilia Pacheco Méndez y Celinés Toribio.

La necesidad de un estudio de estas características se evidencia realizando un recorrido por el corpus académico publicado en torno al cine de la República Dominicana. Huelga decir que la escasez de estudios sobre el tema tiene su paralelo, en gran medida, en el estado de inmadurez del cine criollo. Los pocos estudios existentes hacen obligatoria referencia a las publicaciones del crítico dominicano Félix Manuel Lora, *Encuadre de una identidad audiovisual* (2007) y *Cine Dominicano en la mira: Catálogo 1963-2014* (2015), y al trabajo de José Luis Sáez, *Historia de un sueño importado: ensayos sobre el cine en Santo Domingo* (1983). Lora recopila la historia del desarrollo de la industria fílmica hasta el inicio de la Ley de Cine en la República Dominicana y algo más allá; el libro de Sáez documenta la historia del cine en el país entre 1900 y 1981. Además de los títulos anteriores, podemos mencionar la labor periodística, de blogs y algunos otros portales virtuales que con aguda perspicacia critican las producciones nacionales, señalando mayormente sus deficiencias y algunos de sus oportunos aciertos. A pesar del discutible valor académico de las colaboraciones virtuales, su principal valor radica en visibilizar ante el mundo títulos y datos difícilmente asequibles fuera de la isla debido a la escasa o nula distribución local, a pesar de la abundancia de producciones patrocinadas por la DGCINE. En el ámbito académico han sido escasos los ensayos publicados en revistas o recopilaciones que exploren algunos de estos trabajos fílmicos, si exceptuamos la antología que acoge el mayor número de dichos estudios hasta el momento, *Cinema Paraíso. Representaciones e imágenes audiovisuales del Caribe Hispano* (Díaz-Zambrana & Tomé 2010).

Los análisis críticos que se incluyen en *La gran pantalla dominicana* ofrecen una radiografía fílmica de la sociedad dominicana en los umbrales del siglo XXI, que busca trazar la trayectoria de los temas dominantes del cine nacional para la apreciación de su evolución y el entendimiento de los filmes más recientes. Estos últimos deben entenderse como la reacción o el diálogo resultante de una retahíla de intentos, quizá fallidos, por retratar en la pantalla la vida dominicana y por captar el interés y gusto de consumo fílmico de su población. Salvo en contadas ocasiones un filme dominicano –como bien dice Cabiya a propósito de *La Gunguna*– ha logrado superar la maldición, apatía o pereza que parece haber estancado al cine nacional. Es en oportunidades como ésta que el cine dominicano logra no necesariamente avergonzar a sus predecesores, sino abrir los ojos hacia las ricas posibilidades inexploradas del cine quisqueyano, y desvincularse, como declaraba el cineasta Ángel Muñiz en entrevista, del reproche de «ser dominicano», una afirmación con matices claramente peyorativos en alusión al subdesarrollo de la industria fílmica local (Lora: 2007b).

Los trabajos aquí reunidos, por tanto, estudian en su mayoría producciones que por su temática, valores formales y/o éxito en taquilla han logrado captar la atención local o internacional en la última década, y se reconocen ya como los pilares iniciales de lo que se vislumbra como un nuevo cine dominicano. Lisa Blackmore, en «"Esa muchacha es un monumento". *Trópico de sangre* (2010) y la memoria cultural de las hermanas Mirabal», retoma la legendaria figura de Minerva Mirabal a partir del largometraje *Trópico de sangre* (dir. Juan Deláncer, 2010) y la novela de Julia Álvarez *In the Time of the Butterflies* y su adaptación cinematográfica (dir. Mariano Barroso, 2001) para abordar intersecciones entre memoria, trauma y cine. Su lectura de la figura de Mirabal en el imaginario histórico dominicano parte de un escueto recorrido por la Casa Museo Hermanas Mirabal para seguidamente enfocarse en la representación del trauma y la violencia desde la re-escenificación y el documento, y analizar luego las tensiones generadas en el planteamiento del director al presentar una mirada local con una estética hollywoodense.

Rafael Leónidas Trujillo y las hermanas Mirabal también reciben la atención de Fernando Valerio-Holguín en «Las hermanas Mirabal. Mercantilización de la memoria histórica», donde analiza cómo la memoria colectiva e histórica de las hermanas Mirabal, como alegoría de la nación, ha sido convertida en mercancía en la novela *En el tiempo de las mariposas* de Julia Álvarez y en las películas *In the Time of the Butterflies* y *Trópico de sangre*. Paradójicamente, según Valerio-Holguín, el intento de recuperación de la memoria histórica a partir de lo familiar borra el valor político de su figura a través de la nostalgia epocal y su conversión en capital cultural de consumo para el mercado.

Fernanda Bustamante Escalona analiza un filme de Laura Amelia Guzmán e Israel Cárdenas, *Jean Gentil*, en contrapunteo con su par en cuanto a recepción positiva en la crítica nacional e internacional, *La Gunguna*. En «De esos cuerpos que sugieren barbarie. Una lectura de las subjetividades en un devenir endriago, o desprovistas de un devenir, en los filmes *Jean Gentil* (2010) y *La Gunguna* (2015)», Bustamante Escalona analiza las subjetividades marginales en ambos filmes como resistencias estéticas y políticas ante el imaginario exotista de la isla. Según la autora, ambos filmes, aunque sumamente contrastantes en términos fílmicos, se atreven a evidenciar y problematizar distintos tipos de violencia propiciada por dinámicas mercantiles y neo-colonizadoras.

«El desorientador lenguaje de los afectos y los cuerpos en *Dólares de arena*», de Rosana Díaz-Zambrana, discute cómo la narrativa fílmica (poética y ambigua) empleada por Laura Amelia Guzmán e Israel Cárdenas invita a una lectura afectiva más que política de temas controversiales y sensibles – el lesbianismo, el turismo sexual y la emigración económica– de la realidad dominicana. Para Díaz-Zambrana, es probablemente la singular propuesta estética, cargada de imágenes metafóricas y códigos corporales y sensoriales, la que le haya valido a *Dólares de arena* el notable reconocimiento del que ha gozado en festivales nacionales e internacionales.

En «Y Ceniciento ya no sueña con ser blanco...ni "bello". Reescribiendo el rostro de la dominicanidad del siglo XXI en *Feo de día, lindo de noche*», María García Puente analiza un filme polémico (dir. Alberto Rodríguez, 2012) por realizar una comedia basada en estereotipos raciales. García Puente enmarca el filme dentro de la tradición del cuento de hadas y realiza una lectura más conciliadora, que rescata el afán de cohesión social del filme en tanto que confronta y apela a las ansiedades identitarias, raciales o de masculinidad del dominicano «a partir de la deconstrucción de los estereotipos estéticos (feo-negro vs. bello-blanco) sobre los que históricamente se asienta el prejuicio racista en el país».

Por su parte, Irune del Río Gabiola en «María, ¿Virgen o Dios? La (im)posibilidad de la intersexualidad en el cine dominicano» distingue *Hermafrodita* como una producción que retoma representaciones migratorias y transnacionales redirigiendo nuestra mirada al interior de la República Dominicana. En ese sentido, realiza un viaje «interno y centrípeto hacia un espacio remoto rural alejado de las prácticas cotidianas e intercambios económico-sexuales de Santo Domingo y de las zonas turísticas costeras» para mostrarnos una perspectiva más acertada de la compleja dinámica de género y sexualidad en la nación.

A partir de varios largometrajes taquilleros en la República Dominicana, «La comida en el cine dominicano actual. Creando una identidad gastrofílmica», de Patricia Tomé, indaga en las maneras y la finalidad con que las imágenes gastronómicas expuestas en pantalla formalizan un fenómeno ecuménico de la sociedad dominicana actual. A la vez que experimentan con nuevas tendencias cinematográficas, tanto en la trama central como en la preparación técnica, las obras que analiza rebasan los valores tradicionales en torno a la comida para dar cuenta de cambios perceptibles en los paradigmas sociales, políticos e intelectuales del dominicano contemporáneo.

Por su parte, «Reconstruyendo la historia dominicana a través de la narración oral en *Perico ripiao* de Ángel Muñiz», de Naida García-Crespo, estudia la ingeniosa aportación a la comedia hecha por *Perico ripiao* en una lectura alegórica del filme de Ángel Muñiz que subraya su destreza para convertir una aparente comedia situacional y fantástica en un relato que rescata la poesía y la tradición oral popular y se convierte, así, en una «reconstrucción folclórica de la problemática historia nacional».

Rita De Maeseneer –«La música popular en la película dominicana *Sanky Panky* 1 (2007) de José Enrique Pintor»– aborda el filme con el argumento de que, si bien se trata claramente de una comedia, un género sobreexplotado por el cine dominicano como mero entretenimiento, ofrece en su banda sonora una invitación al análisis de las complejidades nacionales, transnacionales, sexuales y lingüísticas del tejido social dominicano. De Maeseneer sugiere que la locación del rodaje de *Sanky Panky* dentro de un resort, un lugar de encuentro transnacional, en combinación con la selección de temas de la banda sonora, invita a una lectura que «revela el papel ambiguo del país, suspendido entre un imaginario exótico y una realidad mucho más compleja».

Como De Maeseneer, Raymond Torres-Santos hace de la banda sonora el objeto de su estudio en «Música cinematográfica dominicana. Un panorama». Con un recorrido histórico acerca de los compositores, oportunidades cinematográficas, producciones musicales y retos de la industria musical dominicana, Torres-Santos reconoce que pese a la internacionalización del cine quisqueyano actual, su música no ha contribuido a forjar una verdadera identidad «cine-musical» dominicana. Para el crítico, las bandas sonoras sobreexplotan los ritmos vernáculos sin la justificación necesaria para la trama fílmica a la que acompañan.

En «Por los intersticios transnacionales y transdisciplinarios de *El Muro*. Expansión de los imaginarios fílmico y social dominicanos a través de un documental cubano sobre la diáspora japonesa en República Dominicana», Miharu M. Miyasaka problematiza la posible identificación de *El Muro* como parte del acervo audiovisual nacional dominicano. Considerando la ambigüedad del documental del cineasta cubano –que aborda un tema netamente dominicano y utiliza la República Dominicana como locación, pero que se rodó con un equipo totalmente cubano–, Miyasaka reconoce la problemática red de conexiones «entre lo nacional y lo que está más allá de sus fronteras, [entre] la tensión y la ne(goci)ación que genera, [y] entre la simultaneidad de similitudes y diferencias, de prácticas e imaginaciones» que genera un producto fílmico cubano-dominicano.

«El cine dominicano. Arte de colaboración e intersecciones transcaribeñas», de Kristina Medina Vilariño, analiza con mirada recelosa el acelerado crecimiento del cine dominicano a raíz de la promulgación de la Ley de Cine en 2010 y explora los riesgos y ventajas, tanto económicas como estéticas, de las colaboraciones internacionales propiciadas por dicha ley. A través de entrevistas a un grupo de directores dominicanos y análisis de filmes, Medina Vilariño aboga, al tiempo que la cuestiona, por la posibilidad de un cine dominicano que trascienda fronteras nacionales y se ubique y presente como transcaribeño.

Por último, se incluyen como apéndice dos entrevistas que pueden proporcionar un panorama transnacional del quehacer fílmico dominicano. Los entrevistados, Ivette Marichal, Directora General de la DGCINE, y Armando Guareño, Director y fundador del Festival de cine dominicano en Nueva York –ambos personalidades fundamentales en la propagación y propulsión de la cultura del país a través del séptimo arte–, ofrecen su propia perspectiva sobre su labor y sobre la evolución y el estado del cine dominicano actual, además de su visión del futuro del mismo. De igual forma, y gracias a la generosidad del crítico y documentador más reconocible del cine dominicano, Félix Manuel Lora, se incluye en el presente volumen un agregado a la publicación ya existente en línea que incluye las producciones más notorias del período 2014-2017. Nuestro propósito es que este libro fomente posteriores investigaciones en torno a un cine en pleno proceso de desarrollo y atraiga a las taquillas, a festivales de cine y a otras plataformas de reproducción audiovisual a nuevos cinéfilos dispuestos a explorar el sabor de la filmografía criolla. Por ahora, el cine dominicano apuesta por el talento joven, aquellos que, como reitera Ivette Marichal en su entrevista, actualmente estudian en

> Argentina, en San Antonio de los Baños, en Europa o en Estados Unidos. Esa mezcla de culturas, de técnicas y de modos de asumir el hecho artístico, pasado por el tamiz de lo esencialmente dominicano, es lo que hará ese cine […] mucho más nacional y más universal, más interesante y más innovador que lo que hoy se hace.

Al igual que la Directora General, estamos convencidos que dentro de pocos años los periplos emprendidos por la industria dominicana del cine en pos de su auténtica identidad conducirán a un horizonte audiovisual cada vez más estimulante y de rasgos propios, evidentes tanto para críticos como para espectadores. Que así sea.

BIBLIOGRAFÍA

GUERRERO, Catalina (2015): «El cine dominicano exhibe su paso "de gigante" en Madrid y busca coproducción». En *El Diario*: <http://www.eldiario.es/cultura/dominicano-exhibe-gigante-Madrid-coproduccion_0_436057173.html>.

«CLUSTER impulsará marca país de RD a través del cine» (2015). En *Acento*: <http://acento.com.do/2015/cultura/cine/8214270-cluster-impulsara-marca-pais-de-rd-traves-delcine/>.

DGCINE (2016): «Ley». En *Dirección General de Cine*: <http://dgcine.gob.do/web/ley/>.

GETINO, Octavio (2012): *Cine latinoamericano: producción y mercados en la primera década del siglo XXI*. Buenos Aires: Dac.

LORA, Félix M. (2007a): *Encuadre de una identidad audiovisual: evolución y perspectivas*. Santo Domingo: Valdivia.

— (2007b): «Un rollo en la arena». En *Encuadre de una identidad audiovisual: evolución y perspectivas*. Video.

— (2007c): *Cinema dominicano*: <http://www.cinemadominicano.com>. Blog.

REDACCIÓN AV451 (2016): «República Dominicana incrementa la inversión extranjera en audiovisual un 300 por ciento en 2016». En *Audiovisual451: El medio online de la industria audiovisual*: <http://www.audiovisual451.com/republica-dominicana-incrementa-la-inversion-extranjera-en-audiovisual-un-300-por-ciento-en-2016/>.

Las secuelas del trujillato

Cine en postdictadura
La memoria cultural de las hermanas Mirabal

Lisa Blackmore

Ciudad Trujillo, años cuarenta. En una sala lujosa del Palacio Nacional, Rafael Leónidas Trujillo se mira en el pequeño espejo que sostiene uno de sus asistentes de confianza. Sentado en la penumbra de una sala ceremonial, con un vaso de ron a un lado y una selección de corbatas y mancuernas al otro, el dictador toma una almohadilla y se va aplicando maquillaje en la cara. El ayudante, inclinándose hacia El Jefe, con un tono lascivo, le hace una confidencia: «Esa muchacha es un monumento. Mira que he visto mujeres bellas; pero ésa para las aguas». Intrigado, Trujillo pregunta con voz aguda cómo se llama la mujer que recibe tales elogios. «Minerva Mirabal», contesta el asistente. «En toda la región no más se habla de ella y sus hermanas. Ah, es que no le he dicho: son tres mujeres bellísimas. Ya verá usted cuando la conozca». En *Trópico de sangre* (dir. Juan Deláncer, 2010), este diálogo es el preludio de la ahora legendaria confrontación entre Minerva y el dictador, ocurrida en un baile organizado para que se conocieran. La película toma el hecho como inicio del eje central de su trama, que rastrea el antagonismo entre el viejo tirano y la bella rebelde como corolario de la progresiva resistencia a su dictadura durante los años cuarenta y cincuenta. Tomando la belleza «monumental» de Minerva como símbolo de un impulso liberador, la acción pasea por el romance entre ella y Manolo Tavárez, la conformación del Movimiento 14 de Junio, y el asesinato de las hermanas Mirabal el 25 de noviembre de 1960, para ratificar la moraleja convencional que se les ha otorgado en la historia dominicana, esto es, que su asesinato detonó los eventos que marcaron el comienzo del fin de la dictadura: la proverbial «gota que rebasó la copa» que catalizó su ajusticiamiento y la liberación nacional (Robinson 2006: 173).

Partiré de esta monumentalización metafórica de Minerva para situar *Trópico de sangre* dentro del contexto de una monumentalización más literal: la que ha hecho a las Mirabal las figuras más célebres y visibles de la memoria cultural del declive de la dictadura de Trujillo –eso es, «una forma de memoria colectiva [...] compartida por un número de personas y que comunica a estas personas una identidad colectiva, es decir, cultural» (Assman 2008: 110). Este repertorio monumental y memorial es bien conocido; comprende estatuas de las hermanas, lugares de memoria y artefactos culturales de circulación internacional, como la novela de Julia Álvarez, *In the Time of the Butterflies* (1994), y su adaptación fílmica homónima (dir. Mariano Barroso, 2001). Estas políticas de memoria y artefactos culturales han jugado un papel primordial a la hora de cementar un discurso conmemorativo local e internacional, por lo que es importante analizar la trama y las estrategias estéticas de *Trópico de sangre* en diálogo con ese trasfondo. Y es que, como señalé en un trabajo reciente (Blackmore 2015), hay que tomar en cuenta que en tanto estrategia conmemorativa monumentalizar a las Mirabal puede generar una memoria cultural limitada a la «reificación del pasado en un bloque conmemorativo sin ninguna fisura que lo abra a sus contradicciones» (Richard 2001b: 106-109). En las líneas que siguen, abordaré esta y otras cuestiones sobre las intersecciones entre memoria, trauma y cine. En la primera parte, introduciré algunas vertientes teóricas relevantes e identificaré el imaginario convencional elaborado a partir de la Casa Museo Hermanas Mirabal, la novela *In the Time of the Butterflies* (1994) y su adaptación cinematográfica. Luego, a través del análisis detallado de *Trópico de sangre* evaluaré cómo su estructura narrativa relaciona pasado y presente; cómo representa el trauma y la violencia desde la re-escenificación y el documento; y cuáles tensiones se generan en el planteamiento del director de presentar una mirada local con una estética hollywoodense.

Trauma, memoria y cine

En sociedades que han padecido conflictos políticos y violencia sistémica, los estudios de la memoria resuenan en diversos campos, desde los marcos jurídicos que rigen la justicia transicional y las políticas estatales de memoria, hasta las estrategias estéticas y éticas formuladas para representar el trauma y fomentar el duelo a través de la producción cultural. Lejos de consignar hechos traumáticos a pasados remotos e inaccesibles, los trabajos de memoria buscan mantener abiertos canales de comunicación entre historia, actualidad y futuro. Para decirlo con el teórico Andreas Huyssen (2003), su premisa es mantener el «pasado presente» al generar espacios y medios que no sólo contrarrestan el olvido, propician el duelo, y proponen el imperativo del «nunca más», sino que moldean los discursos identitarios en el presente y plantean modos alternos de imaginar el futuro. La literatura crítica y teórica sobre trauma, memoria y producción cultural interroga las implicaciones éticas de atestiguar atrocidades (Agamben 2002); examina los medios espaciales y culturales relacionados con trabajos de memoria (Nora 1996); y delibera las posibilidades de su representación visual y la importancia de los documentos fotográficos aunque sean lacunarios o fragmentados (Didi-Huberman 2008).

Tanto en el contexto de las secuelas de las guerras mundiales del siglo xx como en el escenario de los conflictos de las dictaduras y guerras civiles de Centro y Suramérica se ha dado un giro hacia la memoria como uno de los temas principales de los estudios culturales. Monumentos, museos de memoria, cine y arte forman un entramado de prácticas que objetualizan e institucionalizan trazos del pasado para que puedan ser almacenados como una suerte de «archivo». Sin embargo, tales estrategias no garantizan la transmisión de este «archivo», no sólo porque memoria y amnesia muchas veces se acompañan (Draper 2012), sino también porque las nuevas generaciones están cada vez más lejos de los hechos originales que se recuerdan en tiempos de «postmemoria» (Hirsh 1997). La memoria señalan Macarena Gómez-Barris (2013) y Vikki Bell (2015), habita algo precariamente entre una constelación de factores —desde agendas políticas, acciones de individuos y grupos, hasta estéticas y éticas de representación y recepción— que fomentan o inhiben trabajos de duelo y reflexión crítica. Así, evaluar los museos y sitios de memoria implicados en este terreno implica preguntarse por su capacidad de fomentar una conexión ética, crítica y colectiva con el pasado y con identidades colectivas del presente. En el caso del cine, es preciso considerar si la imagen mediática y el brillo de la pantalla neutralizan la conexión afectiva y empática con precisamente los hechos traumáticos que allí se representan (Andermann 2015: 192).

Estas inquietudes son pertinentes para pensar la memoria cultural dominicana que se ha forjado por políticas oficiales que buscan generar una identificación nacional con el pasado «mediante una suerte de selectividad que sintetiza ciertas formaciones de sentido, a la vez que proscribe otras de la visibilidad pública» (Gómez-Barris 2013: 5). En Santo Domingo se ha utilizado la imagen de las hermanas Mirabal para resignificar monumentos y sitios asociados a Trujillo, como, por ejemplo, el *Obelisco macho* ahora decorado con retratos de las tres mujeres y la estatua en bronce erigida en 2010 en la otrora Feria de la Paz y la Confraternidad del Mundo Libre, núcleo cívico construido para celebrar 25 años de la dictadura y ahora retitulado Centro de los Héroes en conmemoración de la resistencia. Fuera de la capital, un decreto presidencial en 2000 declaró a las hermanas heroínas nacionales y la Casa Museo Hermanas Mirabal en Tenares, la última casa que habitaron, una extensión del Panteón de la Patria. En su provincia natal de Salcedo, ahora llamada Provincia Hermanas Mirabal, la *Ruta de las Mariposas* ofrece un recorrido por murales conmemorativos, lugares de memoria, y monumentos, como el Ecoparque de la Paz en Ojo de Agua, el Jardín Memorial Patria Mirabal en Conuco, y la Casa Museo.

Por su parte, *Trópico de sangre* tiene una relación directa con estas políticas y estrategias que rigen la alta visibilidad de las Mirabal, ya que su estreno coincidió con los actos conmemorativos de los cincuenta años del asesinato y se proyectó de forma gratuita en noviembre 2010 para inaugurar el «Cine Móvil» (proyecto del Ministerio de la Cultura) en la Fortaleza Ozama y en la Provincia Hermanas Mirabal. Jarrett (2015) señala que como tal la existencia de sitios de memoria de la resistencia a Trujillo no garantiza que éstos generen consciencia, sobre todo si no hay acceso a ellos. En un sentido parecido, podríamos decir que no existe garantía de que los medios masivos y las tecnologías de difusión generen una conexión afectiva en la audiencia ni una memoria crítica del pasado. Tal como Susan Sontag (2003) se pregunta si la fotografía documental todavía puede operar como «imagen-*shock*» (*shock image*), o si la saturación visual y los códigos ahora familiares de la representación de la violencia causarán, más bien, efectos anestésicos, hay que hacerle las mismas preguntas al cine. Hoy, atestiguar atrocidades reales y re-escenificadas ya no es la novedad, sino una norma cinematográfica, por lo que hay que prestar especial atención a las estrategias estéticas y narrativas de *Trópico de sangre* y su género particular: un *biopic* basado en una historia real.

Al señalar que la producción cultural *mainstream* ha dado un giro hacia lo real, donde «son cada vez más frecuentes los carteles que nos informan que los hechos narrados en el filme sucedieron en la realidad o sobre el destino de los personajes, como si la garantía biográfica justificara las inverosimilitudes de la versión narrada», Gonzalo Aguilar (2015) ilumina tensiones que pueden surgir entre historia real y relato dramatizado. En las películas que retornan a traumas históricos, los choques entre realidad e inverosimilitud pueden ser especialmente problemáticos, ya que las fórmulas y narrativas previsibles pueden banalizar la violencia, produciendo efectos anestésicos en el espectador en vez de catalizar procesos de identificación y empatía. En efecto, algunos alegan un agotamiento de los registros didácticos, tramas coherentes, y representaciones identitarias tradicionales del cine, apoyándose en el hecho de que algunas películas contemporáneas sobre violencia, trauma y dictadura evitan narrativas totalizadoras, haciendo que los conflictos sean inasimilables y persistan como excesos, indicios, o restos materiales, cuyos espectros intranquilizan a los espectadores (Bongers 2010; Andermann y Fernández-Bravo 2013; Aguilar 2015).

En síntesis, situar a *Trópico de sangre* dentro de este panorama crítico orienta el análisis de la película en tanto artefacto inserto en el entramado de la memoria cultural de las Mirabal, dejando como saldo una pregunta central. En su representación del trauma, ¿deja la película o no lugar para esas fisuras y excesos que los críticos mencionados aquí señalan como elementos potenciadores de la reflexión crítica en vez de la melancólica?

El canon conmemorativo: museo, novela, película

Antes de considerar si *Trópico de sangre* sale o no de un discurso e imaginario convencionales, primero hay que identificar cuál es el canon conmemorativo en el caso de las hermanas Mirabal. Dentro de los abundantes tributos a las hermanas Mirabal, dos artefactos han cobrado particular visibilidad. La Casa Museo Hermanas Mirabal en Tenares y la novela *In the Time of the Butterflies* de Julia Álvarez, ambas creadas en 1994, han cementado un repertorio memorial que cifra otros productos culturales. La casa donde vivieron Doña Chea

Mirabal, las hermanas, y sus hijos, es hoy el museo más visitado de toda la República Dominicana (Santana 2010), mientras que *In the Time of the Butterflies* y sus varias traducciones han insertado a las Mirabal en circuitos literarios internacionales. Ambos se basan en gestos parecidos: narran el asesinato de las Mirabal como un sacrificio que posibilitó la liberación dominicana; recrean a las tres hermanas en clave «hagiográfica» (Hickman 2006); presentan como reliquias melancólicas los objetos que se conservan en el museo; y consagran a Dedé Mirabal, la hermana sobreviviente, como testimonio principal, custodio de la Casa Museo, y punto de contacto con nuevas generaciones de dominicanos, tanto locales como diaspóricas.

La visita guiada a la Casa Museo y sus jardines mezcla biografía personal con historia nacional. La museografía de la casa mantiene el lugar suspendido en el tiempo y crea una tensión melancólica entre los impulsos de la vida y de la muerte. La mesa puesta, las camas tendidas, y los objetos personales exhibidos, simulan la posibilidad de que las hermanas podrían estar por llegar, pero contra estas evidencias materiales de sus vidas, otros aspectos sirven para recordar su muerte prematura. Una caja de vidrio en la sala exhibe objetos recuperados el día del asesinato al lado de un «paño ensangrentado» enmarcado, que los guías explican usó Doña Chea para limpiar los cuerpos de sus hijas fallecidas. Afuera continúa esta atmósfera funeraria-conmemorativa de restos y reliquias. Mientras una placa en bronce afirma que las Mirabal están «Siempre vivas en su jardín», los guías explican que la forma trunca de la piedra central del mausoleo donde se trasladaron los restos de las tres hermanas y de Manolo Tavárez en 2000, cuando la casa se designó extensión del Panteón Nacional, simboliza la vida igualmente cercenada. En síntesis, la Casa Museo se establece como el sitio más ligado a las vidas de estas heroínas nacionales, lo que le da cuotas iguales de autenticidad y autoridad a la hora de determinar los modos de su conmemoración.

La misma función memorial sirve como premisa para la novela, que comienza con dos notas extradiegéticas. La primera identifica los nombres y las fechas de nacimiento y de defunción de las tres hermanas y de Rufino de la Cruz (quien conducía el jeep en el que viajaban las Mirabal el día de su asesinato) construyendo así una suerte de «lápida» *in memoriam* que antecede la ficción. La segunda se encuentra en la dedicación del libro «Para Dedé», a quien Álvarez evoca como «oráculo» de la historia de sus hermanas. El dedicatorio sugiere la deferencia hacia la Casa Museo en la novela de Álvarez, donde funge como escenario para las primeras y las últimas páginas, lo que sugiere que es el lugar por excelencia para conocer la historia de las Mirabal. El dedicatorio también insinúa un gesto consagratorio que coloca a Dedé como «la madre no reconocida de la nueva nación que todavía estamos construyendo», como Álvarez la describe en otro libro (Mirabal 2009: 15). La historia familiar, se entiende, equivale a la historia dominicana.

Al inicio la novela evoca a Dedé «arrancando las ramas secas a su ave de paraíso» mientras espera la visita de la «escritora gringa»–doble evidente de la autora. Este encuentro de generaciones es el detonante para la trama, pero no comienza sin algunos roces. Surgen problemas de comunicación con cuando la escritora llama por teléfono a Dedé e intenta comunicar con su deficiente español sus intenciones y entender cómo llegar a la Casa Museo. Luego, al llegar sobresalta a Dedé con el ruido que genera cuando ésta tira la puerta de su carro alquilado al llegar al museo. «Cualquier dominicano de cierta generación hubiera dado un salto al oír ese ruido, como de un disparo», reflexiona Dedé en la novela, lo que sugiere no sólo las sombras turbias de la Era de Trujillo, sino el reto de transmitir a través de las generaciones ese pasado traumático. Sin embargo, este contacto entre generaciones en el lugar de memoria de la Casa Museo es la condición para contar la historia y poder subrayar su importancia. Así, el encuentro entre Dedé, custodio vivo de la historia Mirabal, y la escritora, miembro de una nueva generación dominicana producto de la diáspora, augura la intención de Álvarez de generar consciencia sobre la historia (ficcionalizada) de las Mirabal para que el «sacrificio» no haya sido en vano.

La novela recrea la Era de Trujillo a través del enfoque intimista de las emociones de las hermanas, sus romances y diarios, todos adaptados o imaginados por Álvarez. A pesar de que algunos críticos atribuyen a la novela calidades rebeldes que van en contra de las estructuras historiográficas oficiales y patriarcales, prevalece un paradigma épico que termina por otorgarle un sentido coherente a la muerte de las Mirabal. A fin de cuentas, el propósito de «documentar el caos de la historia [...es] anunciar la llegada de la mujer nueva» (Gómez Vega 2004: 108), lo que reduce el trauma a una narrativa de redención, embellecida por toques melodramáticos. En efecto, en su postdata Álvarez hace explícita esta intención de situar la historia Mirabal en un terreno más afectivo que político o verídico, evitando crear «un documento histórico, sino una manera de viajar por el corazón humano» y generando unas Mirabal «inventadas, pero [...] fieles al espíritu de las verdaderas hermanas» que servirán de inspiración y «modelo para las mujeres que luchan contra toda clase de injusticias» (Álvarez 2005: 426-427).

Esta aclaratoria no sólo evidencia el control autoral de la novela y aclara el tejido de su narrativa a medio camino entre realidad y ficción. También prefigura el registro melodramático que prevalece en la adaptación cinematográfica de la novela. A pesar de que inicia con fotografías de archivo de víctimas reales de la violencia trujillista y con planos que muestran a Minerva (Salma Hayek) sola en una celda mugrienta, el lema promocional de la adaptación cinematográfica de *In the Time of the Butterflies* –«En su lucha para la libertad, el amor fue su arma más poderosa»– aclara que más que un drama histórico centrado sólo en luchas políticas, el film es principalmente la historia de amor de una rebelde. El elenco de estrellas latinas de la talla de Hayek y Marc Anthony, y el tratamiento estético de la película, se ajustan al generoso presupuesto y fines comerciales de Metro Goldwyn-Mayer y Showtime que la produjeron y distribuyeron. Al nivel narrativo y dramático, la vida de Minerva y su antagonismo con Trujillo pasan por los mismos códigos sentimentales e intimistas de la atmósfera acuñada por Álvarez, mientras que tanto el paisaje bucólico dominicano como la vida de las relaciones familiares se representan de forma idealizada y hasta fantasiosa. Tal es el caso del asesinato, que se muestra abreviadamente en tomas ralentizadas que preceden a otro plano fijo en el que un conjunto de mariposas va volando hacia el paisaje verde y tropical ubicado en el fondo. Fiel al libro y al discurso conmemorativo convencional, luego del asesinato la película concluye con una pantalla negra que reafirma un mensaje final: la muerte de las Mirabal fue la gota que derramó la copa y su sacrificio mereció la pena porque ya seis meses después Trujillo sería asesinado.

Estructura narrativa: formando la «comunidad del tiempo»

Para Achille Mbembe, más allá de una estructura de almacenamiento de documentos históricos, el archivo tiene una función narrativa: posibilita el re-ensamblaje de evidencias del pasado para «formular una historia que adquiere su coherencia mediante la capacidad de generar vínculos entre el comienzo y el final». Crear pasajes formativos entre lo muerto y lo vivo, entre pasado y presente, que aspiran a producir una «comunidad del tiempo, la sensación según la cual todos seríamos herederos de un tiempo sobre el cual ejercemos derechos de posesión: este es el imaginario que el archivo busca diseminar» (2002: 21). Este concepto expandido del archivo ilumina una lógica conmemorativa y comunicativa afines a las nociones de memoria cultural comentadas arriba. Además, conmemorar la muerte, narrar una historia, y fundar un vínculo afectivo con comunidades presentes son justamente los impulsos «archivísticos» que permiten esclarecer el modo en que la estructura narrativa de *Trópico de sangre* intenta fortalecer «una comunidad de tiempo» centrada en la historia de las Mirabal.

Tal como la novela de Álvarez, la estructura de *Trópico de sangre* se enmarca como un *performance* didáctico de la transmisión de la memoria cultural de una generación a otra mediante el testimonio, el lugar de memoria, y la socialización del duelo. Analizar el comienzo y el fin de *Trópico de sangre* permite ver cómo se materializa esta apuesta a alentar a los dominicanos a seguirse identificando con las Mirabal a pesar de que el contexto histórico de sus vidas se hace cada vez más distante. La acción empieza con tomas aéreas de verdes paisajes dominicanos y luego rastrea un autobús escolar que viaja por una carretera. Al interior del autobús, un grupo de estudiantes adolescentes se divierte bailando y riéndose. Entre el bululú, un profesor distribuye folletos a cada estudiante, incluyendo a una joven, quien, enfocada por una toma cerrada, atiende sólo a la música que entra por los audífonos de su iPod. Mientras guarda el folleto en su bolso sin ni siquiera verlo, la cámara registra su contenido: en él están impresos a color los retratos archiconocidos de las tres hermanas Mirabal, las mismas imágenes evocadas en las primeras páginas de la novela de Álvarez como «antiguas fotos favoritas que ahora resplandecen en los carteles cada noviembre» (2005: 16). Ya a nivel del suelo, un plano abierto muestra en el fondo el paso del autobús, mientras enfoca en primer plano tres rústicas cruces de madera que se alzan en un campo al lado de la carretera –un motivo memorial que presagia el tema central de la trama.

De las tomas del autobús, se pasa a una locación fija. Dentro de la Casa Museo Dedé Mirabal –interpretando a sí misma– acomoda un mantel en el comedor que es parte de la colección de objetos exhibidos. «Aquel día, Mamá puso la mesa como de costumbre», comenta la voz en *off* de Dedé. «Y la siguió poniendo durante años a la espera de que regresaran. La hemos dejado puesta. Yo también he quedado esperando a las muchachas». La mesa augura el ambiente melancólico y el papel de la Casa Museo ya no como lugar de comunión familiar, sino como memorial nacional donde nuevas generaciones y dominicanos residenciados en el exterior entran en contacto con el pasado. Estas referencias al hábito de poner la mesa y esperar la llegada de las hermanas se sintonizan con el primer capítulo de la novela de Álvarez, donde Dedé remarca el «tributo de Mamá, de poner una flor fresca en honor a las muchachas todos los días», interrelacionando a ambas narrativas en la temporalidad cotidiana del trabajo de memoria donde las rutinas y los hábitos constantes figuran como condición para que los sujetos del pasado tengan «vida» en el presente (2005: 16).

Afuera en el jardín de la Casa Museo, una toma de grúa desciende hasta reposar sobre una placa conmemorativa, dejando explícita la función memorial de la locación donde la acción de la película comienza. Al llegar el autobús, Dedé recibe a los niños con besos, y luego los acompaña a la visita guiada. Mientras la guía repite para los jóvenes el guión convencional, la joven del bus sigue con sus audífonos puestos, desconectada de lo que acontece a su alrededor hasta que Dedé la toque el hombro y la joven se sobresalta, sorprendida por este contacto intergeneracional. Lejos de ser conflictivo, tal como en la novela de Álvarez, este roce entre generaciones marca el primer paso hacia la socialización del duelo y la transmisión del legado Mirabal: sugiere que pese a sus diferencias, las generaciones pueden reconocerse en el ejemplo Mirabal. Así, no obstante su aparente desinterés, apenas siente la mano de Dedé la joven protagonista de *Trópico de sangre* cambia de actitud y surge una conexión entre ambas donde la mayor reitera la narrativa de sacrificio y liberación, comentando a la joven, con tono materno, que: «Esos tiempos pasaron, hija mía, pasaron. Son otros tiempos; no hay el peligro que había en esa época». Con un plano que las muestra caminando juntas por el pasillo de la

Casa Museo, apartadas del resto del grupo y cada una con una mano en la espalda de la otra, se performatiza el conducto entre pasado y presente: la construcción de la memoria cultural donde el diálogo y el contacto transgeneracional es la puerta para retornar al pasado para entenderlo.

Con este preludio didáctico, la acción retorna a 1947. Luego de que la sección central de la película recrea el antagonismo entre Minerva y Trujillo, su entrada en la universidad, su romance y matrimonio con Manolo Tavárez, su involucramiento en el Movimiento 14 de Junio, su encarcelamiento, y, por último, la violenta re-escenificación de su asesinato, en sus últimos minutos la trama vuelve al presente. Una disolvencia crea una transición entre la procesión funeraria, donde Dedé aparece a la cabeza de los familiares que conducen los ataúdes de las Mirabal a su entierro, y el grupo escolar que ahora aparece reunido en círculo alrededor del Mausoleo de la Casa Museo. Este retorno al lugar de memoria acentúa de nuevo el sustrato didáctico de la película que parece querer afirmar, como Assman, que es la memoria que «nos permite vivir en grupos y comunidades, y vivir en grupos y comunidades nos permite construir memoria» (2008: 109). Lejos del ambiente festivo del autobús, todos los jóvenes están sumidos a un silencio respetuoso; mientras la cámara pasea por sus caras sombrías, un muchacho se quita el sombrero y los demás lucen solemnes, quizás rezando.

La joven del principio, todavía al lado de Dedé, se muestra afectada por la experiencia de visitar el museo y, al mostrarla despidiéndose con un abrazo, la película retoma el *Leitmotiv* del contacto físico intergeneracional. Ya no es la persona distraída y poco interesada del principio. Ahora es ella quien propicia el contacto con Dedé y que personifica así la conmoción y empatía que la película sugiere detonarán los dos modos de memoria que su estructura narrativa subraya: la comunicación de la historia y la visita al lugar de memoria. Al enfocar a esta chica como representante de una nueva y estereotipada generación de dominicanos distraídos y más apegados a la tecnología que la historia, la película intenta interpelar directamente el tejido social que existe más allá de las puertas del cine. Parece suponer que aunque esa generación de jóvenes no se identifique inmediatamente con las Mirabal, al menos podrá encontrar su reflejo en los estudiantes que aparecen en la pantalla como protagonistas –ellos también– de la historia dominicana.

Surge, entonces, de la estructura narrativa de *Trópico de sangre* su evidente premisa didáctica, que concibe el cine como un vehículo formativo capaz de cohesionar una «comunidad del tiempo» que continuará en la vida real luego que la película termine. En este sentido, es importante considerar que este desenlace didáctico no sólo emerge en la despedida calurosa entre la joven y Dedé. En otro pasaje entre pasado y presente, la película regresa a la muerte de Trujillo el 30 de mayo de 1961 con un plano que –en vez de narrar la acción de su ajusticiamiento– lo muestra ya moribundo. Después, una serie de textos extradiegéticos comentan la falta de justicia respecto los abusos de la dictadura, el papel de Dedé como madre sustituto de los hijos de sus hermanas asesinadas, y los puestos en la política contemporánea que han ocupado. Así, frente a la mancha negra que podría representar la falta de justicia transicional, la película alienta a la audiencia al seguir profundizando el *leitmotiv* familiar donde el legado Mirabal ha producido a nuevos sujetos ejemplares: «Dedé Mirabal acogió en su familia a los seis hijos de sus hermanas asesinadas. Minou, la hija de Minerva, es legisladora. Jaime David, hijo de Dedé, fue vice presidente de la República». En síntesis, más allá de la comunidad de estudiantes que protagoniza el principio y fin de la película, con estos últimos textos extradiegéticos, se subraya que en efecto existe una continuidad *literal* de la acción ejemplar que la audiencia acaba de atestiguar.

La médula conmemorativa y didáctica de la película quizás explica porqué Juan Deláncer insistió en que Dedé desempeñara un rol literal en la película como «actor» de su drama familiar-nacional y por qué involucró a estudiantes de la Escuela Hermanas Mirabal en Salcedo, como esclarecen los créditos y agradecimientos. La inclusión de personajes de la vida real demuestra que *Trópico de sangre* no contempla de ninguna manera un cuestionamiento auto-reflexivo de la historiografía o de los modos de narrar el pasado. La ironía acerca de la performatividad del duelo que aparece en *In the Time of the Butterflies*, donde Álvarez evoca a su Dedé ficcionalizada meditando la dimensión absurda de colocar «su vida como su fuera un objeto de exposición cuidadosamente etiquetado para que todos los que saben leer lo vean: HERMANA QUE SOBREVIVIÓ» (Álvarez 2005: 15; mayúsculas en original), no tiene lugar en *Trópico de sangre*.

La película se afinca firme y solemnemente en el registro conmemorativo-didáctico. Aunque algunas reseñas celebraron la participación de la hermana sobreviviente porque «le agrega veracidad a la narrativa» (Lechner 2010; Reyes 2010), otros lo consideraron una desventaja ya que «muy bien que se inicie con Dedé Mirabal, pero al hacerlo de esa manera entonces tuvieron que terminar también con ella, y eso le resta fuerza al final, [y] se roba la contundencia de un final que debió ser apabullante con esa breve secuencia que deviene en anticlímax» (Almánzar 2010: en línea).

El comentario sintetiza el marco narrativo de *Trópico de sangre* y las implicaciones de su apego al desenlace didáctico, que emerge sin matices en los pasajes entre pasado y presente, y en los textos extradiegéticos. Al minimizar disyuntivas como la falta de justicia transicional para reiterar el sacrificio de las Mirabal como la adquisición de la libertad, la película se ciñe enteramente a los «protocolos pedagógicos de síntesis» que buscan *hacer sentido* en vez de dejar su violencia y trauma aparezcan en pantalla como *residuos sin sentido* (Andermann y Fernández-Bravo 2013: 8). Como consecuencia, la moraleja no se infiere, sino que se ostenta, cifrada por los gestos conmemorativos de *Trópico de sangre* que se empeñan en demostrar precisamente no sólo la transmisión de la memoria cultural a una nueva generación –esa de los estudiantes que llegaron escuchando reggaetón en su autobús– sino que integra e identifica a personas de la vida real para mostrar que es posible seguir los pasos ejemplares de estas heroínas que vivieron y murieron en un pasado cada vez más remoto.

Objetos que recuerdan: Artefactos mnemónicos

Aunque un elemento clave en la memoria cultural es el «contacto material entre una mente que rememora y un objeto que recuerda» (Assmann 2008: 111), por sí solas, las «cosas» no recuerdan. Las evidencias físicas –sean documentos, fotografías, objetos o pertenencias– cobran sentido cuando son emplazados y organizados en instituciones mnemónicas, como museos, monumentos y archivos. La inclusión de objetos reales o recreaciones de ciertos objetos relacionados con el imaginario colectivo de la Era de Trujillo y, más específicamente, las hermanas Mirabal, constituye un mecanismo importante en *Trópico de sangre*. Más allá de la colección real de la Casa Museo que cobra visibilidad al comienzo de la trama, durante la acción ambientada en los años cuarenta y cincuenta ciertos objetos mnemónicos ejercen papeles significativos y refuerzan las interacciones existentes entre objetos que recuerdan y mentes que rememoran. Además, al mismo tiempo, subrayan el énfasis que se hace en que ésta es una película que relata una historia real.

Varios ejemplos de cómo se materializan estos objetos en la trama esclarecerán el impulso mnemónico de *Trópico de sangre*. Cuando Minerva, Manolo Tavárez, Dulce Tejada, y otros activistas del Movimiento 14 de Junio se reúnen en la casa de Patria y Pedro el vestuario de Patria remite directamente a un objeto que ha cobrado el estatus de símbolo, tal como lo concibe Assman (2008). El vestido rojo con bordado blanco que lleva puesto es un artefacto que recuerda al imaginario Mirabal: su versión original está habitualmente dispuesta en un maniquí de la Casa Museo donde, junto a otras prendas y pertenencias de las hermanas, se exhibe como indicio tangible cuyos hilos tejen un pasaje entre presente y cuerpo ausente. En el Museo Memorial de la Resistencia, creado en Santo Domingo en 2010, el mismo vestido aparece ya no como objeto indicial, sino como remediación visual. En la pequeña sala dedicada a las tres hermanas, donde «vuelven a la vida» a través de una proyección audiovisual-holográfica, el vestido sirve de vestuario para la actriz que interpreta a Patria. Su aparición en *Trópico de sangre* consolida el estatus del vestido como objeto mnemónico del imaginario común, al que Deláncer parece rendir homenaje.

Aparte de objetos mnemónicos como el vestido de Patria, en otros momentos *Trópico de sangre* simula de manera estratégica documentos fotográficos en la memoria cultural de los abusos de poder bajo Trujillo y del movimiento de resistencia contra su dictadura. Un ejemplo claro de esto emerge en una de las muchas secuencias de tortura que forman parte de la acción, cuando se hace referencia directa a una fotografía icónica de tortura tomada en 1959, después de la fallida Expedición de Constanza, Maimón y Estero Hondo. La imagen muestra a José Mesón, ex sargento de la Marina, con los ojos brotados y sujeto a una silla eléctrica. Se le atribuye a Aníbal Fuentes Berg, fotógrafo que trabajaba por encargo para ciertas instituciones estatales. En un gesto de «narcicismo burocrático», para usar el término de Georges Didi-Huberman (2008), el régimen encargó a Fuentes registrar a los expedicionarios que habían sobrevivido y que estaban siendo torturados por el Servicio de Inteligencia Militar. Fuentes cumplió con el encargo, pero filtró fotografías de tortura para que pudieran circular fuera de República Dominicana como evidencias de los abusos del régimen (Pérez 2009). Ha cobrado visibilidad en varios medios y actualmente está expuesta permanentemente en una sala subterráneo especial del Museo Memorial de la Resistencia, que recrea los espacios de tortura de la Cárcel de la 40.

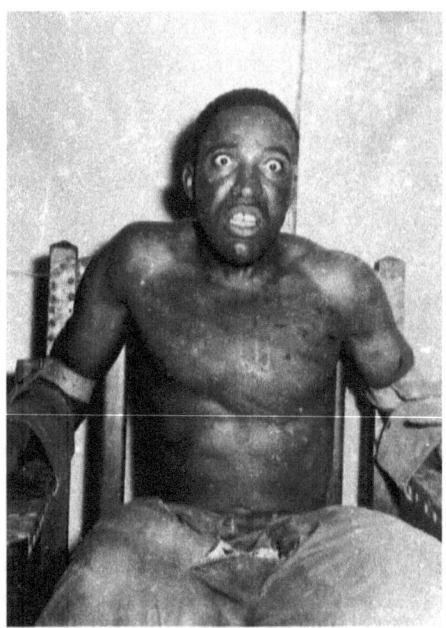

Fig. 1. José Mesón en la silla eléctrica. Fotografía atribuida a Aníbal Fuentes Berg, 1959. Cortesía Museo Memorial de la Resistencia, Santo Domingo.

Vale detenerse en cómo precisamente la película cita la imagen. Primero, un plano general muestra un sótano oscuro donde un fotógrafo registra abusos y tortura. Luego, la cámara pasa a tomas más cerradas que enfocan un hombre que se parece físicamente a José Mesón, y que está sujeto a una silla eléctrica. En el momento en que se le aplica la corriente, el actor asume la misma expresión de Mesón y el movimiento se congela momentáneamente para simular el efecto de la cámara de Fuentes Berg, que captura el momento y produce la imagen que luego se convertiría en ícono. Este breve momento donde se detiene la simulación el tiempo continuo que generan los fotogramas del cine para dejar por unos instantes un solo cuadro fijo insinúa que *Trópico de sangre* surge de un mundo real –fijado como evidencia por la cámara y ahora disponible para los ojos del público bajo la misión del Museo Memorial de la Resistencia Dominicana, donde dicha fotografía ha sido expuesta y de cuya colección forma parte. Mediante esta invocación de la indicialidad ontológica de la fotografía y el fotograma se vuelve a hacer hincapié en el repertorio de lugares y objetos que transitan en los circuitos de la memoria cultural ya existente. En ese instante en que se borran las fronteras entre cine y fotografía, narración coherente y evidencia fragmentaria, se inscribe con la película un mensaje didáctico de «no olvidar».

Trópico de sangre no sólo recrea a imágenes; también incorpora fotografías e imágenes fílmicas de archivo para producir otras elisiones entre realidad y re-escenificación. Sigue así la estrategia utilizada en la adaptación fílmica de *In the Time of the Butterflies* (2001), donde fotografías de archivo aparecen junto a textos extradiegéticos para anclar la trama en el contexto histórico. Mientras pasan imágenes, incluyendo paisajes rurales, un retrato de Trujillo, y fotografías de hombres torturados, textos en pantalla contextualizan la duración de la dictadura, las alianzas de Trujillo, y los abusos del régimen. En *Trópico de sangre* se emplea y se expande esta misma estrategia en varios momentos, el más significativo de los cuales es la transición inicial del presente al pasado donde se deja atrás la Casa Museo mediante un corte que pasa a la presentación de fotografías de archivo, incluyendo un retrato del dictador, imágenes de fábricas, militares, obras públicas, y manifestaciones en apoyo a Trujillo, junto con descripciones de su poder y fortuna personal. Como contraparte de estas imágenes de desarrollo económico y antesala de la resistencia hacia su régimen, se incluye una fotografía de un hombre asesinado, con un texto que lo describe como uno de los muchos muertos que dejó el régimen.

Estudios recientes sobre el uso de materiales de archivo en el cine latinoamericano subrayan su potencial para arrojar luz sobre imágenes invisibilizadas (Tadeo Fuica & Barrow 2016) o para desarrollar perspectivas nuevas sobre la construcción de la historia o designar vacíos en historiografías nacionales (Luna & Soudis 2016). Sin embargo, en

Trópico de sangre, más que un ejercicio autoreflexivo o lectura revisionista de la historia oficial, la inclusión de material de archivo reafirma su condición de *biopic* que hunde sus raíces en un pasado real y repite las estrategias convencionales que representan a Trujillo como hombre vanidoso, codicioso y abusivo. El modo en que se realiza la transición de las fotografías en blanco y negro y la acción filmada que les sigue es significativo en este sentido. En la secuencia de las fotografías de archivo, la última no es tal. La imagen fija, blanco y negro, ostenta mostrar una manifestación de hombres pero cuando comienza una transición hacia el color y el movimiento, se hace evidente que se trata de material nuevo producido por Deláncer. La transición sugiere que se quiere elidir el material de archivo y la acción de *Trópico de sangre* para así proponer el film como una continuación veraz de la historia. Lejos de entrar en cuestiones meta-históricas o meta-fotográficas, la remediación de material del archivo persigue un fin persuasivo e informativo que reitera la historia ya conocida, apegado a un proyecto didáctico en vez de crítico-experimental.

Este interés por nutrir la memoria cultural recreando la Era de Trujillo con estrategias que reafirman el hecho de que *sí* pasó y *sí* dejó evidencias duraderas que permanecen en el imaginario colectivo es cónsono con dos estrategias adicionales, relacionadas al tratamiento de personajes secundarios y locaciones de filmación. Aunque queda evidente de la primera secuencia de la sección que revisita el pasado que Minerva Mirabal será la protagonista principal de la trama, como gesto hacia otros agentes históricos reales, se señala en varios momentos a una selección de los personajes secundarios con *lowbars* que insertan sus nombres en la pantalla. El hecho de que esta estrategia se utiliza sobre todo con los activistas anti-Trujillo, mientras que las identidades de los principales personajes quedan entredichas, subraya el intento de generar conocimiento de los hechos históricos a la vez de entretener a la audiencia. Segundo, la visibilidad que se le da a locaciones de la arquitectura neo-clásica estatal comisionada por Trujillo durante su régimen no sólo propone un vínculo entre la grandilocuencia arquitectónica y el antagonista de la película. El hecho de que edificios como la antigua sede del Partido Dominicano (hoy Ministerio de la Cultura) y el Palacio Presidencial, siguen siendo parte de la institucionalidad estatal en la actualidad también refuerza los vínculos entre pasado, presente, futuro, que Assam propone dan tracción a la memoria cultural. Tales edificios surgen en la película como otras evidencias más del régimen que permanecen en el imaginario pero también en el corazón del estado dominicano en tiempos de democracia. De este modo, con su impulso mnemónico, en *Trópico de sangre* no se busca reinventar la historia, sino, más bien tender puentes hacia otros lugares de memoria y otros materiales para así fortalecer el archivo existente de la Era de Trujillo y la historia Mirabal y para subrayar la carga de veracidad que ostenta la película.

Melodrama y violencia:
de la caracterización a la caricatura

En su representación de Minerva Mirabal, *Trópico de sangre* profundiza caminos ya establecidos. Apela a la caracterización de la heroína en la película de Barroso y se ajusta al registro melodramático legado por la novela de Álvarez. A pesar de su énfasis en lo local, es significativo que Deláncer no apostó por un elenco dominicano, sino que se apegó al *star system* de Hollywood. Siguiendo a Barroso, quien optó por una actriz reconocible en Salma Hayek, la elección de Michelle Rodríguez, actriz de la franquicia global *Fast and Furious* y de origen puertorriqueño-dominicano, para interpretar a Minerva en la versión «local» del tema Mirabal sugiere un deseo similar de traductibilidad de la película para audiencias extranjeras. Tal vez como consecuencia, la apariencia física de Rodríguez se hace un foco de atención en la película a partir de la primera secuencia de la acción escenificada en 1947, que presenta a Minerva en una *boutique* elegante, probándose diferentes sombreros y coqueteando con su propio reflejo en un espejo de cuerpo completo.

Lejos de fortalecer los detalles de los hechos político-históricos reales, Deláncer sigue el camino de Barroso al profundizar en el énfasis sobre la belleza de Minerva, privilegiando sus enredos amorosos por encima de sus fundamentos políticos, y dejando la primera referencia evidente a su militancia para después de más de una hora completa de acción. De este modo, se omite la relevancia de la militancia de muchas mujeres dominicanas (Manley 2012) y se desacredita la profundización de la militancia de Minerva, que comenzó a darse a partir de 1944, según sostiene Galván (2011). Esta despolitización transpira, luego, en el guión en el cual, más que un discurso coherente, la protagonista sólo articula declaraciones épicas y melodramáticas, que se quedan enfrascadas en la fórmula del antagonismo entre viejo dictador y joven rebelde o en una retórica fantasiosa. Así, hacia el final de la película, durante una conversación con una activista que saldrá al exilio, declara en clave melodramática: «Quizás nací en la fecha equivocada. Quizás impuso su tiranía en la mujer equivocada. Pero te digo que no quisiera ver morir a ese desgraciado Trujillo desde el lugar equivocado».

Esta despolitización se extiende, además, al tratamiento de la relación entre Minerva y Manolo Tavárez, quien en vida no fue sólo su marido sino su compañero de lucha. En esta relación amorosa, como en la relación conflictiva con Trujillo, Minerva es ante todo un objeto de deseo. En tal sentido, es significativo que después de conocer a Manolo, ella musita que «a él le basta con tan sólo mirarme», haciendo así eco de la secuencia inicial, citada arriba, en la que el espectador la ve por primera vez, hechizada por la imagen de su propio cuerpo reflejado en el espejo de la *boutique*. Otras secuencias recalcan este rol como objeto de deseo y no de agente político, como, por ejemplo, la serenata que Manolo le hace entre velas y en el baile sensual de la pareja a ritmos afro-caribeños durante una Fiesta de Palo que carece de función narrativa alguna. Estos elementos, junto a la melosa música instrumental que acompaña toda la sección central de la película, ubican el abordaje de Deláncer firmemente en el mismo terreno de la novela de Julia Álvarez, sugiriendo que para él elaborar una mirada local no significa profundizar en la coherencia del guión para narrar el activismo de la resistencia, sino hacer una película que forja caminos por el corazón para narrar la historia.

Pero no todo es flores y serenatas. Otra parte significativa de la acción se dedica a la re-escenificación de la tortura, lo que hace surgir preguntas acerca de las estrategias utilizadas para representar las traumáticas relaciones entre víctimas y victimarios. En su trabajo sobre la potencia evocativa de imágenes fragmentadas e incompletas, Georges Didi-Huberman (2008) plantea que «[p]ara recordar, uno debe imaginar», pero en *Trópico de sangre* esta posibilidad mengua frente al tratamiento marcadamente escenográfico y explícito de la violencia. En las múltiples escenas de tortura sufrida por protagonistas y activistas no-identificados la iluminación es tan dramática, la violencia tan brutal y la actuación tan gráfica, que difícilmente haya un acto de imaginación, y mucho menos una suspensión voluntaria de la incredulidad. Aunado a esto, la caracterización de Jhonny Abbes, jefe del Servicio de Inteligencia Militar y mano derecha de Trujillo, es de una malicia tan recargada que recae en una violencia caricaturesca.

Ejemplo de esto es cuando ataca a Emilia, activista apresada con Minerva y María Teresa Mirabal, quien es desvestida y torturada con corriente eléctrica frente a los hombres presos. Además, durante la larga re-escenificación del asesinato de Minerva y sus hermanas, junto a Rufino de la Cruz, la violencia es tan gráfica que la película parece regocijarse en ella a tal punto que el guión pierde coherencia. Según la historia real, su muerte tenía que parecer producto de un accidente de automóvil en el que las lesiones sufridas parecerían cónsonas con la caída por un barranco del Jeep en el que viajaban las hermanas. Pero, contrario a toda lógica narrativa, en *Trópico de sangre* los agentes de Trujillo montan a Minerva en el carro de ellos, lo que sólo puede explicarse como un pretexto para justificar una secuencia adicional de violencia: cuando Minerva se mueve en el asiento de atrás, mostrando señales de vida, los agentes se paran y la golpean con tanta fuerza que no queda ya duda que está muerta. Dado que la película es una crónica de muerte anunciada, el sadismo que rige su identificación pone en peligro la identificación y reflexión del espectador frente a la acción y revela los límites de una mirada local que, al insistir en emular la hiperviolencia de cierto cine comercial de Hollywood, termina rayando en lo grotesco.

La exageración también limita la caracterización del mismo Trujillo, interpretado en la película por Juan Fernández. Mientras que el maquillaje que Trujillo se aplica en la escena comentada al principio del capítulo tiene algún arraigo en la realidad, la tez exageradamente grisáceo-verdosa y el pelo pintado de gris de Fernández hacen de la apariencia del dictador una distracción. Además de esta inverosimilitud visual, la voz afeminada que asume Fernández de manera inconsistente durante la trama recrea un Trujillo que pasa de lúcido y amenazante a sordo e incoherente sin previa explicación y sin un desarrollo coherente de personaje. «Yo hice este país de arriba abajo. Aquí no había nada. Esto era una aldea de vagos y caciques. Y yo fui quien me develé por su bienestar. No voy a permitir que un grupito de conspiradores y malagradecidos destruya todo esto que fue hecho por ustedes. ¡Carajo!», le grita a Minerva cuando lo visita para pedir la liberación de Manolo, y de sus cuñados. De este modo, si el personaje se ve cercenado por ser objeto de deseo, el de su antagonista, Trujillo, se reduce a una caricatura del poder de facto, cuyas intervenciones, como las de ella, no ofrecen ni matiz ni novedad.

En síntesis, en su oscilación entre melodrama amoroso, violencia escenográfica, y personajes caricaturescos, *Trópico de sangre* no supera ni intenta salir de modelos ya existentes. La combinación de estos elementos dispares generan en la película disyuntivas importantes que son acentuadas más todavía por las confusiones e incongruencias en la narración producidas por su débil edición. En dos secuencias sucesivas hacia el final de la sección central, por ejemplo, Minerva recoge en su casa unos papeles y una pistola. Luego de mirar ambos y parecer tener que decidir entre una acción y la otra, se decide por el arma y deja los papeles, sin que nunca se esclarezca su contenido. En la secuencia siguiente, se reúne con un primo en la casa de Ojo de Agua para pedirle que lleve un mensaje a Nueva York, sin que la trama vuelva al tema más adelante ni que se esclarezca cuál fue el papel que dejó en casa. Tales discontinuidades alejan la película de una coherencia narrativa y menguan la apuesta por la realidad verosímil adelantada en las secuencias iniciales rodadas en la Casa Museo y en los elementos mnemónicos que estimulan la memoria cultural.

Conclusiones

En una entrevista cerca del momento del estreno de *Trópico de sangre*, Juan Deláncer explicó por qué quiso realizar la película: «Sabiendo que ya se había realizado una película sobre el tema [Mirabal] a cargo de extranjeros [...] creí, como muchos en mi país, que éste era un tema que debía ser revisitado *desde nuestra propia visión*. Creo que con nuestras limitaciones, y comparándola con la producción diez veces más costosa de Showtime, logramos ese propósito» (Lechner 2010b; énfasis mío). En cierta medida, es lógico entender que el director considere la película el logro de una mirada local. Indudablemente, *Trópico de sangre* se creó dentro del ambiente positivo del creciente apoyo a la producción cinematográfica, consagrada mediante la Ley de Cine 108-10 (2010) y la creación en 2011 de la Dirección General de Cine. Pero, más allá de estas condiciones coyunturales del medio cinematográfico local, ¿podría decirse que *Trópico de sangre* realmente renegoció los códigos de su precursor hollywoodense *In the Time of the Butterflies*? ¿Contribuyó nuevas perspectivas que ensancharon la memoria cultural de las Mirabal bajo nuevos protocolos narrativos y estéticos?

Si nos alejamos del matiz emancipatorio implícito en la noción de «mirada local», es evidente que al nutrirse tan claramente de los lugares de memoria, caracterizaciones, y objetos mnemónicos desde hace tiempo relacionados con las Mirabal, *Trópico de sangre* es síntoma de la consolidación de un imaginario conmemorativo y, por extensión, una memoria cultural, mas no renueva de forma contundente los mismos. Nutriéndose de este «archivo» establecido, en la película transpiran buenas intenciones didácticas donde Delánser claramente apela al concepto de cine que contribuye «a la formación de identidad colectiva y a los intereses económicos y fines sociales del Estado», tal como consagra la reciente Ley (2010). Sin embargo, no puede negarse que las declaradas aspiraciones de realizar una producción dominicana que puede ser competencia del cine de estudios de Hollywood produce limitantes considerables para el film. Por más que emplee estrategias que enfatizan su condición como *biopic* basado en hechos reales con relevancia duradera, el tratamiento melodramático y débil edición del film no aportan aspectos nuevos o esclarecedores a la ya conocida historia de las Mirabal.

Trópico de sangre apuesta por fortalecer la memoria cultural de unas figuras que ya han alcanzado dimensiones monumentales, en vez de modular, transformar o cuestionarla. Al mismo tiempo, ni titubea al perseguir esa premisa didáctica del cine de tramas coherentes y conclusión satisfactorias tan cuestionada por la crítica contemporánea. En tal sentido, difícilmente logra superar la descripción que el mismo director de la cinta ofrece, aunque sea involuntariamente. Es un sincero intento de crear un acercamiento cinematográfico local de la historia de las hermanas Mirabal, pero queda cercenada por sus explícitas intenciones didácticas y su apego a la tarea de emular la adaptación fílmica-hollywoodense de la novela de Álvarez. Empero, lo que sí es cierto es que los estudiantes que bailaron reggaetón y se enchufaron a dispositivos portátiles de música en las secuencias iniciales presagian el paso inexorable del tiempo. Un tiempo en el que por un lado se ha ido consolidando el imaginario Mirabal, mientras por otro las hermanas se han ido alejando cada vez más del presente. Para entender qué papel tendrá *Trópico de sangre* en esta memoria cultural móvil, por ahora sólo pueden hacerse análisis coyunturales y conclusiones provisionales. Quedará por verse si su transmisión y difusión permite que contribuya de modo tan contundente a la memoria cultural como lo han hecho la Casa Museo y *In the Time of the Butterflies*, o si marcará una versión de la historia que, como las canciones que escuchan los estudiantes, se volverá parte caduca de un archivo inerte, relegado al pasado y acaso al olvido.

Bibliografía

Agamben, Giorgio (2002): *Remnants of Auschwitz: the witness and the archive*. New York: Zone Books.
Aguilar, Gonzalo (2015): *Más allá del pueblo: imágenes, indicios y políticas del cine*. Buenos Aires: Fondo de Cultura Económica.
Álvarez, Julia (1994a): *In the time of the butterflies*. New York: Plume.
— (2005): *En el tiempo de las mariposas*. New York: Plume.
Andermann, Jens (2015): «Between the archive and the monument: memory museums in postdictatorship Argentina and Chile». En *The international handbook of museum studies: museum transformations* (1): 181-206.
Almanázar, Armando (2010): «*Trópico de sangre*». En *Listín Diario*, 3 septiembre: <http://www.listindiario.com/entretenimiento/2010/9/3/157489/print>.
Assman, Jan (2008): «Communicative and cultural memory». En Erll, Astrid & Nünning, Ansgar & Young, Sarah (eds.): *Cultural memory*

studies: an international and interdisciplinary handbook. Berlin / New York: Walter de Gruyter, 109-118.
Barroso, Mariano (2001): *In the time of the butterflies*. Showtime. Película.
Baudry, Jean-Louis (1974): «Ideological effects of the basic cinematographic apparatus». En *Film quarterly* 28 (2): 39-47.
Blackmore, Lisa (2015): «Violencia en el jardín de (la) Patria: la monumentalización de las hermanas Mirabal y el sitio de trauma en la posdictadura dominicana». En *Mitologías hoy* 12: <http://dx.doi.org/10.5565/rev/mitologias.277>.
Bongers, Wolfgang (2010): «Archivo, cine, política: imágenes latentes, restos y espectros en films argentinos y chilenos». En *Aisthesis* 48: 66-89.
Jarret Bromberg, Shelly (2015): «Off the map: memorializing trauma in 21st century dominican identity». En *Alter/nativas* 5: <http://alternativas.osu.edu/en/issues/autumn-5-2015/essays/jarrett.html>.
Didi-Huberman, Georges (2008): *Images in spite of all: four photographs from Auschwitz*. Chicago / London: The University of Chicago Press.
DGCINE (2016): «Ley». En *Dirección General de Cine*: <http://dgcine.gob.do/web/ley/>.
Hickman, Trenton (2006): «Hagiographic commemorafiction in Julia Alvarez's *In the time of the butterflies* and *In the name of Salomé*». En *Melus* 31 (1): 99-121.
Galván, William (2011): *Minerva Mirabal: historia de una heroína*. Santo Domingo: Comisión Permanente de Efemérides Patrias.
Gómez Vega, Ibis (2004): «Good Catholic girls: shattering the "old world" order in Julia Álvarez's *In the time of the butterflies*». En *Confluencia* 19 (2): 94-108.
Lechner, Ernesto (2010a): «Trópico de sangre». En *Aaap*, 19 noviembre: <http://www.aarp.org/espanol/entretenimiento/cine-y-television/info-11-2010/tropico_de_sangre.html>.
— (2010b): «Entrevista a Juan Deláncer». En *Aaap*, 18 noviembre: <http://www.aarp.org/espanol/entretenimiento/cine-y-television/info-11-2010/entrevista_a_juanDeláncer.html>.
Dirección General de Impuestos Internos (2010): «Ley No. 108-10». En *Dirección General de Impuestos Internos*: <https://www.dgii.gov.do/legislacion/leyesTributarias/Documents/108-10.pdf>.

Luna, María & Soudis, Carolina (2016): «Colombian found footage: the tradition of rupture». En *New cinemas: journal of contemporary film* 13 (1): 51-64.

Huyssen, Andreas (2003): *Present pasts: urban palimpsests and the politics of memory*. Stanford: Stanford University Press.

Manley, Elizabeth (2012): «Intimate violations: women and the "ajusticiamiento" of dictator Rafael Trujillo, 1944-1961». En *The Americas* 69 (1): 61-94.

Mbembe, Achille (2002): «The power of the archive and its limits». En Hamilton, Carolyn & Harris, Verne & Taylor, Jane & Pickover, Michele & Reid, Graeme & Saleh, Razi (eds.): *Refiguring the archive*. Dordrecht / Boston / London: Kluver Academic Publishers, 20-37.

Mirabal, Dedé (2009): *Vivas en su jardín*. New York: Vintage.

Nora, Pierre (1996): *Realms of memory: rethinking the French past*. New York: Columbia University Press.

Pérez, Raúl (2009, 25 julio): «Fotos revelaron terror». En *Hoy Digital*: <http://hoy.com.do/fotos-revelaron-terror/>.

Reyes, Amelia Rachel (2010, 27 agosto): «Distinción para Dedé Mirabal». En *Listín Diario*: <http://www.listindiario.com/las-sociales/2010/8/26/156354/Distincion-para Dede-Mirabal>.

Richard, Nelly (2001a): «Sitios de la memoria: vaciamiento del recuerdo». En *Revista de crítica cultural* 23: 231-271.

— (2001b): «Las marcas del destrozo y su reconjugación en plural». En Richard, Nelly y Moreiras, Alberto (eds): *Pensar en/la postdictadura*. Santiago: Cuarto Propio, 103-114.

Robinson, Nancy P. (2006): «Women's political participation in the Dominican Republic: the case of the Mirabal sisters». *Caribbean quarterly* 5 (2/3): 172-183.

Santana, Wendy (2010, 16 mayo): «Museo a las Mirabal es el más concurrido». En *Listín Diario*: <http://www.listindiario.com/larepublica/2010/05/16/142113/museo-a-las-mirabal-es-el-mas-concurrido>.

Sontag, Susan (2003): *Regarding the pain of others*. New York: Picador.

Tadeo Fuica, Beatriz & Barrow, Sarah (2016): «(In)visible cinemas: reusing archival footage in Latin American cinema». *New cinemas: journal of contemporary film* 13 (1): 3-8.

Las hermanas Mirabal
Mercantilización de la memoria histórica

Fernando Valerio-Holguín

La representación cinematográfica

En la entrevista «Film and Popular Memory», Michel Foucault considera algunas representaciones cinematográficas de la historia de Francia como una «reprogramación» de la memoria popular. El filósofo francés establece que, en dichos filmes, «La gente no es representada como lo que fueron, sino como lo que deben recordar haber sido» (Foucault 1975: 25)[1]. Las hermanas Mirabal (Patria, Minerva y María Teresa)[2], brutalmente asesinadas por el dictador Rafael Leónidas Trujillo el 25 de noviembre de 1960 en la República Dominicana, han sido representadas, parafraseando a Foucault, «no como lo que fueron, sino como lo que la familia e intelectuales y artistas han querido recordarlas». Desde el poder político, Bélgica Adela «Dedé» Mirabal, la hermana sobreviviente, su hijo Jaime David Fernández

---

[1] Todas las traducciones son mías, a menos que se indique lo contrario.

[2] Desde el punto de vista onomástico resultan interesantes, en el contexto de la cultura patriarcal, los nombres de por lo menos dos de las tres hermanas Mirabal. Simbólicamente, el nombre de Minerva, la más comprometida políticamente, remite a la Diosa grecorromana de la sabiduría. El nombre de Patria significa «tierra del padre». Uno de los títulos de Trujillo fue el de «Padre de la Patria Nueva». El título resulta una redundancia: la palabra «patria» significa «tierra del padre». Con este título Trujillo vendría a ser «el padre de la tierra del padre», es decir, el Superpatriarca.

Mirabal, y Minou Tavárez Mirabal, hija de Minerva, han jugado un rol preponderante en la preservación, difusión y representación de la memoria de las hermanas Mirabal[3].

Además de *In the Time of the Butterflies* (1994) de Julia Álvarez[4], que constituye una novela matriz, se han realizado dos filmes sobre

---

[3] Aguilar, del grupo editorial Santillana, que tiene una subsidiaria en Santo Domingo, publicó las memorias de Dedé Mirabal en el libro *Vivas en su jardín*, que obtuvo el Premio Feria del Libro «Eduardo León Jimenes» en 2010. También publicó la correspondencia amorosa de Minerva y Manolo con el título *Mañana te escribiré otra vez*, editada por Minerva Josefina Tavárez Mirabal, alias Minou, hija de Manuel Aurelio (Manolo) Tavárez Justo y Minerva Mirabal. Minou Mirabal fue vicecanciller de la República Dominicana (1996-2000), ha sido diputada al Congreso nacional por el PLD (2002- 2016), miembro de Parlamentarios para la Acción Global (PGA), y Presidenta de la Comisión de Asuntos Exteriores y Cooperación Internacional de la Cámara de Diputados. El libro fue presentado por la vicepresidenta de la República Dominicana (2012-2020) Margarita Cedeño, esposa del ex Presidente Leonel Fernández, quien gobernó el país durante doce años. Todos ellos son miembros prominentes del Partido de la Liberación Dominicana (PLD).

[4] Se habían publicado ya dos libros sobre las hermanas Mirabal: *Minerva Mirabal* de William Galván, y *Las Mirabal* de Ramón Alberto Ferreras. También el «Poeta Nacional» Pedro Mir escribe sobre las Mirabal en su poema «Amén de mariposas», de donde toma Julia Álvarez parte del título para su novela. Es significativo y paradójico a la vez que Álvarez, al incluir a estos tres autores en sus agradecimientos, recurra a la «autoridad» de estos tres «autores» patriarcales. Tal vez esto pueda ser explicado a través de la «doble articulación» entre lo masculino y lo femenino que atraviesa la novela. Dos años después de la publicación de la novela de Álvarez, Miguel Aquino García publica *Tres heroínas y un tirano: La historia verídica de las hermanas Mirabal y su asesinato por Rafael Leónidas Trujillo* (1996). La insistencia de Aquino García de que su propósito es encontrar los «hechos», la «verdad fidedigna», pone de manifiesto la intención del autor por reestablecer una esencia que él considera escamoteada por la ficción de la novela de Álvarez. Para lograr sus objetivos Aquino García recurre a la biografía y a la

la vida de las hermanas: *In the Time of the Butterflies* (dir. Mariano Barroso, 2001) y *Trópico de sangre* (dir. Juan Deláncer, 2010). La película de Barroso es una adaptación literal de la novela del mismo título. Deláncer, por el contrario, busca apartarse de la novela de Álvarez, «dominicanizando» la película e introduciendo otros modelos temáticos, más en la línea de la novela *La fiesta del chivo* de Mario Vargas Llosa. Me interesa analizar cómo la memoria colectiva e histórica de las hermanas Mirabal, como alegoría de la nación, ha sido convertida en mercancía en la novela de Álvarez y las películas de Barroso y Deláncer, respectivamente. Paradójicamente, el intento de recuperación de la memoria histórica, a partir de la familiar, borra el valor político de las mismas a través de la nostalgia epocal y la conversión en capital cultural de consumo para el mercado.

Historia e incluye una gran cantidad de fotos que den fe de los «hechos». Para el autor existe una esencia de la historia que no se puede hallar en la ficción, el mito o la leyenda, ya que estos, al compartir la misma jerarquía, se oponen a la verdad. Aquino, que, al igual que Álvarez, vive en el exilio de los Estados Unidos, pero recorre la vía contraria al escribir en español y traducir al inglés su libro. Aunque los géneros literarios (novela o biografía) y las estrategias difieran, el objetivo es el mismo: la inserción en la formación discursiva dominicana desde el exilio. A la ceremonia de puesta en circulación del libro de Aquino García, celebrada en Santo Domingo, acudió el entonces vicepresidente de la República Dominicana (1996-2000), el Dr. Jaime David Fernández Mirabal, hijo de Dedé Mirabal. Este último ha ocupado, además, los cargos de Senador por la Provincia Hermanas Mirabal (1990-1996), Ministro de Medio Ambiente y Recursos Naturales (2008-2011), y Ministro de Deportes, Educación Física y Recreación (2012-2016). Paradójicamente, el Partido de la Liberación Dominicana (PLD), partido político que llevó a Fernández Mirabal a la vicepresidencia, ganó por primera vez las elecciones de 1996 en una coalición con Joaquín Balaguer, quien fungía como Presidente títere del país durante la dictadura de Trujillo, el año en que fueron asesinadas las tres hermanas Mirabal (1960).

Julia Álvarez: Del cuerpo/escritura a la alegoría nacional

En 1969, Pedro Mir publicó el poema «Amén de mariposas» acerca del asesinato de las hermanas Mirabal. Julia Álvarez retomó la imagen de las mariposas para escribir su novela *In the Time of the Butterflies* (1994)[5], en la que construye a Minerva Mirabal como una alegoría de la nación dominicana. A partir de la publicación de dicha novela surgió un *boom* acerca de las Mirabal en películas, dramas, canciones y festivales –que denomino *memorabilia*–, mercantilizando, es decir, convirtiendo en capital económico el capital simbólico acumulado[6].

---

[5] En los Estados Unidos la novela de Álvarez, que recibió el premio Notable Book of the Year en 1995, ha tenido una amplia aceptación por parte de los lectores. La primera edición en español la publicó la editorial Atlántida en Argentina. En Santo Domingo la editora Taller publicó una versión dominicana de la novela, depurada de argentinismos.

[6] El billete de banco de 200 pesos dominicanos y el sello de correos conmemorativo del Día Internacional de la No Violencia Contra la Mujer de 1996 llevan la efigie de las hermanas Mirabal. En el obelisco de la avenida George Washington el pintor Dustin Muñoz realizó un mural con las figuras de las tres hermanas. En la antigua Feria de la Paz, hoy Centro de los Héroes de Maimón, Constanza y Estero Hondo, se erigió un conjunto escultórico de las tres hermanas. Las candidatas representantes de la Provincia Hermanas Mirabal al concurso de belleza Miss República Dominicana llevan la banda con el nombre de la provincia. En la casa natal de las hermanas funciona un museo con *memorabilia* de la familia Mirabal. El diputado del PLD, Manuel Jiménez, dedicó un concierto conmemorativo por los cincuenta años del asesinato de las hermanas con el título *Amén de mariposas*. También se celebró un Festival Cultural en honor a las heroínas. La obra teatral *Yo soy Minerva*, de la historiadora Mu Kien Sang Ben, se presentó en varias ciudades del país. El obelisco, las esculturas en el Centro de los Héroes y, cada año, la Miss Hermanas Mirabal, representante de la provincia Hermanas Mirabal en el Concurso Nacional de Belleza Miss República Dominicana, son tropos contradictorios. Si por un lado, la presencia de las hermanas en el obelisco –obvio símbolo fálico de poder– y en el Centro de los Héroes viriliza a las tres mujeres, el concurso de belleza las feminiza y las convierte en objeto del deseo masculino. Esto se debe acaso a la doble articulación de lo masculino y lo femenino.

Julia Álvarez reescribe el cuerpo de las hermanas Mirabal como un solo cuerpo, hecho de mitos y leyendas, sacralizado por la cultura patriarcal[7]. La escritora se propone, entre otras cosas, desacralizar su figura y encontrar a «las Mirabal de mi creación, inventadas pero, espero, fieles al espíritu de las verdaderas hermanas» (1994: 316) para devolverles el carácter de sujetos históricos. Álvarez, además de inscribirse ella misma en la novela como «la gringa» que entrevista a Dedé Mirabal, se propone restituir el cuerpo político de las hermanas, escamoteado por la leyenda y el mito.

En la novela de Álvarez, el cuerpo de las Mirabal puede ser considerado como lo que Fredric Jameson ha denominado una «alegoría de la nación». Pero Álvarez quiere ir más allá de esta noción e intenta devolverles a las Mirabal el *estatus* de sujetos políticos. La noción de «alegoría nacional» planteada por Fredric Jameson, aunque importante, es problemática. En su artículo, Jameson sostiene que

> Todos los textos del tercer mundo, quiero proponer, son necesariamente alegóricos y de un modo muy específico: deben leerse como lo que llamaré alegorías nacionales, incluso –o tal vez debería decir particularmente– cuando sus formas se desarrollan al margen de los mecanismos de representación occidentales predominantes, como la novela… Estos textos, incluso los que parecen privados e investidos de una dinámica propiamente libidinal, proyectan necesariamente una dimensión política bajo la forma de la alegoría nacional: *la historia de un destino individual y privado es siempre una alegoría de la situación conflictiva de la cultura y la sociedad públicas del tercer mundo.* (1986: 170-171; énfasis del original)

---

[7] A pesar de que fueron tres las hermanas asesinadas, siempre se habla de ellas como las Hermanas Mirabal, como si fueran una sola entidad. Es por lo que me refiero a «el cuerpo de las hermanas Mirabal».

Por su parte, en el ensayo «Jameson's rhetoric of otherness and the "national allegory"», Aijaz Ahmad refuta la noción de Jameson de «Tercer Mundo». Para Ahmad «No existe tal cosa como una "Literatura del tercer Mundo" que pueda ser construida como un objeto de conocimiento teórico internamente coherente» (1995: 77). Además, el planteamiento de que «todos» los textos producidos en dichos países son «necesariamente» alegóricos constituye una falsa premisa que tiene como resultado una conclusión no menos falsa, de donde se desprendería que los textos que no sean alegóricos, aunque hayan sido producidos en dichos países, entonces no pertenecen a ellos.

Tanto Ahmad como Doris Sommer coinciden en que la noción de alegoría debe ser reformulada a partir de otros fundamentos epistemológicos. Para Ahmad, el proceso de alegorización no debe tomarse en el sentido nacionalista, sino en el de la relación entre lo privado y lo público, y entre lo personal y lo colectivo (1995: 82). Por su parte, Sommer considera la alegoría como una estructura narrativa en la cual los dos sistemas de significación privado/público se encuentran entrelazados (1991: 42). En ese sentido, la novela de Álvarez propone una alegoría política de la República Dominicana durante la dictadura de Trujillo. El cuerpo de las Mirabal se convierte en texto político gracias a la inscripción de lo privado/poético (memoria familiar) en lo público/político (memoria social). Y esta es una de las diferencias fundamentales en cuanto a la representación de una época. A diferencia de los textos de historia o de análisis socio-políticos, la novela de Álvarez articula la memoria familiar de las hermanas y la memoria histórica del Trujillato.

La dimensión alegórica del cuerpo de las Mirabal, como cuerpo político, se manifiesta en diferentes momentos de la novela. Por ejemplo, en el «Capítulo Dos», Minerva Mirabal, la mayor de las tres hermanas asesinadas, adquiere su conciencia política durante su internado en el colegio Inmaculada Concepción a través de Sinita Perozo, quien se convertiría en su mejor amiga, y quien se encarga de contarle el secreto de Trujillo. El secreto consiste en que Trujillo es el responsable de todos los crímenes políticos cometidos en el país. Esa misma noche, Minerva tiene su primera menstruación. De esa manera, el acceso a la conciencia política coincide con la transformación de su cuerpo. La sangre de la menstruación de Minerva queda vinculada no sólo con la violación, sino también con la violencia, como crítica feminista al patriarcado trujillista.

La menstruación de las mujeres encarceladas es una menstruación política, en tanto alegoría de la situación del movimiento clandestino. En la prisión en la que se encuentran recluidas las tres hermanas, «casi todas [las prisioneras] han dejado de menstruar» (Álvarez 1995: 237), es decir, que la actividad política de los miembros del movimiento ha cesado a causa del encarcelamiento. Luego, en la visita a la ginecóloga, Minerva convierte su cuerpo en una alegoría de la situación política:

–Vinimos por nuestra menstruación –empecé a decir, mirando la pared para detectar el micrófono. De todos modos, el SIM se enteró de todos nuestros problemas femeninos. Delia se tranquilizó, pensando que ésa era la verdadera razón de nuestra visita. Hasta que pregunté, en forma nada metafórica:
–¿Habrá quedado alguna actividad en nuestras viejas células?
Delia me fijó con la mirada.
–Las células de tu organismo se han atrofiado, y están todas muertas –respondió.
Debo de haber parecido muy apenada, porque Delia se ablandó.
–Quedan unas pocas vivas, claro. Pero lo más importante es que están surgiendo otras nuevas. Deben dar un descanso a su cuerpo. Verán que la actividad menstrual vuelve a comenzar el año próximo. (Álvarez 1995: 265)

Alegóricamente, las «células» y el «organismo» a los cuales se refiere la ginecóloga son los cuadros del movimiento clandestino Catorce de Junio (1J4), fundado por Minerva. El cuerpo de Minerva no permanece como alegoría. Como sujeto histórico, Minerva no sólo funda junto a otros miembros el movimiento clandestino, sino que también coordina y participa activamente en el mismo con el objetivo de derrocar a Trujillo. Así como la novela va de la alegoría nacional a la construcción de un sujeto político, la memoria familiar se convierte en colectiva y social. Sin embargo, Álvarez recurre a la doble articulación de lo masculino/femenino, así como también a la estructura narrativo-ideológica de la novela «populista», usada por otros escritores dominicanos. Según Sommer, en este tipo de novela, la esposa representa la tierra, el marido, al legítimo propietario de la misma, y el invasor o el dictador, al usurpador o adúltero: «Esto nos conduce al papel de Usurpador o adúltero, jugado por el imperialista, la "oligarquía" u otro infame gobernante local, que explota a la Mujer egoístamente» (1983: 11). En la novela de Álvarez, el padre de las Mirabal es el legítimo propietario de la familia, más específicamente, de Minerva como alegoría de la nación. El dictador, Rafael Leónidas Trujillo (el Jefe), viene a ser el intruso que interrumpe la relación «natural» entre el padre y la familia y destruye la vida paradisíaca. Hay un aspecto en el que Álvarez se aparta de la novela populista: en este caso las hermanas Mirabal no constituyen el tipo de mujer «inerte o caótica» que espera la «fecunda o civilizante intervención del Hombre» (Sommer 1983: 11)[8].

Las hermanas Mirabal constituyen lo que John Gill denomina un «signo flotante», es decir, la resemantización y utilización de la memoria familiar en diferentes contextos como capital cultural de consumo. Las dos películas que me propongo analizar se adscriben, en mayor o menor grado, a la estructura narrativo-ideológica de la novela populista.

---

[8] Si la tierra simboliza el cuerpo de la mujer, no es una casualidad que el seudónimo guerrillero de Manolo Tavarez Justo en las guerrillas de 1963 haya sido precisamente Enriquillo, el rebelde indígena y protagonista de la novela del mismo título de Manuel de Jesús Galván. Enriquillo, como representante del poder legítimo del esposo sobre la mujer, combate al tirano que quiere arrebatarle a su esposa.

Del texto a la imagen

Si «Amén de mariposas» (1969) de Pedro Mir es el poema que sirve de pretexto para la construcción de la metáfora de las hermanas Mirabal como mariposas, la novela de Julia Álvarez, *In the Time of the Butterflies*, constituye la matriz que producirá obras de teatro, festivales, concursos de belleza, y las dos películas en cuestión. Si por un lado Julia Álvarez ha recurrido a una doble articulación masculino/femenino, por su parte la aproximación a las Mirabal de Barroso y Deláncer ha sido a través del lente masculino de la cámara. Las películas *In the Time of the Butterflies* y *Trópico de sangre* han contribuido enormemente a la mercantilización de la memoria de las Mirabal. El cine, en sí mismo, como mercancía, articula una visión del mundo, a través de imágenes, luces y colores (Doane 1995: 122). Ese mundo imaginario es una «ventana al mundo», una vitrina de productos que incluye a la mujer como uno más (Doane 1995: 121). Dentro de esta visión, la mujer es transformada en mercancía. Como en el Sistema de Estrellas de Hollywood, la belleza de las actrices que hacen el papel de las hermanas Mirabal llena la pantalla para la contemplación de la mirada masculina. En cuanto a la mirada femenina, Mary Anne Doane propone que la identificación del público femenino con las actrices constituye un narcisismo, ya que a través de dicha identificación las espectadoras pueden proyectar sus deseos (1995: 123).

En estas dos versiones fílmicas, el pasado, su «representación selectiva», su «reconstrucción psíquica e intelectual», vuelven al presente como imaginario transformado en producto para el consumo de masas. El éxito de la película de Barroso en los Estados Unidos, así como lo fue en un tiempo la novela de Álvarez, se debe en parte a la avidez del público norteamericano por aventuras exóticas, a un feminismo «light» y a un multiculturalismo «sazonado» con etnicidad: la crueldad de un tiranuelo con respecto a tres hermosas mujeres en una isla tropical del Caribe. Otro factor que contribuyó al «éxito» de la película de Barroso, distribuida por Showtime y coproducida por Salma Hayek, fue el elenco, que incluyó a la misma Hayek, Edward James Olmos, Marc Anthony y Mía Maestro. Cabe destacar la ausencia de actores negros o mulatos en una historia que se desarrolla en un país como la República Dominicana.

Por las mismas razones exóticas, la versión cinematográfica de Deláncer fue pasada por HBO, según una elogiosa nota de prensa publicada en el periódico *El Caribe* en Santo Domingo. Sólo que en su afán de «dominicanizar» la película, esta es narrada por Dedé Mirabal, la hermana sobreviviente, y protagonizada por Michelle Rodríguez (dominico-norteamericana) en el papel de Minerva Mirabal. Además, la película incluye al actor dominicano Juan Fernández de Alarcón y al cubano César Évora. Pese a la escasez de reseñas sobre ambas películas en Santo Domingo, la recepción de la de Barroso fue escasa, ya que sólo llegó a los que tienen televisión por cable, con el inconveniente de que la película está en inglés. Como adaptación a la letra, la película falla porque no logra ni a nivel de la actuación ni de la realización cinematográfica representar adecuadamente el terror durante la era de Trujillo, ni tampoco la lucha de cientos de dominicanos contra la tiranía, ya que se concentra en la memoria familiar. Por su parte, la película de Deláncer, aunque con mayor recepción que la primera, no logró el éxito esperado, debido, entre otros factores, a las actuaciones deficientes de algunos de los actores, al papel protagónico de Michelle Rodríguez, y a una ambientación inapropiada.

Mariano Barroso: adaptación cinematográfica a la letra

In the Time of the Butterflies de Barroso, producida por M.G.M. y Showtime para la televisión norteamericana, es una adaptación a la letra de la novela del mismo nombre. La película abre con fotos de rostros dominicanos, calles, militares, personas torturadas y una secuencia de una mujer llorando en un documental. Sobre las fotos aparecen leyendas que explican en qué consistió la dictadura. La escena siguiente nos muestra a una Minerva Mirabal (Salma Hayek) confinada en una celda de la cárcel de la Victoria. La cámara hace un movimiento en picada desde una gotera del cielorraso hasta el rostro de Minerva, reflejado en un charco de agua. Minerva recuerda en *off* algunos aspectos de su vida: «Fanny the things we *forget*... Maybe we'll know the time will come when we'll need some of these *memories*», dice. Es decir, que el filme, que comienza *in medias res*, es el producto de la dialéctica entre memoria y olvido, es decir, una recuperación «selectiva» de la memoria.

La memoria puede ser definida como «la presencia del pasado [...] reconstrucción psíquica e intelectual que supone, de hecho una representación *selectiva* del pasado, un pasado que no es nunca el del individuo solo, sino el de un individuo inserto en un contexto familiar, social, nacional» (Rousso en Cuesta 1995: 59; énfasis mío). Como representación del pasado en la narrativa novelística y fílmica, la memoria es una representación «selectiva», por lo que se encuentra inmersa en un Imaginario[9]. La memoria familiar de Dedé[10], se ha convertido en «la materia prima de la historia» (Dupront en Cuesta 1995: 58) en textos literarios, históricos y cinematográficos en la República Dominicana. En ese sentido, se han diseñado espacios de

---

[9] En el modelo lacaniano, lo Imaginario es el orden dominado por la identificación y la presencia, precede al orden de lo Simbólico y llega a coexistir con este último. Lo imaginario se caracteriza por la ambivalencia afectiva frente a ciertos objetos. El orden de lo Imaginario también ha sido denominado como «la etapa del espejo». De acuerdo con Lacan, durante sus primeros meses de edad el sujeto se descubre a sí mismo frente a un espejo y se percibe como otro, con una plenitud y perfección de las que carece en la realidad.

[10] Bélgica Adela Mirabal, alias Dedé, falleció el 1 de febrero de 2014 a la edad de 88 años. Julia Álvarez sostiene que «Dedé Mirabal fue modelo de cómo ser un ciudadano comprometido» (2014: 11a).

la memoria como la casa de las Mirabal, transformada en museo, o la provincia Salcedo, rebautizada con el nombre de Provincia Hermanas Mirabal[11]. La secuencia de la infancia de las hermanas en su casa en Ojo de Agua muestra a las cuatro niñas jugando en un ambiente paradisíaco, bajo la mirada protectora del padre, dueño legítimo de la familia. Predominan el verde de los árboles, el rojo de la camioneta y la muñeca de Minerva, y el rosado de su blusa. La luz natural inunda la escena. Hay dos fuerzas que halan en direcciones contrarias: por una parte, el verde, como color frío, es centrífugo y connota la lejanía del pasado; por otra, los colores calientes, como el rojo, son centrípetos y evocan la intimidad. Luego, el plano general de las cuatro niñas corriendo pasa a un plano de las hermanas, ya transformadas en adolescentes, corriendo por el mismo patio. Una de las hermanas, y luego la madre, llaman a Minerva. El nombre convoca la memoria de quien se convertirá en alegoría de la nación: Minerva Mirabal. Hay un primer plano del rostro de Salma Hayek, que luego pasa a un plano medio en el que viste una blusa amarilla, color que «acerca» más al espectador a la memoria individual y familiar. La secuencia del baile en el Palacio Nacional, al que ha sido invitada la familia Mirabal, es muy emblemática. En la misma, Trujillo saca a bailar a Minerva y en un momento determinado le toca los glúteos. Minerva responde dándole una bofetada a Trujillo. Después de esto, Minerva abandona la fiesta, lo que constituye un agravio para el dictador, ya que como es sabido, nadie podía abandonar una fiesta antes de que lo hiciera el Jefe. «Do you want me to let him grab my ass?», le pregunta Minerva a su padre momentos más tarde. Esta

---

[11] En la República Dominicana, la Provincia de Salcedo (actual Hermanas Mirabal) fue creada en 1952 para honrar la memoria del héroe independentista Francisco Antonio «Pepillo» Salcedo, quien luchó contra las tropas de ocupación haitianas en 1844. En 2007 se sustituyó el nombre por el de Hermanas Mirabal, que eran oriundas de esa provincia. Ese año se encontraba en el poder el Partido de la Liberación Dominicana (PLD).

acción podría interpretarse, en este caso, como lo que estaba haciendo Trujillo, el Usurpador, «agarrando el país por el culo». Lo que hubiera constituido un enfrentamiento entre el *pater familias* y el Usurpador no ocurre. El padre no se atreve a enfrentarse a Trujillo para defender el «honor» de la hija, que representa la dignidad del país.

La secuencia final de la película es muy dramática. Las hermanas Mirabal, de regreso de Puerto Plata, a donde habían ido a visitar a sus maridos presos, son interceptadas por los esbirros del dictador y asesinadas a palos, para simular un accidente automovilístico. Aunque no se ven los cuerpos de las hermanas, el espectador puede imaginar los hermosos rostros de Salma Hayek, Mía Maestro y Pilar Padilla.

Juan Deláncer: la dominicanización de la memoria

Trópico de sangre de Juan Deláncer tiene como objetivo la «dominicanización» de la memoria para contar «la verdadera historia de las Hermanas Mirabal», ya que la versión de Barroso está llena de falseamientos en cuanto a la lengua (inglés), las locaciones y los actores. En la versión de Deláncer, los dominicanos pueden reconocerse/identificarse con las locaciones, los paisajes, las calles y las casas, la campiña y los rostros dominicanos[12].

Como la novela de Álvarez, en la que la personaje gringa va a la Casa-Museo a entrevistar a Dedé Mirabal, en la película de Deláncer Dedé recibe a un grupo de escolares de la escuela Hermanas Mirabal de la provincia del mismo nombre para «enseñarles una lección» de memoria familiar e histórica. En la Casa-Museo, Dedé es representada como un ejemplo-a-seguir para jovencitas, como la

---

[12] La selección de la actriz Michelle Rodríguez para el papel de Minerva Mirabal causó un escándalo debido a los problemas legales que ha tenido la actriz dominico-norteamericana a causa del alcohol y los pleitos. Posiblemente el rechazo a la actriz se deba también a su mulatez y a su lesbianismo o bisexualidad.

apática y díscola que viene escuchando reggaetón en el autobús –de hecho, la película está dedicada a Dedé Mirabal–. En la secuencia en que Dedé recibe a los escolares se hace un primer plano del rostro de Dedé cuando dice: «Son otros tiempos. No hay el peligro que había en esa época. Ni la persecución hacia todos los que estaban en contra del gobierno. Ya no hay el peligro de venir a esta casa». Este es el consabido chantaje de la democracia. Si no se juega el juego, se podría volver a una dictadura como la de Trujillo. Esta apología de la democracia tiene como objetivo la construcción de la imagen de «libertad» que se ha disfrutado en los gobiernos democráticos posteriores a la dictadura, sobre todo el del Partido de la Liberación Dominicana (PLD), que hasta la fecha (2017) lleva diecisiete años en el poder, y del cual los miembros de la familia Mirabal han sido miembros prominentes.

El viaje a la Casa-Museo es una peregrinación al espacio de la memoria, repositorio de los recuerdos de las Mirabal. Dedé, como guardiana de la memoria familiar «femenina», ha sido fundamental en las claves para la reconstrucción de la vida de sus hermanas. Archivista y «curadora» del museo, concede entrevistas, ofrece explicaciones y atesora fotos, objetos personales, detalles, recuerdos, historias familiares, que luego irán adquiriendo un significado en el tejido de la novela familiar. Concebida como patrimonio cultural nacional, la Casa-Museo recibe tanto visitantes nacionales como extranjeros. Posee también una función pedagógica, como experiencia extracurricular de la escuela, ya que los estudiantes podrán «ver con sus propios ojos» los objetos cotidianos que usaban y el estilo de vida de las hermanas: el cepillo de pelo, el abanico de mano importado, la cartera, la mantilla y el rosario para asistir a misa, el crucifijo (que atestigua su religiosidad), el espejo de tocador, el cubrecamas tejido, la sinfonola donde escuchaban música, la mesa dispuesta con mantel tejido, la fina vajilla, las copas para vino y agua, la cubertería dispuesta correctamente, el porta-libros esculpido con la figura de un monje, la tesis doctoral de Minerva, los cuadros en las paredes, etcétera. El sema al que apuntan estos objetos es la clase social, la adscripción al estilo de vida burgués. Qué objetos usaban, cómo vivían, cómo comían, cuáles eran sus pasatiempos, qué leían y escribían forma parte del gesto de devolverles la vida a las hermanas. Los objetos, como fetiches, contienen las características de las hermanas. Ver (tocar con la mirada) los objetos constituye el acto simbólico de poseer las cualidades de las hermanas, que pueden ser narradas, como forma de superar el luto que los mismos objetos perpetúan.

En esta versión, Deláncer politiza mucho más la vida de las Mirabal, introduciendo secuencias acerca de la trama para asesinar a Trujillo. El caso de los hermanos De la Maza, uno de los cuales fue asesinado por Trujillo, se alterna con las actividades conspirativas de Minerva en el movimiento clandestino 14 de Junio. La Minerva de Deláncer es más activa políticamente que la de la versión de Barroso. Incluso, en la secuencia de cierre se atreve a mostrar el rostro ensangrentado de Minerva (Michelle Rodríguez), lo cual constituye una reiteración de la imagen de la muerte de la mujer hermosa, tema que fascinó a los pintores prerrafaelitas y posteriormente a los poetas modernistas. La muerte de Ofelia, en el cuadro *Ofelia* (1852) de John Everett Millais, ha sido retematizada y resemantizada en pintura, teatro, y poesía, y atrae, no sólo por ser una hermosa mujer que se vuelve loca, sino también porque la locura la lleva a la muerte. En la película, el asesinato se lleva a cabo en el campo. Hay arbustos verdes y la luz natural es brillante. En un plano medio se puede ver a Minerva en un vestido crema, el cuello cubierto por una bufanda de colores rojo, blanco y gris. Tiene el rostro ensangrentado y sus ojos abiertos miran la luz del cielo. En la *Ofelia* de Everett también predomina el verde las plantas. Hay algunas flores blancas que emigran de la naturaleza al vestido blanco con aplicaciones de oro. Ofelia, flotando a la deriva en las aguas de su muerte, tiene flores en las manos abiertas. Sus ojos miran hacia el cielo; sus labios, sensuales, están entreabiertos.

En el caso de las hermosas Mirabal, no es la locura, sino la política lo que las lleva a la muerte. Tanto la película de Barroso como la de Deláncer, sobre el pasado dominicano, pertenecen a la tendencia del «cine de nostalgia» señalada por Fredric Jameson: «Debemos concebir esta categoría de la manera más amplia: estrechamente, sin duda, consiste simplemente en películas acerca del pasado y acerca de momentos generacionales específicos del pasado» (1983: 116). En estas dos películas, las élites trujillistas y sus descendientes podrán añorar su pasado glorioso, reconocerse en las fiestas en el Palacio Nacional, los paseos en el campo, las modas, el lujo, las calles de Santo Domingo, en fin, el «orden» y el «respeto» que existía en aquella época.

Memoria, mercantilización, duelo y la melancolía

Al examinar el destacado papel de Dedé Mirabal y de los intelectuales dominicanos en el proceso de «narrativización», debemos tomar en consideración los conceptos de duelo y melancolía para reflexionar acerca de cómo se ha manejado el luto después de la muerte de las hermanas. La narrativa supone un acto de recuperación de la memoria para la superación del luto. Según Idelver Avelar, «El duelo y la narración, incluso en el nivel más obvio serían co-extensivos: llevar a cabo el trabajo del duelo presupone, sobre todo, la capacidad de contar una historia sobre el pasado» (2000: 34). Por su parte, en su ensayo «Duelo y melancolía», Sigmund Freud establece una distinción entre estos dos conceptos. El duelo consistiría en el proceso a través del cual el sujeto supera la pérdida del objeto con la separación de este último y del yo. Por el contrario, la melancolía supone la identificación del yo con el objeto perdido, de manera tal que el yo es transformado en parte de la pérdida (Avelar 2000). Pese a las diversas narrativas e iconos, el pasado de las Mirabal no ha sido superado, por lo que se ha convertido en melancolía, o si se quiere, en una memoria fetichizada que se ofrece al público como mercancía. Avelar, siguiendo a Abraham y Torak, considera que «[e]n la incorporación, por otro lado, el objeto traumático permanecería alojado dentro del yo como un cuerpo forastero, ‹innombrable pero omnipresente›, innombrable excepto a través de sinónimos parciales» (2000: 19-20). De ahí que los procesos de simbolización, metaforización-metonimización y alegorización con respecto a las Mirabal sean tan ricos y abundantes en la producción cultural dominicana y extranjera.

Todo lo anterior plantea varias preguntas: si la escritura significa una recuperación de la memoria en el trabajo del duelo, ¿cómo se podría superar el duelo por las Mirabal? ¿Borra la mercantilización del pasado el pasado mismo porque lo cosifica? ¿Cómo se puede borrar el pasado y superar el duelo? Habría que decir que primero ocurre la recuperación de la memoria a través de la escritura, y una vez esta escritura es cosificada por la mercantilización, entonces borra el pasado, la memoria histórica.

La memoria y el presente

Como señala Altamirano con respecto al Museo de José Hernández en Argentina, el museo parece contar la «historia verdadera» (1997: 3). La Casa-Museo Hermanas Mirabal cuenta «la verdadera historia», a la vez que construye una visión del pasado, que como ya se vio, es a todas luces nostálgica. El pasado se encuentra desconectado del presente. El pasado de la dictadura corrupta y represiva aparece aislado de las mismas élites del presente que han estado en el poder y de los gobiernos del PLD, que se han caracterizado por la corrupción y las leyes antidemocráticas y racistas. Según Tzvetan Todorov, «Si uno recuerda el mal llevado a cabo en el pasado, se supone que se podrá evitar en el presente» (2009: 7). Este no ha sido el caso en la República Dominicana. La clase política dominicana ha perpetuado la opresión, la corrupción y el crimen en las calles, a manos de las ejecuciones extrajudiciales de la Policía. Los políticos del presente se atribuyen el papel de héroes de la democracia y les atribuyen a los agentes del pasado trujillista el papel de criminales, cuando en realidad muchos descendientes de las élites del Trujillato detentan actualmente el poder económico y político o reproducen la misma ideología trujillista. Por eso, Todorov señala: «La memoria del pasado será estéril si nos servimos de ella para levantar un muro infranqueable entre el mal y nosotros, si nos identificamos únicamente con los héroes irreprochables y las víctimas inocentes, expulsando a los agentes del mal fuera de las fronteras de la humanidad» (2009: 36). La contradicción que se establece no es entre el pasado y el presente, sino entre la clase dominante y los subalternos.

Conclusión

Julia Álvarez vio en la memoria de las hermanas Mirabal la posibilidad de tratar de restituir el cuerpo político y fundar una alegoría nacional. Para ello, recurrió a la doble articulación masculino/femenino y a la estructura narrativo-ideológica de la novela populista. También vio la oportunidad de explotar comercialmente un material narrativo extraordinario para los lectores norteamericanos, ávidos de historias exóticas, al tratarse del caso de tres muchachas jóvenes, bonitas, blancas, y de clase media-alta. A partir de ese momento, en parte, la familia Mirabal ha creado un capital político que ha sabido instrumentalizar en su propio beneficio, en el del Partido de la Liberación Dominicana (PLD) y en el de la nueva clase política del país.

En las versiones biofílmicas, las hermanas Mirabal «no aparecen como lo que fueron, sino como lo que la familia debe recordar que fueron». La resistencia y la lucha contra la dictadura son «representadas» alrededor de la vida de las hermanas Mirabal. La familia Mirabal, y muy especialmente Dedé, como miembros y/o simpatizantes prominentes del Partido de la Liberación Dominicana (PLD), representante de las élites de derecha en la República Dominicana, han tenido un impacto decisivo en la difusión, diseminación y mercantilización de la memoria familiar, convertida en colectiva e histórica. De los aproximadamente 30000 desaparecidos/asesinados en la dictadura de Trujillo, ¿por qué las hermanas Mirabal? ¿Por la brutalidad del crimen? ¿Por ser mujeres blancas de clase media-alta? Minerva y sus hermanas son convertidas en una alegoría de la nación que, como tal, debe estar representada por una mujer hermosa –en la novela populista–, reelaborando la imagen de «la muerte de la mujer hermosa» de los pintores prerrafaelitas y los poetas modernistas. Sería improbable que una mujer negra, pobre y analfabeta como Florinda Muñoz Soriano (Mamá Tingó) fuera escogida para representar la nación dominicana. En ambas películas, la memoria de las hermanas Mirabal, al desauratizarse[13], ha sido convertida en una mercancía, que paradójicamente borra la memoria histórica.

Bibliografía

Ahmad, Aijaz (1995): «Jameson's rhetoric of otherness and the "national allegory". En Ashcroft, Bill & Griffiths, Gareth & Tiffin, Helen (eds.): *The Post- colonial studies reader*. London / New York: Routledge.
Altamirano, Carla *et al.* (1997): «Modalidades de apropiación del patrimonio: el museo y su público». En *Naya.Org.AR. Noticias de antropología y arqueología*: <http://www.naya.org.ar/articulos/museologia03.htm>.
Álvarez, Julia (1995): *En el tiempo de las mariposas*. Buenos Aires: Atlántida.
— «Cómo mantener vivas a las Mariposas» (2014): *Hoy*, 10 de febrero: 11a.

---

[13] Según Walter Benjamin, la reproducción mecánica del arte destruye su «aura», es decir, su existencia única y su relación con la tradición (1988: 220).

Aquino García, Miguel (1996): *Tres heroínas y un tirano. La historia verídica de las Hermanas Mirabal y su asesinato por Rafael Leónidas Trujillo.* Santo Domingo: Corripio.

Avelar, Idelver (2000): *Alegorías de la derrota: La ficción post-dictatorial y el trabajo del duelo.* Santiago de Chile: Cuarto Propio.

Barroso, Mariano (2001): *In the time of the butterflies.* Showtime Television Network.

Benjamin, Walter (1988): «The work of art in the age of mechanical reproduction». En Arendt, Hannah (ed.): *Iluminations.* New York: Schocken Books, 217-51.

Corominas, Joan (1983): *Breve diccionario etimológico de la lengua castellana.* Madrid: Gredos.

Cuesta, Josefina (1995): «De la memoria a la historia». En Vigil Alted, Alicia (ed.): *El pasado y el presente. Memoria histórica.* Madrid: Universidad Nacional de Educación a Distancia, 57-89.

Deláncer, Juan (2010): *Trópico de sangre.* Kemasi Films.

Doane, Mary Anne (1995): «The economy of desire: the commodity form in/of the cinema». En Belton, John (ed.): *Movies and mass culture.* New Jersey: Rutgers University Press, 119-134.

Jameson, Fredric (1983): «Postmodernism and consumer society». En Foster, Hal (ed.): *The anti-aesthetic. Essays on postmodern culture.* Seattle / Washington: Bay Press, 111-125.

— (1986): «Third-world literature in the era of multinational capitalism». En *Social text* 15: 65-88.

Foucault, Michel (1975): «Film and popular memory: An interview with Michel Foucault». En *Radical philosophy* 10 (1): 24-29.

Galván, Manuel de Jesús (1993): Enriquillo. Santo Domingo: Ediciones Taller.

Gill, John (2009): *Andalucía: A cultural history.* New York: Oxford University Press.

Lacan, Jacques (1977): «The Mirror stage». En *Ecrits: A selection.* New York: Norton.

Mir, Pedro (2005): «Amén de mariposas». Premio Nacional de Literatura 1993. Santo Domingo: Corripio, 75-92.

Mirabal, Dedé (2009): *Vivas en su jardín.* Santo Domingo: Aguilar.

SOMMER, Doris (1983): *One master for another: Populism as patriarchal rhetoric in dominican novels.* Lanham: University Press of America.
— (1991): *Foundational fictions. The national romances of latin america.* Berkeley / Los Angeles, California: University of California Press.
TAVÁREZ MIRABAL, Minou (2014): *Mañana te escribiré otra vez.* Santo Domingo: Aguilar.
TODOROV, Tzvetan (2009): *La memoria, ¿un remedio contra el mal?* Barcelona: Arcadia.
VALERIO-HOLGUÍN, Fernando (2003): «Julia Álvarez». En West, Alan (ed.): *Latino and latina writers.* Farmington Hills: Charles Scribner's Son, 783-802.
— (1998): «*En el tiempo de las mariposas* de Julia Álvarez: Una reinterpretación de la historia». En *Chasqui: Revista de literatura* 27 (1): 92-102.
VARGAS LLOSA, Mario (2000): *La fiesta del chivo.* Santo Domingo: Editora Taller.

Identidades dominicanas:
sexualidades y estéticas

De esos cuerpos que sugieren barbarie
Una lectura de las subjetividades en un devenir endriago, o desprovistas de un devenir, en los filmes *Jean Gentil* (2010) y *La Gunguna* (2015)

Fernanda Bustamante Escalona

> La ciudad del colonizado es una ciudad hambrienta, hambrienta de pan, de carne, de zapatos, de carbón, de luz. La ciudad del colonizado es una ciudad agachada, una ciudad de rodillas, una ciudad revolcada en el fango.
>
> Frantz Fanon

> Las precarias condiciones sociales y económicas entrenan a hombres y mujeres (o los obligan a aprender por las malas) para percibir el mundo como un recipiente lleno de objetos *desechables*, objetos para *usar* y *tirar*; el mundo en su conjunto, incluidos los seres humanos.
>
> Zygmunt Bauman

Quizás una de las constantes de la filmografía dominicana de los últimos años de esta década ha sido la resistencia a perpetuar el imaginario exotista de la isla. La necesidad de problematizar tanto la imagen de postal como los paradigmas identitarios, de género y raza; ya sea mediante la ficción, el documental, el drama o la comedia. Así, las recientes producciones cinematográficas velan más bien por propuestas visuales y temáticas que –alejadas de estéticas vinculadas a la «pornomiseria» (Ospina & Mayolo 1978: en línea)– ponen en entredicho ciertos presupuestos y discursos oficiales, dando protagonismo a escenarios y subjetividades otras, periféricas, «de abajo», de «los vencidos». Es decir, a esos cuerpos-espacios incómodos, que dan cuenta del debilitamiento del tejido social y de la inestabilidad de las instituciones estatales, que han dejado de garantizar derechos y seguridad. Cuerpos-espacios que estorban, y que al evidenciar la corrupción, impunidad (e inoperatividad) política, están condenados al balbuceo y al susurro: suburbios, zonas de violencia, pobreza, narcotráfico, mafia, turismo sexual; personajes analfabetos, que ejercen la prostitución, indocumentados, internos carcelarios, desempleados, explotados… Pienso por ejemplo, en *Jean Gentil* (2010) y *Dólares de arena* (2014) de Laura Amelia Guzmán e Israel Cárdenas, en *La Gunguna* (2015) de Ernesto Alemany, en *Caribbean Fantasy* (2016) de Johanne Gómez Terrero, y en la reciente *Carpinteros* (2017) de José María Cabral. Filmes que no sólo dan cuenta de cómo el cine funciona como una «extraordinaria caja de resonancia, no sólo de lo que está pasando en el mundo –lo que *se ve*– sino de lo que *no se ve*, la parte invisible, inconfesable y, en ocasiones, maldita de la realidad social» (Imbert 2006: 29; cursivas del original), sino que además comparten el haber tenido una positiva recepción por parte de la crítica nacional e internacional, posicionando al cine dominicano más allá de las fronteras insulares[1].

---

[1] Todas estas películas han competido en festivales de cine nacionales e internacionales. El filme *Jean Gentil* (2010) recibió: Mención especial del Premio Orizzonti a Mejor película del LXVII Festival de Cine de Venecia (2010), Mención SIGNIS del XXXII Festival Internacional del Nuevo Cine Latinoamericano de La Habana (2010); Premio del jurado de crítica internacional del XV Festival de Cine de Lima (2011); Mejor largometraje de ficción del I Festival Internacional de Cine Independiente de Cosquín (2011); Premio especial del jurado en la sección de largometraje Iberoamericano del XXVI Festival Internacional de Cine

Siguiendo estos planteamientos, y tal como anticipo en el propio título, me propongo analizar en los largometrajes *Jean Gentil* y *La Gunguna*[2] la representación de las subjetividades marginales, bajo la idea de que en ambas obras se manifiesta una clara voluntad de discurso –estético y político–, que no le teme a hablar de esos lugares incómodos ni a evidenciar y problematizar los diferentes tipos

---

en Guadalajara (2011); y premio a Mejor película en el Festival de Las Palmas (2011). Por su parte, por *Dólares de arena* (2014) Geraldine Chaplin ganó el premio de mejor actriz en el Festival de Chicago (2014) y en el Festival del Nuevo Cine Latinoamericano de la Habana (2014), y en el 2015 fue nominada en esa categoría en los Premio Iberoamericano de Cine Fénix y en los Premios Platino del Cine Iberoamericano. Asimismo, la película recibió tres nominaciones en los Premios Ariel 2016, de la Academia Mexicana de Artes y Ciencias Cinematográficas: mejor actriz (Geraldine Chaplin), mejor actriz revelación (Yanet Mojica) y mejor guión adaptado. En los festivales de República Dominicana *La Gunguna* se alzó con 13 premios en la primera edición de los Premios Iris de Cine Dominicano: mejor película, mejor producción, mejor guión (Miguel Yarul), mejor vestuario, mejor actriz de reparto drama, mejor diseño de sonido, mejor actor principal drama, mejor casting, mejor fotografía, mejor edición, mejor diseño de producción, mejor maquillaje, mejor música; y ganó en tres categorías en los Premios Soberano (2016): mejor película, mejor director y mejor actor. Además recibió 7 nominaciones a los Premios Platino del Cine Iberoamericano: mejor película, mejor dirección, mejor ópera prima, mejor guión, mejor actuación masculina, dirección de montaje, y mejor dirección de sonido. A nivel internacional, es de destacar también que recibió la nominación a Mejor película Iberoamericana en los Premios Goya (2016). El documental *Caribbean Fantasy* (2016) recibió el Premio Coral a Mejor Mediometraje Documental en el Festival del Nuevo Cine Latinoamericano de la Habana (2016); el Premio Cinepoema en el Festival de Documentales DOCSMX de la Ciudad de México (2016) y el Premio a Mejor Película del Caribe en el Festival Internacional de Cine de Martinica (2016). Asimismo, la reciente producción *Carpinteros* (2017), tuvo su premier mundial en el Festival de Cine de Sundance (2017), donde fue nominada en la sección internacional «World Cinema Dramatic Competition».

[2] Agradezco a Laura Amelia Guzmán y a Ernesto Alemany facilitarme sus películas y su colaboración durante el análisis de éstas.

de violencia, ya legitimadas, ya normalizadas[3], que son fruto de las dinámicas del mercado y la neocolonización.

A simple vista puede parecer extraño establecer un diálogo con dos películas que presentan disimilitudes que van desde sus géneros, argumentos, ritmos, personajes y recursos fílmicos. *Jean Gentil* se presenta como un falso documental en el que se relata, mediante la autorrepresentación del protagonista por el propio Jean Remy Gentil, las desgracias y dolor de un hombre haitiano, contador y profesor de lenguaje, que emigra a Santo Domingo en busca de un empleo cualificado para sus conocimientos, y que al no lograr su objetivo se desplaza al campo, donde tampoco tiene mayor suerte, terminando despojado de todo tipo de bienes, afectos y certezas, y sumido en una profunda soledad que lo lleva a suplicarle a Dios en reiteradas ocasiones «quítame este dolor». El desplazamiento de un sujeto inmigrante cuyo tormento persiste y se acrecienta con independencia de si transita por las calles de la ciudad de un Santo Domingo gobernado por el ruido de los coches, las bocinas, las máquinas de construcción, o si deambula por la selva y la playa, donde el sonido ambiental pasa a ser el viento, las cigarras, la lluvia que golpea las hojas de los palmerales o las olas que revientan en las rocas. Es decir, un drama en el que a partir de una cámara que prácticamente sigue al personaje, de una fotografía caracterizada por un juego de tonalidades opacas, con un tratamiento natural del color e iluminación, ya sea en tomas diurnas y nocturnas, y de un ritmo marcado por escenas lentas, por una banda sonora guiada por violines, y por diálogos o monólogos pausados y poblados de silencios, se logra que el trabajo estético sensorial de la puesta en escena esté al servicio de la caracterización psicológica del personaje central, de su aflicción física y moral.

---

[3] Entiendo aquí normalizada en su doble acepción: como aquello que se ha regularizado, al mismo tiempo que ha adquirido una condición de normalidad.

Y por otro lado, *La Gunguna*, una opera prima de ficción –basada en el cuento «Montás» de Miguel Yarull, quien fue también el guionista– que relata, sirviéndose de la técnica del *in medias res*, la historia de una pequeña pistola calibre 22, que de tener un pasado en manos de legendarios tiranos, como Mussolini, Franco y Trujillo, termina en posesión de un obrero dominicano que una noche decide ir a la casa del presidente de la república para matarlo y así ponerle fin a la anomia social en la que está el país, porque «ya está bueno coño». El devenir de un arma que al pasar de la mano de una *business woman*-sacerdotisa, de dudosa moral, que lidera los negocios en la frontera domínico-haitiana, a la de miembros de la mafia domínico-china, de dueños y trabajadoras de servicios de escorts de *hight standing*, de policías corruptos, y de pobladores de villas miseria que luchan por salir del medio hostil de las más diversas maneras, va desencadenando caos y violencia. Una comedia polifónica descentrada que –a partir de un montaje fragmentado, donde abundan los *flashbacks*; de personajes estereotípicos en sus caracterizaciones de roles y géneros; de una seguidilla de diálogos y situaciones absurdas; de la utilización de todo tipo de movimientos de cámara produciendo secuencias de acción a gran velocidad, al estilo Tarantino o Rodríguez o video clip; de una fotografía que nos remite a imágenes publicitarias, con colores retocados, saturados y bajo filtros[4]; y de una banda sonora guiada por el ritmo del *dembow*– logra una composición de efectos visuales que está al servicio de representar, en clave paródica y mercantil, ese caribeño-barroco espectáculo de la crueldad y violencia en el que está envuelta la sociedad dominicana actual.

Pese a lo anterior, y como iré desarrollando, ambas obras, desde diferentes matices, comparten el poner como centro de la discusión

---

[4] Cabe recordar que Enesto Alemany, antes de su debut como director cinematográfico en *La Gunguna*, se desempeñaba en el ámbito de la publicidad y producción de video clips.

las problemáticas sociopolíticas y culturales, y la consiguiente alienación, desarraigo, desapego y deshumanización de los sujetos que están inmersos dentro una sociedad que se muestra como boceto de un proyecto de modernización excluyente. Para ello me serviré de la propuesta realizada por Sayak Valencia del «devenir gore del capitalismo» (2014: 50), entendiendo al capitalismo como un sistema económico que ha pasado a su vez a ser un sistema de producción cultural y social, donde la sociabilización está condicionada por la lógica salvaje de los circuitos de producción y consumo. Esta proliferación de necesidades y mercancías, sin embargo, puede ser atendida sólo por una reducida población privilegiada, por lo que aquellos que no poseen los medios o recursos suficientes, o que se encuentran en estado de pobreza –material y moral– no pueden participar de las demandas hiperconsumistas del sistema dominante, quedando en una situación de invalidación social. Es precisamente en los marcos de esta lógica de la economía contemporánea donde Valencia problematiza el surgimiento de nuevos actores del capitalismo gore, para los cuales utiliza la taxonomía de *sujetos endriagos*. Sujetos que ante la exclusión social y la precarización, junto a la necesidad de exorcizar su condición de víctimas, ven en las prácticas violentas y distópicas un modo de autoafirmación y agenciamiento:

> [los sujetos endriagos] se caracterizan por combinar la lógica de la carencia (círculos de pobreza tradicional, fracaso e insatisfacción), la lógica del exceso (deseo del hiperconsumo), la lógica de la frustración y la lógica de la heroificación (promovida por los medios de comunicación de masas) con pulsiones de odio y estrategias utilitaristas. Resultando anómalos y transgresores frente a la lógica humanista. (Valencia 2014: 87)[5]

---

[5] Cabe mencionar que Sayak Valencia propone los términos de «capitalismo gore» y «sujeto endriago» como taxonomías discursivas para visibilizar la relación criminalidad-violencia-narcotráfico-Estado-neoliberalismo exacerbado-

A partir de estas ideas analizaré cómo ambos filmes, desde sus respectivas estéticas, abordan el desarrollo de estas subjetividades en el contexto dominicano actual, neocolonial.

Devenir o no devenir endriago: la violencia de y en los personajes

Tanto en *Jean Gentil* como en *La Gunguna* es posible establecer un paralelismo entre los sujetos y los espacios, sobre todo urbanos, ya que ambos se delinean como zonas de conflicto, zonas de carencia. Los protagonistas de las dos obras, Jean Remy Gentil y Montás (Gerardo «Cuervo» Mercedes), comparten el ser trabajadores con un respectivo oficio –contable y soldador– que se encuentran en situación de desempleo. De hecho, en los dos casos se introducen discursivamente a partir de este asunto: Jean Remy Gentil asiste, vestido de corbata, a una entrevista de trabajo. Luego de una secuencia en la que se sigue al personaje por la calle, aparece en un primer plano sentado en una oficina frente a un funcionario a quien lo primero que le dice es «Estoy buscando empleo»; luego menciona su nombre y le entrega su currículum.

Similar es la primera escena de Montás, quien después de una rápida secuencia donde se le muestra al cierre de su jornada laboral en una construcción, y luego de asearse y dispuesto a irse a su hogar, se enfrenta al supervisor de la obra que lo detiene para informarle que no requieren más de sus servicios, pagándole el monto de su trabajo realizado:

---

performance de género en el contexto de México contemporáneo. Estas categorías, sin embargo, resultan aplicables a otros contextos fronterizos y precarizados tanto de Latinoamérica como de otras regiones.

–Oye mano, los chinos quieren parar la obra. Tú sabes, por lo del sábado.
–Mierda. Pero el día de hoy lo van a pagar, ¿verdad?
–Sí, sí, sí, claro. Déjame ver. 600 son los tuyos. Bien. Fírmame por ahí. Nada mano. Tan pronto eso se resuelva yo te llamo.
–Tenme presente. (*La Gunguna*)

Estas escenas nos proporcionan elementos significativos: en la presentación de los personajes, en sus propios discursos, se plasman, por un lado, la conjunción entre el ser y el estar del sujeto –un extranjero-haitiano y un obrero local que están fuera del circuito laboral–, y por otro, la necesidad de ser considerados en la cadena de producción –que otros los ayuden en su búsqueda, que otros los tengan presentes–.

A raíz del desempleo los protagonistas convergen en otros dos puntos: ambos deben meses en los pagos del alquiler de sus viviendas, y como parte de esas dinámicas del mercado, acuden a prestamistas para solventar esas deudas. De esta forma, o son directamente expulsados de sus hogares o se enfrentan a la amenaza de desahucio. El primer caso lo vemos en Jean Remy Gentil, quien al regresar a la pensión donde vivía ve que su habitación ha sido reasignada y encuentra sus escasas pertenencias en la basura. En vista de ello, paga 3 dólares para pernoctar dentro de una construcción, entre cartones, como un vagabundo, y finalmente termina viviendo en una choza hecha de ramas de palmerales en el interior del país. Montás, por su parte, que vive en un barrio periférico de la ciudad –una villa miseria de casas de zinc, sin suministros constantes de agua ni luz–, es intimidado por el propietario, quien le da un par de días para conseguir la suma que le debe, o de lo contrario lo echa de la casa: «mi cuarto el viernes o recoge»[6]. Ninguno de los dos personajes se enfrenta a una

---

[6] De hecho, se nos informa que Montás y su mujer enviaron a sus hijos al campo donde la abuela, ya que no cuentan con los medios para mantenerlos junto

posibilidad de diálogo o de acuerdo con los propietarios, los dos son directamente silenciados. Sus motivos no importan y mucho menos sus preocupaciones y emociones.

Por tanto, ya en las primeras escenas de los filmes se nos presenta una panorámica social que responde a las violentas lógicas de precarización de la economía: subjetividades privadas de recursos básicos, que viven en condiciones materiales paupérrimas, que habitan los márgenes de esa sociedad del bienestar. De hecho, la situación de falta de vivienda es lo que mueve la acción de los personajes de abandonar la ciudad y buscar suerte en la provincia, o de tomar el arma y dirigirse a la casa del presidente.

Es precisamente esta vulnerabilidad social que los determina, donde su nula participación en el mercado y en el sistema de producción los condiciona a la exclusión, la que da paso a la reflexión en torno a la disyuntiva sobre el devenir o no devenir sujeto endriago.

Está claro que ni Remy ni Montás son sujetos violentos, ni se inscriben dentro de estructuras colectivas criminales. Ahora bien, en ambos casos, y desde diferentes perspectivas, se nos perfila un escenario donde se identifican prácticas propias de la *necropolítica*, de esa economía de la muerte (Mbembe 2011), que se aplica sobre los cuerpos y las subjetividades. Como veremos, en los dos largometrajes la violencia está presente, ya sea a partir de la ejecución física de ésta sobre los cuerpos o mediante la desmoralización e invisibilización de los sujetos, es decir, en su forma de violencia epistémica (Spivak 2009).

Por un lado, *La Gunguna* puede pensarse desde una reflexión sobre al derrumbe de las instituciones –políticas, legislativas, judiciales, educacionales–, que han dejado de garantizar los derechos y la protección de los sujetos, por lo que éstos se ven en la necesidad de acudir a medios «alternativos», paralegales, para obtenerlos. De hecho, el propio título de *La Gunguna*, que remite a un arma, arma

---

a ellos, dando paso a la fracturación familiar en los circuitos de pobreza.

que posee nombre e historia, sirve como entrada para enmarcar la obra en un discurso que nos habla de cómo la violencia e inseguridad se han generalizado y vuelto cotidianas, y de cómo la economía ilícita se ha instaurado en la sociedad[7]. Esto lo vemos no sólo en el hecho de que el arma se ha comprado en el mercado negro sino también en ciertos personajes: por ejemplo, el Sargento que, en una secuencia que responde a su pregunta de «qué es lo único que hace un guardia cuando está en la frontera», se nos presenta como un funcionario del ejército que subsiste del soborno del tráfico de armas, de drogas y de personas. También, en el propio policía que investiga el asesinato del prestamista y que trabaja para la mafia, liderada por Chu y su Chuito, quienes, «a lo callao[,] son los dueños del bajo mundo domínico-chino».

Pero son particularmente los personajes de la mafia china, de la banda liderada por Pancho, el dueño del boliche y su discípulo, Martín «El Gago»; y Adrián «El Bori», el boricua dueño del «negocio de las chamacas» en San Juan, quienes, como integrantes y cómplices del crimen organizado, encarnan en mayor medida a esas subjetividades endriagas. Todos ellos se rigen por las lógicas económicas y culturales del capitalismo gore, en cuanto a que en su condición de sujetos inmersos en zonas sociales de exclusión dentro de la sociedad hiperconsumista, logran su autoafirmación y reconocimiento social mediante acciones distópicas que van desde la estafa y la extorsión a

---

[7] «La Gunguna» es el nombre de una deidad de la religión sincrética afrocaribeña, cuya imagen corresponde a una mujer negra envuelta en serpientes. Tanto en el cuento «Montás» de Miguel Yarull como en la película *La Gunguna* funciona como un intertexto de la canción «La Gunguna» de Luis Díaz, en la que se relata la vida de una mujer marginal que lleva comida a los presos en las cárceles: «se eligió ese nombre para el arma principal de la historia por su sonoridad jocosa, con lo cual se establece desde el mismo nombre de la pistola y película el caracter irónico y el tono de humor negro de la historia» (Ernesto Alemany, comunicación personal).

la tortura y el asesinato. Es decir, se empoderan dentro de una economía criminal –sustentada por la economía formal–, en la que la violencia es vista como una práctica cotidiana y desculpabilizada, y la delincuencia se ha trivializado y heroificado (Valencia 2014: 52), y donde los cuerpos son rentabilizables, son mercancías. De esta forma, la obra pasa a presentarnos una sociedad donde «la glorificación de la cultura criminal se instaura como nuevo nicho de mercado para la producción y consumo» (Valencia 2014: 69)[8].

Frente a esto, son interesantes los recursos escogidos por Alemany para representar esta situación de anemia social mercantilizada, ya que acude a una puesta en escena y caracterización de personajes

---

[8] Sin querer detenerme en la problemática de género en ambos largometrajes, que no es el objetivo de este artículo, cabe señalar, siguiendo los postulados de Valencia, que los personajes masculinos de *La Gunguna* no sólo representan su condición de endriagos por su actuar violento dentro de organizaciones ilícitas, sino también por su necesidad de responder a la demanda masculinista hegemónica de la sociedad capitalista gore, basada en «la obediencia a la masculinidad hegemónica, capitalista y heteropatriarcal» (Valencia 2014: 173): al estar anclados a responder como «machos proveedores-viriles-fuertes», ven en la violencia una forma de reforzar su virilidad. De ahí, por ejemplo, que el duelo de billar entre el Sargento y Martín «El Gago» se concrete después de un montaje que es logrado al desafiar la hombría del guardia, tal como reflejan las palabras de Bárbara y Martín «El Gago», dirigidas indirectamente hacia el Sargento: «y no aparece un hombre coño que lo ponga en su puesto», «aquí no hay un hombre que se juegue la faja conmigo». Es de mencionar también que en esta escena la tecnología del género (Foucault 1990) no sólo se aplica a los personajes masculinos sino también a la propia Bárbara, que responde a los estereotipos de mujer cosificada-hipersexualizada. Sin embargo, en el caso de Jean Remy Gentil y Montás la problemática de género se desarrolla de una forma diferente, ya que ninguno de los dos se inscribe dentro de esa masculinidad marginalizada-endriaga, ni dentro de la masculinidad dominante: en ellos el tormento y la debilidad son presentados sin temor a la sanción y no reproducen un discurso discriminador por la condición de género. Es más, quizás una de las escenas de mayor intensidad dramática de *Jean Gentil* es cuando éste, rompiendo contra toda performance de género masculinista, llora desgarradamente sobre un tronco de un árbol.

donde los referentes pop de los decorados y la estética narco de los vestuarios, unidos a un montaje que responde a un estilo publicitario o de video clip, contribuyen a construir esa atmósfera de sociedad del espectáculo (Debord 2003). Esta situación se ilustra en gran medida en la escena en la que el periodista se acerca a la «esena del crimen» –como sale escrito en el cartel que han puesto en la construcción para impedir el paso de los trabajadores a esa área, lo que refleja la situación de analfabetismo y falta de educación en la que se encuentran las clases desfavorecidas– y saca una foto al cuerpo mutilado y ensangrentado de Pineda. Esta fotografía en la escena siguiente sale como portada de la revista que Chu está leyendo, lo que nos conduce a reflexionar, por un lado, sobre cómo los medios de comunicación participan de las necropolíticas ya que funcionan «como sobre-expositores de la violencia que *naturalizan* para los espectadores» (Valencia 2014: 158; cursivas del original); y por otro, sobre cómo la muerte se ha desacralizado al punto de que el propio cuerpo-cadáver pasa a ser una mercancía, un bien de consumo.

Por otra parte, es importante mencionar que en *La Gunguna* tanto Montás como el personaje del obrero «Azul», sin inscribirse en colectivos delictuales puntuales, y ante la precarización de sus vidas y la falta de un aparato institucional que vele por su seguridad y sus derechos, se ven en la necesidad de acudir a prácticas de necroempoderamiento (Valencia 2014: 147) que les permitan invertir el estado de vulnerabilidad o subalternidad en el que se encuentran: Montás decide una noche tomar el arma e ir a asesinar al presidente (objetivo que no logra), porque «se me han caío todos los palitos arriba», «se ha complicado to», «ya está bueno ¡coño!»; y Azul, el haitiano, asesina a Pineda luego de que éste no sólo le negara postergar el pago de su deuda sino que también, burlándose de su castellano (o infantilizándolo), lo insultara por su color de piel y procedencia, y lo amenazara con deportarlo:

—Haitiano azul, azul. Tú me debes tres semanas [...]
—Déjame explicar. La semana que viene yo pago todo completico. Esta semana no me alcanza. Tenía a mi mamá enferma en Haití. Estoy levantando mi casita. No me alcanza. Yo pago la semana que viene. Pineda, por favor.
—No. Tú pagar. Es ahora, sino *yo llamo a la camión y tú más nunca vienes de por allá* [...]. A mí no me pongas las manos *maldito negro del diablo, coño* [...] *maldito asqueroso negro*. [...]. Los cuartos a la una, a las...
—Pineda hombre malo, sin corazón. [...] ¿Tú me quería matar verdad? ¿Tú me querías matar por ese dinerito? [...] *yo no sé matar a hombres con pistola*. ¿Tú me querías matar verdad? (*La Gunguna*; las cursivas son mías)

De esta forma la escena, a partir del personaje de Pineda, quien reproduce la retórica antihaitianista y negrofóbica del discurso colonial dominicano, exacerbada por Trujillo y Balaguer, pone de manifiesto ya no sólo a las subjetividades desfavorecidas por su condición de clase, sino también por su condición racial y territorial, que las condena a una otredad perpetua y, con ello, a la exclusión[9].

---

[9] No deja de ser significativo en esta escena que el personaje que mata al contador-prestamista sea un haitiano y no un local más, dada sobre todo la problemática racial que ha caracterizado la relación de ambos países y determinado sus narrativas nacionales, al punto de poder afirmar que la identidad dominicana ha pasado a definirse a partir de la negación u oposición de lo haitiano (San Miguel 1997; Valerio-Holguín 2000; Pérez Cabral 2007; Peña García 2016), y ha ejercido un poder de subalternización sobre Haití para legitimarse a sí misma, entre otras cosas, mediante la construcción de un discurso primitivista en torno al haitiano (Valerio-Holguín 2000). Por otro lado, y para efectos de un futuro análisis, sería interesante abordar la representación de «lo haitiano» en ambos filmes, atendiendo no sólo a sus personajes sino también a los contextos de producción de las obras. Recordemos que *Jean Gentil* se estrenó al poco tiempo del terremoto del 2010 que sacudió a Haití, y la película termina con una toma aérea que muestra la ciudad de Puerto Príncipe, capital de Haití, documentando el estado de devastación en el que quedó. *La Gunguna* se estrenó a los pocos meses de que el Tribunal Constitucional

Si bien en el relato coral de *La Gunguna* prácticamente todos los personajes secundarios implicados con la pistola devienen en sujetos violentos y/o endriagos, la situación de Montás, así como la de los personajes en *Jean Gentil*, es diferente. Ninguno de los dos protagonistas forma parte del entramado endriago, ni responde a las performance hiperconsumistas ni a las demandas masculinistas hegemónicas capitalísticas. La necropolítica en estos casos se evidencia bajo un tono simbólico, que los lleva a un devenir-otro: al del borramiento de la propia subjetividad, al de la anulación e invalidación del sujeto.

Pese a que Montás vio por algún instante en el necroempoderamiento una salida, dentro de la panorámica social representada en ambos largometrajes, éste, junto con Jean Remy, pasan a encarnar a esos sujetos que no caen en el devenir endriago. Una primera observación que habría que hacer de ambos personajes es que en ellos aún es posible identificar cierto sentido de solidaridad y cierto intento por resistirse a esa desarticulación de lo colectivo que propicia la sociedad neoliberal individualista. Esto lo vemos, por ejemplo, en las escenas de *Jean Gentil* en las que el protagonista acude a diferentes personas para solicitarles ayuda –ya sea dinero prestado, un lugar para pasar la noche o simplemente compañía– y éstas responden favorablemente, mostrándose así un entorno donde aún se observa cierto sentido de comunidad[10]. En *La Gunguna* es el propio Montás quien manifiesta

---

de la República Dominicana comenzara a hacer efectiva su sentencia TC/0168/13 con la que se dictaminó el despojo de la nacionalidad dominicana a todo hijo de extranjero en tránsito, nacido en suelo dominicano a partir de 1929, dejando en estado de indefensión a más de tres generaciones de personas de ascendencia haitiana. Este «plan de regulación de extranjería» ha significado la detención y deportación de los que no logran cambiar su estatus migratorio a residente, así como el regreso forzado de cientos de haitianos que al no poder regular sus papeles tienen que cruzar la frontera.

[10] En relación a la noción de comunidad, es interesante el hecho de que en varias de esas ocasiones quienes ofrecen colaboración a Jean Remy sean también haitianos (por ejemplo, el chico de la iglesia que le consigue donde dormir y la

una actitud humanitaria –que paradójicamente le significó el fracaso de su objetivo delictivo– cuando le insiste al taxista en llevar al joven que ha atropellado al hospital en lugar de dejarlo tirado en la calle y no asumir su responsabilidad en el accidente. En su propio proceder se plasma esa demanda, ya no sólo de empatía, sino también de concientización de la necesidad de rearticular los lazos comunitarios:

—Ya si me jodí mano. Mira esa vaina.
—Yo creo que está vivo. Está vivo. Te salvaste.
—Está vivo y no tiene na. [...] ¿Y qué hacemos con este hombre?
—Compadre. ¿Usted no está viendo que ese hombre está averiado? Vamos a sacarlo de aquí, ven. Ven, vamos a sacarlo de ahí abajo. Ayúdame, ven.
—Está bien, el tipo está bien. Vámonos.
—Oye, ¿qué es lo tuyo? que te veo patinando, ¿qué es lo tuyo?
—El hombre está bien, camina vámonos.
—Wait. Tú lo chocaste y tú vas a resolver. Porque fuiste tú quien lo chocaste. Entonces, como tú lo chocaste, tú lo vas a llevar al hospital.
[...]
—Bueno, si es por la buena mano, vamo a hacerlo. (*La Gunguna*)

Sin embargo, alejarse del devenir endriago no implica para Montás y Jean Gentil estar al margen de la violencia, ni liberarse de ella. Por el contrario, la violencia recae sobre sus propios cuerpos y subjetividades al punto de que desencadena en ellos un devenir-otro que, como veremos, está más vinculado a la imposibilidad de un devenir.

Ambos protagonistas representan a ese colectivo que no logra ningún tipo de empoderamiento y legitimación, ni tampoco salir del abismo en el que están inmersos, por lo que su exclusión y precariedad social los conducen a estados anímicos más vinculados al tormento

---

chica que cuida las plantaciones, que le permite comerse una fruta), con lo que se muestran esos lazos a partir de la pertenencia identitaria nacional, así como de la propia experiencia migratoria.

y la desesperación. La caracterización psicológica de los personajes –lograda a partir de sus breves diálogos, que evocan lamento y desdicha; de las posturas y caminar de sus propios cuerpos, pausados y manifestando dolor; y de sus rostros melancólicos y afligidos–, unidas a las desgracias de sus propias experiencias –todas ellas explicadas a partir de su no participación en el circuito mercantil y las perniciosas consecuencias que esto conlleva– dejan entrever otro tipo de violencia que se ejerce sobre estos cuerpos vulnerables. Esta violencia ya no es necesariamente física, sino que es de corte más simbólico. Me refiero a la violencia epistémica de las lógicas económicas contemporáneas en cuanto a que condenan al fracaso existencial a todas aquellas subjetividades que no logran ser «piezas» efectivas y eficientes dentro de la cadena de producción y «progreso», es decir, a esa violencia del silenciamiento y borramiento de estos sujetos[11].

En el caso de Montás, esta silenciosa violencia termina de evidenciarse ya al final de la película cuando al regresar a casa, luego de deshacerse de la pistola, se encuentra con que no puede darse una ducha porque han cortado los suministros de luz y agua, ante lo cual se acuesta en su cama –mostrándosenos en un primer plano con los brazos cruzados detrás de la cabeza, mirando el techo oxidado y agujereado–; pocos segundos después su mujer le dice que ha vuelto la luz, y en respuesta, él emite las últimas palabras del filme: «Sí hombre, sí. La luz se va pero siempre vuelve». Se establece así un diálogo entre su postura corporal y sus propias palabras, con lo que esa escena se pasa a constituir como el momento en el que Montás toma concien-

---

[11] Me remito aquí a la violencia epistémica comprendiéndola desde la propuesta postcolonial de Gayatri Spivak, surgida de la idea de Foucault en torno a la aniquilación de otras formas de saber, pero ahora aplicada a un contexto neocolonial: «el ejemplo más claro de esa violencia epistémica fue el proyecto orquestado, distante y heterogéneo, de constituir al sujeto colonial como Otro. Este proyecto es también la eliminación asimétrica de la huella del Otro en su Su(b)jet-ividad» (Spivak 2009: 66).

cia de la imposibilidad de revertir su situación, de la imposibilidad de una movilidad social o una valoración. Así, mediante su cuerpo cansado, sudado y adolorido, y la ironía de su frase, se hace efectiva la violencia epistémica sobre el personaje, ya que éste renuncia a toda resistencia, asume su invisibilidad y el estar condenado a ese estado, con lo que pasa a ser un sujeto sumido en la resignación.

Similar es el devenir-otro de Jean Remy, personaje que sin lugar a dudas es el que mejor encarna la violencia epistémica. En este punto, destaco la propuesta de caracterización, realizada por Guzmán y Cárdenas, a partir de una sumatoria de elementos metafóricos que permiten delinear al personaje como una subjetividad desmantelada. Por un lado, se encuentran los elementos propios del acontecer de la historia, es decir, las desventuras y desgracias de las situaciones en las que el protagonista se ve envuelto. De esos momentos, cabe mencionar, por ejemplo, la secuencia en la que Jean Remy, después de no poder abrir la habitación donde estaba viviendo, porque han cambiado el candado, encuentra sus pertenencias en la basura. Aquí es posible establecer una analogía en torno a la expulsión, en la que individuo y basura –entendida tanto como desperdicio como «lo despreciable»–, pasan a ser lo mismo: se echa a una persona a la calle con la misma facilidad e indiferencia con la que se echan los desechos a la basura. Similar es la situación en la lúgubre escena en la que Remy, en su choza, quema su *curriculum vitae* para hacer fuego, ya que mediante este gesto se establece una relación entre el desprendimiento forzado de los bienes materiales (incluidos aquí el propio conocimiento) y la desmoralización del sujeto: el personaje borra-elimina esa «hoja de vida», que no sólo lo posiciona (empodera), como sujeto letrado/educado sino que también borra-elimina todo registro de su historia. En esta línea de despojamiento, es significativo también el juego realizado a partir del vestuario del personaje, quien en las primeras escenas en la ciudad está de pantalón de vestir y corbata, cargando carpetas con documentos y con lápices en el bolsillo de su camisa y ya al final de la película sólo lleva pantalones y camisa estropeados. Este símbolo es reforzado, a su vez, a partir de la vivienda, ya que pasa de una habitación a pernoctar en una construcción, en una choza y finalmente en la propia playa.

Por otro lado, entre los recursos utilizados para lograr esta desubjetivización de Jean Remy se encuentran sus escasos diálogos donde se refleja un personaje acongojado y melancólico, en estado de desolación y miseria –tanto material como espiritual–. Entre ellos, cobran relevancia tres instancias en las que el protagonista hace explícitas estas sensaciones. En primer lugar, cuando en creole haitiano le dice al vigilante nocturno de la construcción que no se siente vivo: «Yo no estoy viviendo [...] estoy siempre triste viendo a los otros vivir». Así también, en la escena –que se intercala a lo largo de toda la película, en diferentes ocasiones–, del torso y rostro de Jean Gentil en contrapicado, caminando por los palmerales durante un atardecer de tormenta con el sonido del mar y el viento, en el que el personaje, bajo la voz en *off*, invoca a Dios en creole haitiano y le suplica ayuda: «Señor, te pido que me quites este dolor de cabeza [...] quítame este dolor [...] Si pudiera encontrar un lugar para mí [...] ayúdame dónde encontrar un lugar al cual pertenecer»[12]. Y por último, cuando le pide a Janmarco que lo ayude a poner fin a su vida: «Ayúdame para matarme. Nadie va a darse cuenta».

Todos estos ejemplos, donde la retórica del dolor y la frustración, de la soledad y falta de sentido, de la ausencia de la sensación de vida

---

[12] La traducción de estos fragmentos en creole haitiano está hecha a partir de los subtítulos en inglés de la película. Por otro lado, en la condición de personaje inmigrante haitiano, es interesante observar, desde una perspectiva poscolonial, la relación entre lengua e identidad: su lengua creole no sólo ha sufrido una subordinación lingüística, sino que funciona como un elemento que marca la diferencia y la otredad. De ahí que sea tan relevante en la caracterización del personaje que en su momento de mayor intimidad, cuando se entrega a la plegaria con dios, se exprese en *su* propia lengua, o que le enseñe a Janmarco creole para que conquiste a una chica: *su* lengua es lo único que no ha perdido, lo único que no le ha sido arrebatado.

–o quizás el exceso de la de muerte–, sumados a la última imagen del personaje en la aparece tumbado en la playa, abatido, probablemente muerto, nos dan cuenta de cómo en *Jean Gentil* la violencia epistémica de las lógicas del progreso contemporáneo conduce a los sujetos marginados de éste a una imposibilidad de devenir y a tomar conciencia de su no-lugar, su no-vida.

Vemos, por tanto, cómo Montás y Jean Remy, condenados a la resignación, invalidación y falta de pertenencia, pasan a representar a esos «cuerpos sitiados», en pleno estado de sumisión, en quienes se aplican nuevas formas de políticas de la muerte, que conducen a un devenir objeto, un devenir muerto-viviente. Por lo que en sus casos, la violencia epistémica se despliega en «la creación de *mundos de muerte*, formas únicas y nuevas de existencia social en las que numerosas poblaciones se ven sometidas a condiciones de existencia que les confieren el estatus de *muertos-vivientes*» (Mbembe 2011: 75). Su invisibilización y borramiento pasa a funcionar como otra práctica de la necropolítica. Más aséptica, menos espectacular.

De esos procesos que incitan a la barbarie: de la producción de capital a la producción de violencia en y con los cuerpos/ subjetividades que estorban

Para cerrar este análisis de los largometrajes *Jean Gentil* y *La Gunguna* retomo los epígrafes del inicio de Fanon y Bauman, en la medida en que en ellos se habla de esa «ciudad del colonizado», hambrienta, de rodillas, y de las precarias condiciones sociales y económicas que conducen a que hayan sujetos «desechables»: son precisamente estas ideas las que han guiado la lectura aquí expuesta.

Aplicar las categorías de «sujeto endriago» de Sayak Valencia y de «necropolíticas» de Achille Mbembe permite dar cuenta de cómo ambas obras critican la legitimación de esas políticas de precarización y vulneración de las subjetividades y sus cuerpos. Políticas que al generar inseguridad, incertidumbre y desprotección, traen consigo la desconfianza en las instituciones, en los demás y en uno mismo, al mismo tiempo que promueven la irrupción de prácticas necropolíticas, en las que operan paralelamente la violencia corporal desenfrenada, que induce a la construcción de sujetos endriagos, criminales, homicidas, y la violencia epistemológica, «invisible», de la desubjetivización y deshumanización de los individuos, transformando a los sujetos en cadáveres vivientes. En este sentido, cabe añadir a esta lectura de las subjetividades presentes en los filmes la idea de Walter Mignolo de que la globalización neoliberal «reproduce las lógicas de la colonialidad y su modernidad» (2009: 43) en cuanto a la violencia y exclusión de los sujetos.

Ambas producciones, desde sus diferentes y variados estilos –y sin restringirse a una interpretación exclusiva de la realidad dominicana–, problematizan la situación de las subjetividades a partir de su inscripción en el circuito de producción y de su relación con el cumplimiento (o incumplimiento) de las demandas mercantiles hegemónicas, bajo un contexto contemporáneo caribeño neocolonial[13]. De esta forma, si bien las obras plantean asuntos vinculados al género y raza, ponen como centro de la discusión la condición social y de clase, y pueden ser leídas como propuestas fílmicas dominicanas que muestran una «cartografía del hambre»: ponen en pantalla, y en primer plano, a esos actores sociales que han sido obviados del drama nacional (Rodríguez 2009: 27), a esos cuerpos re-colonizados, que estorban.

Es esta pequeña revisión de los personajes, surgida a partir de la común situación de los protagonistas de encontrarse bajo inestabi-

---

[13] De hecho, asimismo lo manifestaron los propios directores de *Jean Gentil*, Laura Amelia Guzmán e Israel Cárdenas, en el dossier de prensa de la película, donde declararon concebir el filme como «un retrato de un hombre que asimila con pesimismo las circunstancias que lo rodean, un inmigrante en una ciudad que pareciera tener un *boom* económico» (traducción personal).

lidad laboral, la que ha dado paso a reflexiones en torno a la unión capital-trabajo, y a la relación de ésta tanto con los eventuales devenires de los sujetos inscritos en una dimensión económica-social de la carencia, de la subsistencia, como su relación con las eventuales fuerzas de asociación a la que éstos se inscriben para empoderarse (fuerzas que han dejado de tener sus bases en los sentimientos de solidaridad y de comunidad, y han pasado a estar en la cultura del consumo y la cultura criminal). De esta forma, ambas obras –ya sean centradas en el drama de un solo personaje o a partir de un relato coral; desde un montaje inclinado al realismo estético o a la saturación de artificios estéticos; logrando la intensidad dramática desde la melancolía o el humor negro; o vinculándose a un «cine de la emoción», volcado a la subjetividad y sus emociones, o a un «cine de acción», que espectaculariza la violencia (Imbert 2006: 33)– problematizan las lógicas hegemónicas de exclusión y las prácticas de borramiento que generan las condiciones adecuadas para determinar qué cuerpos y vidas importan (Butler 2002). Con ello denuncian la fisura, o falsedad, de ese ideal de progreso neoliberal, desmontan su retórica de salvación y dejan en evidencia, mediante el devenir de sus personajes, los «daños colaterales» del proyecto modernizador.

BIBLIOGRAFÍA

ALEMANY, Ernesto (2015): *La Gunguna*. República Dominicana: Productora Ojo de pez.
BAUMAN, Zygmunt (2007): *Modernidad líquida*. México: Fondo de Cultura Económica.
BUTLER, Judith (2002): *Cuerpos que importan. Sobre los límites materiales y discursivos del «sexo»*. Buenos Aires: Paidós.
DEBORD, Guy (2003): *La sociedad del espectáculo*. Valencia: Pre-textos.
FANON, Frantz (2004 [1999]): *Los condenados de la tierra*. Buenos Aires: Txalaparta.

Foucault, Michael (1990): *Tecnologías del yo. Y otros textos afines*. Barcelona: Paidós.

Guzmán, Laura Amelia & Cárdenas, Israel (2010): *Jean Gentil*. República Dominicana: Bärbel Mauch Film, Canana Films, Escuela Internacional de Cine y Televisión (EICTV).

Imbert, Gérard (2006): «Violencia e imaginarios sociales en el cine actual». En *Versión: estudios de comunicación y política* 18: 27-51.

Mbembe, Achille (2011): *Necropolítica*. Santa Cruz de Tenerife: Melusina.

Mignolo, Walter (2009): «La colonialidad: la cara oculta de la modernidad». En Aa.Vv.: *Modernologías. Artistas contemporáneos investigan la modernidad y el modernismo*. Barcelona: MACBA, 39-49: <http://www.macba.cat/PDFs/walter_mignolo_modernologies_cas.pdf>.

Ospina, Luis; Mayolo, Carlos (1978): «¿Qué es la pornomiseria?». En *Cinefagos.net*: <http://cinefagos.net/paradigm/index.php/otros-textos/documentos/917-que-es-la-porno-miseria>.

Peña García, Lorgia (2016): *The Borders of Dominicanidad: Race, Nations and Archives of Contradictions*. Durham: Duke University Press.

Pérez Cabral, Pedro Andrés (2007): *La comunidad mulata*. Santo Domingo / Berlin: Ediciones Cielonaranja.

Rodríguez, Néstor E.. (2009): «Cartografías del hambre». En *Crítica para tiempos de poco fervor*. Santo Domingo: Banco Central, 27.

San Miguel, Pedro L. (1997): *La isla imaginada: historia, identidad y utopía en La Española*. San Juan: Isla Negra.

Spivak, Gayatri Ch. (2009): *¿Pueden hablar los subalternos?*. Barcelona: MACBA.

Valencia, Sayak (2014): *Capitalismo gore*. Santa Cruz de Tenerife: Melusina.

Valerio-Holguín, Fernando (2000): «Nuestros vecinos, los primitivos: identidad cultural dominicana». Presentado en el Congreso Latin American Studies Asociation, Washington D.C., septiembre.

El desorientador lenguaje de los afectos y los cuerpos en *Dólares de arena* (2014)

Rosana Díaz Zambrana

Dólares de arena (dir. Laura Amelia Guzmán e Israel Cárdenas, 2014), película dominicana sobre el turismo sexual, se sitúa como una de las producciones recientes que ha conseguido con festivales y premiaciones internacionales ampliar los horizontes de la industria cinematográfica nacional[1]. Esta propuesta fílmica, a partir de una singular estética, no sólo marca una ruta alternativa para el cine emergente dominicano sino que se desvía además del hasta el momento predominante género de comedia. Basta recordar una de las películas más taquilleras del cine autóctono, la comedia musical *Sanky Panky* (dir. José Enrique Pintor, 2007), en la que un oportunista empleado de hotel intentaba conquistar con divertidas estratagemas a una turista gringa con el propósito de emigrar y arrimarse a una mejor vida[2]. Mientras *Sanky Panky* se alinea más con la caracterización hiperbólica de los estereotipos sociales dominicanos y el tratamiento paródico del turismo sexual en la isla, la producción mexicana, dominicana y

---

[1] Entre los premios internacionales está el Premio a la mejor actriz (Geraldine Chaplin) en el Festival Internacional de Cine de Chicago y el Premio Coral a la Mejor Actriz en el Festival Internacional del Nuevo Cine Latinoamericano de La Habana.

[2] Otros ejemplos a nivel internacional son *Paraíso: Amor* (Austria, 2012) de Ulrich Seidl, y *Hacia el sur* (Laurent Cantet, 2005) cuyas historias tratan sobre el turismo sexual en Kenia y Haití, respectivamente.

argentina, *Dólares de arena*, ofrece una mirada reflexiva a la misma realidad a través de un acercamiento estilístico totalmente opuesto.

En su libro sobre el afecto y la política en el cine latinoamericano, Laura Podalsky argumenta que contrario al Nuevo Cine de los sesenta y setenta, el cine de los noventa enfrenta críticas por su excesiva preocupación con innovación estilística y su inadecuación para lidiar con traumas del pasado y problemas socioeconómicos actuales (2011: 2). Al ubicarse en un contexto global y desviar el énfasis de asuntos nacionales, estos nuevos cineastas contribuyen a la caracterización de un cine contemporáneo latinoamericano despolitizado y pro mercado como resultado de las administraciones neoliberales que imperan en la región (Podalsky 2011: 3). La crítica brasileña Ivana Bentes examina ese giro en el discurso político del Cinema Novo y la «estética del hambre» como modo de denuncia social hacia una transformación en los años noventa del *sertão* y la favela en «jardins exóticos» o museos de historia folclórica, como es el caso de *Central do Brasil* (1998) de Walter Salles (Bentes 2007: 242). En esa producción tendría lugar una contraposición de un mundo urbano de afectos en disolución veloz, de soledad y liquidación de valores éticos, con el escenario rural de afectos duraderos, memoria y el valor de la palabra (Bentes 2007: 245-246). Así, este retrato estilizado del nordeste brasileño se rinde a una mirada extranjera, donde el paisaje es imagen, es postal de viaje y anula la posibilidad de una lectura explicativa. Bentes describe este cambio como el paso de una «estética» a una «cosmética» del hambre, de «una idea en la cabeza y una cámara en la mano» a un *steadcam* que valoriza lo «bello» y la «calidad» de la imagen, un cine de tema local e histórico con una estética «internacional» (2007: 245). No cabe duda que *Dólares de arena* explota ciertos recursos estilísticos que comprometen la especificidad de la historia y su potencial crítico, recurriendo a los afectos para remediar las fracturas de lo social. De hecho, parte del éxito internacional de esta producción radica en esta estilización metafórica que, hasta cierto punto, descontextualiza los problemas locales reorientando la atención de la historia ficcional más allá de lo localista, hacia una representación intimista de las relaciones y tensiones humanas.

En las páginas que siguen discuto cómo el uso de imágenes metafóricas y de un lenguaje corporal, sensorial y/o sentimental, arma una narrativa fílmica que neutraliza los discursos ideológicos, éticos o políticos a pesar de la intrincada dinámica de género y la especificidad socioeconómica donde se desarrolla la historia. Es decir, este filme aborda algunas temáticas complejas –como el lesbianismo, el turismo sexual y la emigración por razones económicas en la República Dominicana– desde un lenguaje poético y ambiguo, que favorece una lectura afectiva en vez de política.

El filme cuenta la historia de una joven prostituta, Noelí (Yanet Mojica), que se busca la vida con los turistas que llegan a la playa de Las Terrenas, en donde también Yeremi (Ricardo Toribio), su novio y músico en la localidad, saca provecho de sus conquistas. Es en ese escenario donde Noelí conoce a Anne (Geraldine Chaplin), una francesa entrada en años que está profundamente enamorada de la joven y quiere llevarla con ella a París. Ahora bien, la francesa desconoce el plan que Yeremi y Noelí urden para que ambos puedan vivir de la sesgada generosidad de la extranjera. En el momento álgido del filme Anne descubre que Yeremi es en verdad el novio y no el hermano, como le había hecho creer Noelí, por lo que decide alejarse y considera salir de la isla. Noelí, por su parte, descubre que está embarazada, pero luego de algunos días de ausencia regresa donde Anne, quien la acoge en su hotel y el plan de vivir juntas en el exterior recobra ímpetu. A último momento, sin embargo, Noelí decide escapar con Yeremi llevándose todo el dinero y los documentos tramitados por Anne. A pesar de que ésta podría ser una resolución predecible y hasta lógica dentro de las circunstancias socioeconómicas planteadas en la película, el hermetismo verbal y la ambigüedad de la narrativa fílmica contribuyen a fomentar expectativas falsas o, en cualquier caso, poco realistas, como el hecho que exista la posibilidad de un futuro feliz para las amantes fuera del país. En muchos sentidos, el montaje estético y emotivo del filme le ha tendido una trampa al espectador, quien se ha dejado seducir por el delicado lenguaje de los cuerpos y de las imágenes conceptuales de una naturaleza paradisíaca y prometedora.

Contextos, parajes y roles en tensión

República Dominicana se ha convertido en el destino principal del Caribe al recibir alrededor de cinco millones de visitantes al año y generando para el sector turista 5 billones de dólares (Reuters 2006). Como consecuencia de esta lucrativa industria turística, el comercio-explotación sexual y el tráfico de menores se convierten en secuelas inminentes que llevan a 200 000 mujeres dentro y fuera de la isla a prostituirse para sobrevivir. Estas nuevas operaciones e intercambios de bienes, que se desarrollan cerca de comunidades con turistas mayormente europeos y norteamericanos, dan lugar a historias y dinámicas vacilantes como las de Noelí. El filme no tarda en presentar esta realidad isleña donde turistas de la tercera edad buscan explotar los productos locales que el dinero puede comprar. En una primera escena uno de ellos observa con mirada lasciva a la joven morena que pasa por delante. En principio no vemos su cara, pero pronto descubrimos a una Noelí que también atiende la escena con intenciones lucrativas. Le sigue un escueto primer diálogo con un turista italiano a quien Noelí le pide su cadena de oro para después dirigirse con otro joven, quien resulta ser su novio Yeremi, a una casa de empeño para vender el regalo del extranjero. Ésta será la primera de algunas instancias en las que Noelí será explícita en su necesidad de dinero «para sus cosas» –especialmente con su amante francesa, a la que seguirán otros recordatorios de la naturaleza mercantil que ocultan los gestos afectivos y las tomas estilizadas como en el siguiente diálogo: Anne: Me gusta tu cuerpo. ¿Cuánto cuesta? / Noelí: 1,625 / Anne: Te lo compro, me gustas demasiado.

El filme, uno de los pioneros en la temática dominicana LGBT, expone un ángulo sugerente sobre turismo sexual en la isla. En el ensayo «Selling sex for visas», Denise Brennan discute cómo las mujeres dominicanas migran desde todo el país a un pueblo en la costa norte del país, Sosúa –especialmente visitado por turistas alemanes–, para trabajar en el comercio sexual, incorporándose a una estrategia económica en la que capitalizan los mismos lazos globales que las explotan (2002: 168). Así, por ejemplo, las madres solteras pobres no usan el turismo sexual como una estrategia de supervivencia sino como una estrategia de avance para casarse y emigrar de la isla (Brennan 2002: 168). Una de las diferencias del comercio sexual es la eliminación del proxeneta, con lo que adquieren una cierta autonomía económica y de sus condiciones de trabajo. Brennan aclara que aunque en la complicada red de relaciones económicas globales los hombres ven a las mujeres como mercancía para su placer y control, las mujeres los ven a ellos también como ingenuos fáciles, explotables, y el vehículo que les permitirá escapar del país y la pobreza (2002: 168). Esta especie de agencia por parte de Noelí podría encajar en la ambigüedad económica de la que participan las mujeres en la industria turística del sexo.

Sin embargo, al igual que en el resto de Latinoamérica, la cuestión de género en la República Dominicana se debe entender y descifrar en el contexto de los ritos, costumbres, conductas y patrones habituales de interacción social. En *Masculinity after Trujillo*, Maja Horn examina cómo los múltiples legados del trujillato se manifiestan a través de un discurso de masculinidad hegemónica que se extiende y moldea las prácticas sociales, políticas y culturales dominicanas actuales. Es decir, las estelas de ese pasado autoritario impactan las estructuras patriarcales de la familia y de las dinámicas de género de un modo preponderante. Horn sostiene que la ocupación estadounidense en 1916 impuso ideologías sobre la raza y el género que fueron preparando al pueblo para aceptar el discurso político de la masculinidad hiperbólica como parte del proyecto nacionalista del trujillato en compensación por la debilidad exhibida durante la invasión (2014: 28). En su estudio sobre la figura de Trujillo, Lauren Derby describe cómo los dominicanos sintieron que «la nación había sido violada, penetrada por la ocupación, y por ende, se había hecho pasiva, dependiente, débil» (2009: 62; mi traducción). Asimismo, la categorización de mujeres «buenas»/«malas», o de «orden»/«desorden», fomentaron su extracción de la esfera pública y provocaron una separación más tradicional y patriarcal de los géneros, haciendo oficial, por el ejemplo, el discurso contra la prostitución (Brennan 2014: 26-27).

Tomando en consideración la masculinidad exacerbada que permea las relaciones de género y los demás aspectos de la vida cotidiana en la República Dominicana, *Dólares de arena* explora vías alternas de interacción y construcción de redes sociales y afectivas que se ajustan, al parecer, a un acercamiento oblicuo de género. Para empezar, los personajes están desvinculados de lazos familiares fuertes y se constata la ausencia de figuras masculinas de autoridad. Incluso el personaje de Yeremi se presenta económica y afectivamente dependiente de Noelí, de modo que sus posibilidades realistas de progreso están supeditadas a ella. Es más, su personalidad carece de los rasgos prototípicos de la masculinidad desbordante del macho caribeño, exhibiendo atributos tradicionalmente vinculados a lo femenino: en esa medida, su personaje podría ser visto como parte de una transformación y/o crisis de la masculinidad dominicana contemporánea. Esta falta de pose hipermasculina no permite considerar a Yeremi como parte del *tigueraje*, el paradigma del hombre cuyas tácticas, aunque se apoyan en lo criminal y/o agresivo, son aceptadas para su escalada de estatus. Para Antonio de Moya, el *tigueraje* es un estilo de vida que combina rasgos extremos de masculinidad de la cultura de la calle y está asociado con la transgresión de valores y normas populares de clase (2004: 114). Yeremi podría responder en parte a este tipo social del tigre, que salido de los sectores urbanos marginales y con poca educación, se define por su determinación y creatividad en ascender socioeconómicamente. Sin embargo, su endeble caracterización se queda corta, e incluso la acción de «llevarse» a Noelí carece de fuerza para convencer.

Por el contrario, en el filme tiene lugar una espontánea complicidad entre las mujeres que pone en riesgo el estatus y función tradicionales del hombre en la relación. Por ejemplo, lo que en principio era sólo interés económico entre Anne y Noelí abre las puertas a otros niveles afectivos a los que Yeremi no puede tener acceso. No es casualidad que las escenas entre Noelí y Yeremi tengan un equivalente en la dupla Noelí-Anne. Anne le regala un celular a Noelí, que le toma un par de fotos a la francesa y luego coloca una como fondo de pantalla en el teléfono. Más tarde, Yeremi quiere tomar prestado el nuevo celular y poner la foto de ellos en la pantalla, pero Noelí no lo deja. Inclusive le preguntará a Noelí: «¿Cómo te trata? Tú no me dices, ¿qué te hace? Te pregunto porque hay veces que yo me pongo a pensar en eso, ¿qué ustedes hacen?». La inquietud contenida de su pregunta revela más bien una actitud complaciente en la que su pusilanimidad es más fuerte que sus celos. Más relevante aún es que Noelí no intente atenuar su perturbación, sino que con un escueto «bien» deje al espectador y al propio Yeremi el trabajo de interpretar su parquedad y en última instancia, su silencio. En un momento dado, Yeremi expone la raíz de su miedo: que Noelí emigre, se olvide de volver y se enamore de otro. Cuando la confronta sobre su embarazo, le reclama que lo supo por la gente «en la calle» y que ahora ella, sin consultarlo, ha rehecho todos los planes sola y actúa por su cuenta. Esto es cierto, ya que Noelí ha continuado con sus planes de emigrar y de paso le ha ocultado el embarazo –aunque lo ha compartido con Anne– en lo que parece ser un cambio de sentimientos hacia Yeremi.

La cuestión del espacio merece cierta atención en este filme. El antropólogo brasileño Roberto DaMatta destaca una oposición cultural en Latinoamérica entre la casa y la calle como categorías sociológicas que no sólo designan espacios geográficos sino también acarrean entidades morales, esferas de acción social y dominios culturales institucionalizados (1997: 12). Son espacios regidos por valores e ideas específicas donde, por ejemplo, la casa se refiere a un universo controlado, domesticado, un lugar de descanso, ocio y reglas sociales donde las acciones están regidas por las preocupaciones colectivas de la familia. Por el contrario, la calle será un lugar de competencia, anonimato, movimiento y relaciones indiferenciadas y maltratadas por la autoridad (DeMatta 1997: 16). Esta antinomia espacial permite percibir el carácter dual de las relaciones privadas y las públicas que sugiere *Dólares de arena* en el sutil traspaso de estos extremos simbólicos de la casa y la calle. La preponderancia de «la calle» como el lugar natural de Noelí se refuerza por la limitación de su domesticidad a una escena en la cocina, mientras el resto del tiempo la vemos en clubes nocturnos, en la playa, en el hotel, en la habitación, en la calle, en la motocicleta. Su nomadismo visual es paralelo a su salida de la casa física y metafóricamente. Su vida, como la de otros en el filme, está en ese vagabundaje espacial y afectivo. La movilidad como motivo fílmico adquiere varios niveles –más adelante, discuto la conexión entre el movimiento y el lenguaje de las emociones.

Será aparente la convivencia de dos mundos (europeo-blanco-afluente por un lado, caribeño-mulato-carente por otro), que se alternan y conectan por el contraste, la repetición y los paralelismos de escenas. El hotel de Anne y la mansión de su amigo contrastan con el barrio humilde a donde se desplaza Noelí con su novio. Inclusive los diálogos que contextualizan la situación política y económica de la República Dominicana en boca de los amigos adinerados y cosmopolitas de Anne son más bien un susurro de fondo que nada tiene que ver con la priorización de sus inquietudes emocionales y sus fatigantes devaneos. En esa esfera, lo más urgente es satisfacer los deseos y seguir la ruta de las emociones. Esta tendencia se insinúa en las palabras de Thomas: «Como dice Goya, ¿por qué discutirlo en términos económicos?». Aunque no sabemos de qué hablan, es difícil no relacionarlo con el dilema emocional de Anne en ese momento, el cual no se puede reducir a «términos económicos». Lo político-económico queda relegado a un segundo plano, sobre todo para los que la situación monetaria no es un asunto de supervivencia. Estos amigos, como Anne, parecen también nómades, tienen la holgura económica de salir, entrar, disfrutar de lo que el país tiene para ofrecer y volver a salir tras los frágiles sueños de felicidad.

Sintonías y sinfonías: un cierto modo de contar

Dólares de arena es una adaptación libre de la novela *Les dollars des sables* (2006), cuyo autor francés de origen argelino, Jean-Noël Pancrazi, consideró el trabajo de los directores como el de un «Bergman del trópico», al lograr «pintar sin palabras el estado de ánimo de las protagonistas» (Prensa Latina 2014: en línea). Así como el cine de Bergman conseguía mediante acciones parsimoniosas, morosidad y un drama existencial facilitar una reflexión filosófica, la dirección de *Dólares de arena* también invierte en la transmisión de los estados mentales o emocionales mediante el lenguaje corporal, la introspección y la interacción con el entorno. Después de leer la traducción de la novela de Pancrazi hecha por David Puig en el 2011, los directores destacan el interés que les produjo el leer «atmósferas, detalles y relaciones, más que una historia lineal» (Báez 2016: en línea). De ahí el posicionamiento central de una ambientación sugestiva, donde se privilegia la belleza simbólica de los contrastes y la dimensión lánguida del escenario natural. Al describir la pasión contenida del personaje que interpreta, Geraldine Chaplin reconoce el peso narrativo del paisaje en el que Anne «es el animal moribundo que se enamora, y no sabe exactamente si es de esta chica, o es de la isla o es del paisaje» (Quiñones 2014: en línea). Este efecto de nostalgia y fineza evocadora se logra a través de la economía de los diálogos, de la sintonía y comunicación tácita mediante señales corporales, miradas, gestos, y una naturaleza arrobadora que acompasa los códigos entre turistas y locales, las negociaciones y, más que nada, los sentimientos.

Muchos críticos han teorizado sobre el rol de la empatía en los momentos culminantes del drama en la narrativa fílmica mediante el uso de lo que Greg M. Smith llama marcadores emocionales (1999: 118). Estos marcadores se presentan a través de medios estilísticos como el trabajo de cámara, la focalización, la banda sonora o el tipo de planos. Un ejemplo sería lo que Carl Plantinga denomina *la escena de empatía*, en la que los primeros planos se regodean en el rostro emotivo de uno de los personajes para explicitar los sentimientos empáticos en el espectador (1999: 239). Plantinga argumenta que las escenas de empatía no sólo comunican la experiencia emocional de los personajes sino que refuerzan las respuestas afectivas de los espectadores debido a un contagio de emoción basado en los procesos afectivos de imitación y reacción (1999: 240). De esta manera, la parquedad del diálogo y el uso de los primeros planos ayudarían a elaborar una narrativa fílmica sustentada en empatía o a un contagio de emoción, sin necesariamente ofrecer más información cognitiva. Es por eso que los primeros planos, y como también describe Plantinga, las tomas de larga duración, permiten el tiempo para activar los mecanismos de imitación y reacción. En *Dólares de arena* será Anne quien lleve la carga emocional de transmitir el trastorno del mundo emocional en una mujer que apuesta al amor y a la pérdida en circunstancias complejas. Por ello, la insistencia de sus primeros planos no sólo anuncia sino que consolida la angustia de la traición, que se sella al final de la película con el beso de Noelí antes de marcharse con todo el dinero.

Por otro lado, el filme acierta en difuminar las fronteras y los valores asignados a las nociones de amor, utilitarismo, deseo, explotación y culpa, entre otros. Se podría argüir que *Dólares de arena*, cuya lógica consumista se ve obstruida por los afectos y la sensualidad, sugiere (aunque no elabora) varias posiciones antihegemónicas sobre el cuerpo, el deseo y los binarios de género como la autonomía de las mujeres o la relación homoerótica con Anne. Las mujeres como Anne, Noelí o Goya (María Gabriela Bonetti) se encuentran en encrucijadas afectivas y están, hasta cierto punto, condicionadas por esas emociones. Goya es una versión juvenil de Anne, quien se presenta en un extremo del espectro, incapaz de tomar una decisión racional, mientras Noelí está en el otro extremo, apostando su futuro con una relación de conveniencia hasta las últimas consecuencias.

La banda sonora también cumple un rol categórico, que en este caso contribuiría a retar, e incluso sustituir, el lenguaje opresivo masculino. La música o el silencio en este filme parecen sustituir los diálogos o las explicaciones sobre el interior de los personajes. De hecho, la primera escena es de un primer plano del cantante de bachata Ramón Cordero interpretando «Causa de mi muerte», una canción sobre una pérdida amorosa. Esta apertura desde la sentimentalidad masculina desarma las oposiciones tradicionales de género y desorienta al espectador. Asimismo, la segunda interacción de Noelí con Yeremi es a través de un sensual baile de bachata, mientras la primera interacción con Anne se presenta a través del tacto y el silencio. Las mujeres no sólo se contemplan entre sí o una a la otra sino que contemplan la naturaleza, que en este caso actúa para ajustarse a la voluptuosidad o tumulto de los sentimientos. Juntas se zambullen en el mar y hacen bajo el agua acrobacias cuyo ritmo sugiere una sintonía corporal entre las mujeres que excluye otras elucubraciones. Es así como el silencio adquiere una elocuente sofisticación y se impone una sensualidad contemplativa de los cuerpos donde las palabras sobran. Sin embargo, esta economía provoca malentendidos, como el fallo al interpretar señales y las pausas enigmáticas durante toda la película. Cuando Anne llama a su hijo en Francia la conexión telefónica es mala y no logran comunicarse efectivamente. También los diálogos entre Noelí y Yeremi son escuetos y, por último, el beso en la mejilla sustituye la explicación de Noelí, que más tarde se aclara al decirle a Yeremi, «Yo también te amo a ti».

Habrá entonces un reincidente enfoque en el contacto de los cuerpos con los elementos: los pies que acarician la arena, otros pies, la madera, las olas del mar. Los cuerpos de las mujeres son extremos en su delgadez y contraste y muchas de las tomas se enfocan en ese roce parcial y furtivo. El elemento juguetón entre ellas, a través de sus acrobacias acuáticas o el juego de piernas en la cama, o incluso durante las clases de baile privadas en el cuarto de hotel, encierra un doble juego: el de la seducción y el del engaño. En muchas ocasiones, las tomas a contraluz provocan un efecto de claroscuro que cumple la función de ocultar el detalle y las imperfecciones, al mismo tiempo que neutralizan las diferencias de edad y raza. En la oscuridad, son sólo dos mujeres cuyos cuerpos están en contacto, al natural como el paisaje exterior que enmarca el idilio.

El lenguaje de las metáforas y las emociones: el viaje en círculos

Dólares de arena ha sido clasificada como «una historia perezosamente desarrollada a nivel visual» de «ventanas con móviles de caracolas, atardeceres rosados, tormentas naranjas, mares sudorosos», donde «la cámara está enamorada de sus personajes [...] atascada de close-ups» (Estrada 2015: en línea). Según Erick Estrada la película cuestiona la fuerza para hacer frente a las preguntas al fondo del drama cuando las problemáticas «se yuxtaponen con panoramas supuestamente paradisíacos». Este cuestionamiento nos devuelve a la pregunta inicial, ¿en qué medida *Dólares de arena* se vale de un discurso fílmico emotivo para plasmar una precaria realidad nacional donde el turismo sexual lleva a las mujeres a buscar el progreso a través de su cuerpo y la emigración? Desafortunadamente, en este caso, la forma interfiere con el fondo. Parece ser que el paraíso propuesto en la ambientación y montaje no sólo inhibe, sino que distrae de las cuestiones colaterales, y la transacción del cuerpo queda mediada por la estilización del cuerpo.

Para entender mejor la función de las emociones conviene recurrir a Kathrin Fahlenbrach y su análisis sobre el uso de metáforas audiovisuales con el fin de evocar una experiencia de emoción. Su acercamiento parte de la teoría de las «metáforas conceptuales» de los lingüistas cognitivos George Lakoff y Mark Johnson, según la cual conceptos abstractos e ideas pueden traducirse en imágenes concretas a través de mapas cognitivos que vienen de una estructura concreta de procesos en el mundo físico (Bartsch 2010: 248). Estas imágenes conceptuales no sólo son usadas para representar emociones, sino también para reflexionar sobre conceptos emocionales básicos y sus implicaciones morales (Bartsch 2010: 249). Por un lado las imágenes metafóricas involucran las emociones del espectador en un nivel sensorial directo, mientras que por otro lado permanecen abstractas y semánticamente abiertas con respecto al contenido concreto de la historia y sus implicaciones ideológicas (Bartsch 2010: 251).

En *Dólares de arena*, las imágenes metafóricas de las que se vale la narrativa fílmica son parte de las metáforas del lenguaje cotidiano de las emociones. Una estrategia común para una narración metafórica es el mapeo de procesos emocionales para proyectar externamente los sentimientos internos de los personajes a través del clima, el paisaje, el vestuario, los cuerpos, los vehículos y las casas de éstos (Bartsch

2010: 254). En *Dólares de arena* la lucha interna de los personajes tiende a manifestarse precisamente a través del paisaje, el desplazamiento de la motocicleta, el contacto de los cuerpos y la dinámica de la mirada. Esto sustituiría las palabras, la indagación en el pasado y las motivaciones de los personajes.

En *The cultural politics of emotion*, Sara Amhed arguye que las emociones no son algo que poseemos sino que, más bien, es a través de las emociones y cómo respondemos a los objetos y a los demás que las fronteras del yo y el nosotros se forjan y moldean mediante el contacto con otros (2015: 10). Amhed hace énfasis en la etimología latina de emoción, *emovere*, mover o moverse, lo que sugiere no sólo movimiento sino ataduras que nos conectan unos a otros; es decir, lo que nos mueve, lo que nos hace sentir, es también lo que nos ata a un lugar o lo que nos da un hogar (2015: 11). Tomemos de ejemplo la imagen de varias versiones del afiche del filme: Anne como pasajera en la motocicleta de Noelí, lánguidamente recostada a su espalda. La imagen es significativa: se repite primero entre Noelí y Anne, luego entre Yeremi y Noelí, y en versión inversa con Noelí al volante y Yeremi de pasajero al final de la película. Esa escena recrea la relevancia del transitar de los cuerpos, apoyados unos en otros, condicionados y dependientes unos de otros. La imagen connota varias formas de lenguaje metafórico: el viaje de encuentro o huida del amor, el movimiento centrífugo al exilio o centrípeto de regreso a casa, la conexión utilitaria de los cuerpos, la relación emocional y los niveles de comunicación no verbal entre los personajes.

Esa constancia del viaje en motocicleta, un *leitmotif* del filme, corresponde a varias estructuras convencionales que se asocian con el ir y venir espacial y el fluir de sentimientos. Por ejemplo, la vulnerabilidad y la desorientación de Anne se constatan en ese abandono, éxtasis o incluso inercia que su cuerpo proyecta. Se puede argüir que la narrativa fílmica busca establecer a través del constante movimiento estas zonas de contacto e intercambio que no resultan satisfactorias o duraderas. Esas salidas a la periferia del pueblo y a un espacio híbrido y mudable, apartado de la capital, desestabilizan las prácticas normativas y dan lugar a una negociación flexibilizada de los cuerpos. A este movimiento se podría añadir la imagen metafórica de las olas del mar, que, a pesar de excluir la presencia humana, connota emociones similares al vaivén de la motocicleta. Ese fluir del agua es un elemento redundante que refuerza las tensiones negativas como desconcierto y caos mientras agrega sensaciones de intimidad, sensualidad y amor a la narrativa fílmica. En la crítica de Frank Báez el mar representa lo peligroso y tormentoso del pasado de Anne, sugerido en la escena donde Noelí le pregunta sobre su pasado y Anne, en vez de responderle, se dirige a un mar cuyo oleaje la arrastra y del que Noelí logrará sacarla (2016: en línea). Aun cuando es una naturaleza abierta, generosa y vital, sus señales no dejan de ser ambiguas y en el peor de los casos, vacías. Ese paraíso es engañoso, y en el vaivén metafórico de los cuerpos se plasman emociones inciertas y destinos indefinidos.

Según Plantinga para evitar el sentimentalismo y justificar la empatía del espectador, las escenas de empatía deben ser puestas en un contexto moral; por eso suelen tener lugar al final del filme, cuando ese contexto se ha desarrollado, y las más poderosas suelen reservarse como un resumen emocional y cognitivo del proyecto ideológico de la película (1999: 253). Partiendo de la función de la escena de empatía, ¿qué impacto debería tener el abrazo final entre Noelí y Yeremi? El beso que Noelí da a Anne antes de marcharse, cual beso de traición, presenta un conflicto moral particular: el utilitarismo y engaño hacia la turista. El amor entre la pareja justificaría el resto de los dilemas morales. En cierta medida, lo que sería un final que desenmascararía las verdaderas intenciones de Noelí y su coartada con Yeremi, y por tanto, removería el velo romantizado de la relación lesbiana, consigue dar otro giro, que podría justificar y absolver de culpa a la joven pareja. Sin embargo, desde el punto de vista emotivo, el final deja al espectador con una sensación incompleta y problemática.

De esta forma, *Dólares de arena* combina el uso de imágenes metafóricas para ejercer un efecto sentimental de pérdida, contemplación, laxitud y reflexión para los personajes y también para el espectador. El personaje de Anne se halla repetidamente en estados de abatimiento y postración ante el espectáculo que presenta tanto el esbelto cuerpo de Noelí como la naturaleza en su más simple forma —así, en la escena de una Anne embriagada (de nostalgia y de alcohol) contemplando el mar pero que al intentar levantarse cae desplomada—. Sin embargo, ese despliegue de belleza natural es también un recordatorio de la búsqueda por encontrar refugio (¿casa?) y sentido a su vacío existencial. Su falta de dirección y ataduras a algún lugar se enfatizan con la vastedad de una ambientación grandiosa pero al mismo tiempo indiferente. Cuando su amigo Thomas le pregunta a dónde quiere ir no consigue responder, del mismo modo que cuando la vital joven Goya, también buscando su lugar en el mundo, le pregunta qué hay en Europa, Anne sólo deja escapar un suspiro para más adelante afirmar: «me voy».

Con el mismo laconismo, Yeremi despierta a Noelí y le pide «vente conmigo». En esa última frase de Yeremi se cifra la aparente vuelta de tuerca en el que el hombre dominicano reclama a «su mujer», quien, de forma ambivalente y con emociones refrenadas, decide acompañarlo. Juntos los vemos nuevamente en la motocicleta: ahora Noelí, con una expresión de aflicción estoica, es la que conduce. Una vez se abrazan, la triste bachata del comienzo vuelve a tocar, una suerte de final circular que culmina en una desilusión esta vez para Anne, pero que segundos antes intuíamos que sería la de Yeremi. La secuencia final es la de un *travelling* de seguimiento en donde el lente acompaña a una Anne vestida para la noche pero con la expresión de desamparo y fragilidad que ha marcado sus escenas de empatía. Deambula inquisitiva por las calles plagadas de potenciales «nuevas conquistas» —quizá en busca de Noelí o de sí misma— para luego entrar a un club donde con torpeza termina bailando sola. Su fracaso emocional y extravío afectivo se constata con este patético vagabundeo espacial por una ciudad nocturna que la transforma visualmente en una sombra entre otras sombras que también buscan una vida mejor.

Este final afirmaría la relación heterosexual –ahora legitimada por un hijo– y facilitada por la transacción oportunista con la turista, quien merece el desengaño por su propia falta de criterio y cálculo. Noelí no sólo se queda en el país, sino que esta vez se redefine como madre y sostén del hogar. Indirectamente patriotismo y maternidad se sugieren como modelo familiar para enfrentar la incertidumbre del futuro nacional. Es más, gran parte de ese halo de tristeza con que concluye el filme se desprende de la traición a los lazos solidarios que hasta el momento han ido matizando la relación afectiva entre las dos mujeres. El gesto de Noelí de besar y acariciar el pelo de Anne antes de fugarse con Yeremi apunta hacia esa despedida afectiva y al quiebre de los afectos desinteresados. El robo, a su vez, sirve como una ratificación del triunfo de la necesidad económica y los intereses creados que motivan a los jóvenes. El paraíso isleño y el lenguaje de los cuerpos han sido sólo un espejismo, una efímera rebelión o reflexión sobre un país, una nueva masculinidad y una visión de futuro en crisis.

Como hemos discutido, *Dólares de arena* tiende a neutralizar los conflictos de fondo –las raíces de los problemas socioeconómicos que obligan a una Noelí a desplazarse constantemente entre espacios y a preferir el silencio–. Tampoco se adentra en las identidades sexuales de los personajes, donde a pesar de la aparente fluidez espacial, los exiliados internacionales permanecen en la seguridad ficticia del hotel y de la casa-refugio. En muchos aspectos el filme consigue, a través de una estética sugerente y un lenguaje de fluidez y metáforas conceptuales, jugar con algunos paradigmas de género en el contexto de una sociedad tradicional patriarcal, al mismo tiempo que inaugura algunas pautas interesantes que marcan con este estilo un cine nacional más experimental e innovador. Sin embargo, el final invita a una lectura conservadora donde el paraíso caribeño oculta y diluye las injusticias, disparidades, carencias y problemáticas socioeconómicas y de género.

Bibliografía

Amhed, Sarah (2015): *The cultural politics of emotion*. New York: Routledge.

Báez, Frank (2016): «Dólares de arena: del libro a Netflix». En Colección Patricia Phelps de Cisneros: <www.coleccioncisneros.org/es/editorial/statements/d%C3%B3lares-de-arena-del-libro-netflix>.

Bartsch, Anne (2010): «Emotion metaphors and abstract meaning». En French, Peter & Wettstein, Howard K. (eds.): *Film and the emotions*. Malden: Wiley Periodicals, 240-260.

Bentes, Ivana (2007): «Sertões e favelas no cinema brasileiro contemporâneo: estética da fome». En *Alceu* 15: <http://revistaalceu.com.pucrio.br/media/Alceu_n15_Bentes.pdf>.

Brennan, Denise (2002): «Selling sex for visas: sex tourism as a stepping-stone to international migration». En Ehrenreich, Barbara & Russell Hochschild, Arlie (eds.): *Global woman: nannies, maids, and sex workers in the new economy*. New York: Metropolitan, 154-168.

Cárdenas, Israel & Guzmán, Laura Amelia (2014): *Dólares de arena*. República Dominicana: Aurora Dominicana / Canana / Rei Cine.

Derby, Lauren (2009): *The dictator's seduction*. Durham / London: Duke University Press.

Estrada, Erick (2015): «*Dólares de arena*, Crítica». En *Cinegarage*: <www.cinegarage.com/36189-dolares-de-arena-critica/>.

Fahlenbrach, Kathrin (2005): «Aesthetics and audiovisual metaphors in media perception». En *Clcweb: Comparative literature and culture* 7 (4): <http://docs.lib.purdue.edu/clcweb/vol7/iss4/4>.

Horn, Maja (2014): *Masculinity after Trujillo: the politics of gender in Dominican literature*. Gainesville: University Press of Florida.

Lakoff, George & Johnson, Mark (1980): *Metaphors we live by*. Chicago: University of Chicago Press.

Matta, Roberto da (1997): *A casa e a rua: espaço, didadania, mulher e a morte no Brasil*. Rio de Janeiro: Rocco.

Moya, Antonio de (2004): «Power games and totalitarian masculinity in the Dominican Republic». En Reddock, Rhoda (ed.): *Interrogating Caribbean masculinities: theoretical and empirical analyses*. Kingston: University of the West Indies Press, 68-102.

Perches Galván, Salvador (2015): «El turismo sexual y los "Dólares de arena", de Israel Cárdenas y Laura Amelia Guzmán». En *Toma Revista mexicana de cine*: <revistatoma.wordpress.com/2015/09/12/dolares-arena-cardenas-guzman/>.

Plantinga, Carl (1999): «The scene of empathy and the human face on film». En Plantinga, Carl & Smith, Greg M. (eds.): *Passionate views: film, cognition, and emotion*. Baltimore: Johns Hopkins University Press, 240-255.

Podalsky, Laura (2011): *The politics of affect and emotion in contemporary Latin American cinema*. New York: Palgrave / Macmillan.

Prensa Latina (2014): «Laura Amelia calificó buen momento para el cine dominicano». En *Cine Dominicano*: <cinedominicano.com/laura-amelia-calificó-buen-momento-para-el-cine-dominicano/>.

Quiñones, Alfonso (2014): «Geraldine Chaplin: "Dólares de arena es la película más bonita que he hecho"». En *Diario Libre*: <www.diariolibre.com/revista/cine/geraldine-chaplin-dlares-de-arena-es-la-pelcula-ms-bonita-que-he-hecho-Ahdl879081>.

Reuters (2016): «Busting sex tourists in Dominican Republic». En *Newsweek*: <www.newsweek.com/busting-sex-tourists-dominican-republic-318735>.

Smith, Greg M. (1999): «Local emotions, global moods, and film structure». En Plantinga, Carl & Smith, Greg M. (eds.): *Passionate views: film, cognition, and emotion*. Baltimore: Johns Hopkins University Press, 103-126.

Tan, Ed S.H. & Frida, Nico H. (1999): «Sentiment in film viewing». En Plantinga, Carl & Smith, Greg M. (eds.): *Passionate views: film, cognition, and emotion*. Baltimore: Johns Hopkins University Press, 48-64.

Y Ceniciento ya no sueña con ser blanco... ni «bello»
Reescribiendo el rostro de la dominicanidad del siglo XXI en *Feo de día, lindo de noche* (2012)

María García Puente

Si hay un momento en el que se evidencia del modo más palmario la «irresistible» fascinación (Zipes 2012: 20) que genera el cuento de hadas en el imaginario social es en la actualidad, cuando se confirma la eclosión de un *boom* del género a escala global. En el marco de unas economías cada vez más globalizadas que favorecen la convergencia cultural, la simbología, temática y estética de estos relatos maravillosos permea de manera profusa todos los espacios de la cultura desde la literatura hasta la música, pasando por la publicidad y, por supuesto, el cine. No obstante, aspirar a hallar una única justificación para el «tsunami cultural» en el que ha devenido el cuento de hadas en el siglo XXI implica en cierto sentido ignorar la enorme complejidad y variabilidad de estas narrativas (Zipes 2016: 1). Como bien arguye Christina Bacchilega en *Fairy tales transformed?* (2013), las nuevas adaptaciones y reescrituras del cuento de hadas son cada vez más híbridas y multivocales, entendiendo por ello que «activan» de forma no siempre fácilmente predecible conexiones –con medios, géneros, relatos orales y literarios, teorías críticas, discursos culturales, etcétera– en una multiplicidad de campos. El resultado es lo que Bacchilega denomina «la red global de los cuentos de hadas», que se distingue por exhibir en el siglo XXI una llamativa falta de cohesión y una disposición descentralizada y multifocal (2013: ix), que más que nunca nos obliga a adoptar para su lectura crítica un enfoque interdisciplinario, fuertemente anclado en su historia sociocultural y textual.

El presente ensayo pretende arrojar luz sobre un conjunto de manifestaciones de la «red global de los cuentos de hadas» del tercer milenio que por su estatus «marginal» dentro de la tradición del género –cuya reflexión académica se enfoca principalmente en el estudio de la producción alemana, francesa y, por supuesto, la británica y estadounidense– no han recibido todavía una atención crítica suficientemente profunda: las versiones fílmicas latinoamericanas, y más concretamente, las producidas en la República Dominicana. De tal modo, este trabajo aspira a profundizar en la labor que inició Laura Hubner en su pionero artículo «The fairy-tale film in Latin America» (2016), a cuyas conclusiones, extraídas en aquel caso a partir del análisis de un limitado corpus de películas de factura colombiana y mexicana, me remito como punto de partida para mi estudio del ámbito dominicano[1]. De acuerdo con Hubner, aunque diverso y ecléctico, el cine latinoamericano contemporáneo exhibe todavía de manera notable la honda influencia de los manifiestos políticos que transformaron su industria en los años sesenta (2016: 262); un influjo, éste, que en el caso particular de las apropiaciones del cuento de hadas se traduce en una rica y dinámica interrelación –de sincronización o colisión– en sus historias entre las fronteras de lo real y lo fantástico. Con todo, según arguye Hubner, las recreaciones fílmicas de cuentos de hadas del siglo XXI en Latinoamérica se desmarcan de sus predecesoras por la centralidad y recurrencia que asume en sus narrativas el motivo del viaje, interno y/o externo, que en sus propias palabras «se vincula alegóricamente con un retorno nacional a una [auténtica] identidad perdida u olvidada» (Hubner 2016: 263). En su

---

[1] Entre los cuentos de hadas fílmicos que analiza Hubner en su proyecto figuran *La vendedora de rosas* (Víctor Gaviria, 1998), *María, llena eres de gracia* (Joshua Marston, 2004), *El laberinto del fauno* (Guillermo del Toro, 2006) y *La jaula de oro* (Diego Quemada-Díez, 2013).

translación a un contexto más localista y propiamente caribeño –el de la emergente industria audiovisual dominicana, cuya trayectoria histórica difiere bastante de la de otros cines nacionales latinoamericanos–, la provocadora premisa de Hubner plantea serios interrogantes, a los que se intentará en parte dar respuesta en este ensayo. En primer lugar, ¿hasta qué punto se confirma la prevalencia temática del viaje o retorno nacional en las películas dominicanas de cuentos de hadas del siglo XXI? Por otra parte, de corroborarse esta tendencia, ¿en qué se concretiza la identidad perdida a la que supuestamente apelan están narrativas? Y finalmente, ¿cuáles son las implicaciones del llamamiento a la transformación nacional que reclaman?

La comedia dominicana *Feo de día, lindo de noche* (dir. Alberto Rodríguez, 2012) fue una de las numerosas –y más polémicas– reescrituras fílmicas de cuentos de hadas que arribaron a las pantallas de los cines nacionales en 2012, coincidiendo con la conmemoración global del segundo centenario de la publicación de *Cuentos de infancia y del hogar* (1812) de los hermanos Grimm[2]. Como anticipa su título, la cinta, séptima incursión en el largometraje como director de Rodríguez después de éxitos como *Un macho de mujer* (2006), *Yuniol* (2007) o *Playball* (2008), narra las peripecias de Lorenzo (Fausto Mata), un Ceniciento moreno y poco agraciado cuya vida sufre un radical cambio de rumbo al toparse con un hada madrina que hace realidad el gran sueño de su vida: transformarse en un blanco bello (Frank Perozo) con éxito entre las mujeres. Este curioso sortilegio

---

[2] Otra de las reapropiaciones fílmicas caribeñas que vieron la luz por esos años fue una versión cubana de *Cenicienta*, *Habana Eva* (2010), dirigida por la venezolana Fina Torres, quien ya había recreado ese cuento de hadas clásico en 1996 con *Mecánicas Celestes*. Asimismo, se ha de sumar a la lista la película española *Princesas* (2005), dirigida por Fernando León de Aranoa, que reescribe en un contexto intercultural hispano-dominicano y desde un prisma feminista el relato de *Cenicienta* en una de sus variantes cinematográficas más célebres: la princesa prostituta.

—operativo únicamente de 8 a 12 de la noche— se torna, sin embargo, en maldición cuando Lorenzo entabla una relación sentimental con Mariel (Evelyna Rodríguez), cuyo amor por él tiene un efecto transformador sobre su persona, empujándolo a autoaceptarse y, con ello, a liberarse del hechizo.

Pese a la voluntad declarada por Rodríguez y su equipo de realizar una comedia «familiar» que desde la hilaridad transmitiera «un mensaje social» sobre el triunfo de los buenos sentimientos frente a las apariencias (Sosa 2012: en línea), los controvertidos deseos a los que da voz el personaje de Lorenzo no dejaron indiferente a la crítica, que les dispensó una acogida desigual a la película y su director. Por un lado no faltaron las voces halagadoras de quienes, como Laura Peralta, además de destacar la interpretación de los actores, elogiaron a Rodríguez por su maestría al idear una trama «interesante y graciosa» que conseguía «retrata[r] la dinámica social de inferioridad y baja autoestima imperante en el país» (2012: en línea). Frente a estos, un grupo integrado fundamentalmente por intelectuales y artistas reafirmó, empero, su posición opuesta en el debate, criticando abiertamente al cineasta por considerar que *Feo de día* promovía abiertamente el racismo en base a la perpetuación de ofensivos estereotipos raciales asociados a la población afrodescendiente (Olivo Peña 2012: en línea). Tal rechazo, que comenzó incluso desde antes del estreno del filme, desembocó en la firma y publicación de un manifiesto de denuncia que llamaba a su boicot y del que se llegaron a hacer eco organismos agentes de cambio social como la Afro Alianza Dominicana o CLADEM. El detonante de la polémica fue el *casting* elegido para encarnar a los personajes protagónicos, el moreno feo y el blanco lindo: Fausto Mata —también conocido como «Boca de Piano»— y Frank Perozo, respectivamente; además del diseño del cartel promocional de la cinta[3], donde, según

---

[3] Curiosamente, este cartel supuestamente racista fue sustituido para el lanzamiento de la versión estadounidense del DVD por otra imagen alternativa más

los firmantes del manifiesto, se enfatizaba al punto de la «caricatura aberrante» el contraste físico que mediaba entre ambos[4] (Olivo Peña 2012: en línea).

Las críticas al proyecto se autojustifican y adquieren un mayor sentido de urgencia si consideramos las peculiaridades del contexto político y etnocultural del que emanan, el de un país, la República Dominicana, donde raza y nación se entreveran en un grado de intimidad tal que, citando a David Howard, «la pertenencia nacional denota una pertenencia racial» y viceversa (2001: 154). El discurso identitario hegemónico de la media isla se ha cimentado históricamente en relación a Haití como contra-referente, dando lugar a la construcción de una noción de patria particularizante y excluyente que se basa en el rechazo de la negritud y la herencia africana –de gran centralidad dentro del espectro cultural de la nación, eminentemente mulata– en privilegio de la blancura y el legado colonial hispánico[5] (Cañedo-Argüeyes 2008: 11, 22). En efecto, son varios los autores (Howard 2001: 29; Cañedo-Argüeyes 2008: 49-50) que han

---

acorde con el alegado mensaje social del filme. En el nuevo diseño, se retrata sobre un fondo blanco a Fausto Mata, que posa en solitario, sonriendo y elegantemente vestido, rodeado de atractivas mujeres en actitud cariñosa.

[4] Lejos de animar al público a unirse al boicot negándose a acudir a los cines, se podría decir que el manifiesto tuvo el efecto contrario entre los dominicanos. De hecho, sólo hay que ver el éxito de taquilla que disfrutó la película en las veinticinco salas en las que se proyectó en la isla, así como la decisión de Rodríguez de producir su remake, *Cinderelo* (Gómez, 2017). Con un *casting* internacional, esta nueva versión, que aspira a atraer a una audiencia latina también internacional, ha sido dirigida por el mexicano Beto Gómez y tiene pendiente su estreno para finales de 2017 (Germán 2015: en línea).

[5] Tal y como se recoge en los datos del IX Censo Nacional de Población y Vivienda de la Oficina Nacional de Estadística (ONE), en el año 2010 la República Dominicana contaba con 9.455.281 habitantes. Puesto que la pertenencia racial o étnica no fue objeto de inclusión en este informe, se desconoce con precisión la distribución racial de la población, de la cual a finales del siglo XX se estimaba que los mulatos constituían un 70% del total (Cañedo-Argüeyes 2008: 19).

enfatizado el decisivo papel que asumió históricamente el trujillismo en la consolidación de este mito racista del estado-nación hispánico dominicano. Dicha premisa viene avalada por la agresiva política de blanqueamiento que instauró en el país el régimen dictatorial de Trujillo (1930-1961), a través de la represión violenta de la población haitiana y la imposición del término «indio» como descriptor preferente de la raza dominicana (Doré-Cabral 1985: 75-79). Pese a todo, la superación del trujillato no se puede decir que supusiera ningún cambio significativo en el discurso negrófobo oficial, ya que al menos hasta finales del siglo pasado este perduró en la figura de uno sus principales ideólogos, Joaquín Balaguer, presidente entre 1966-1978 y 1986-1996.

En la actualidad, el problema radica en que ese mito ha sido sustituido por otro: el de la democracia racial, una visión falseada de la realidad dominicana que niega, bajo una máscara de supuesta armonía social, la existencia de discriminación racial en el país (Howard 2001: 197-99) y la honda fractura social que aqueja a su cuerpo nacional. Una de las formas en las que se evidencia claramente este prejuicio racista en la República Dominicana es en la percepción social de la raza en términos estéticos, en base al correlato eurocéntrico naturalizado feo-negro vs. bello-blanco. Y es que, como se retrata en el filme de Rodríguez a través de los personajes que encarnan Mata y Perozo, en el país caribeño el tono de piel claro, el pelo liso y los rasgos faciales finos continúan vinculándose tanto al ideal de belleza clásica como a una supuesta sofisticación cultural, en contraposición a la inmoralidad y el primitivismo abyecto al que desde antiguo se asocia culturalmente la negritud (Jackson 1976: xiii).

El marco de cuento de hadas en el que se inscribe la acción de *Feo de día*, al que curiosamente no se le ha prestado atención alguna en el referido debate crítico, alberga, no obstante, reveladoras claves interpretativas que abren la puerta a una lectura de la cinta más matizada y parcialmente en consonancia con el mensaje social integrador que reclamaba su director. Como demostraré en este ensayo, el filme de Rodríguez puede ciertamente concebirse como una reescritura posmoderna de cuento de hadas que, como si de un espejo concientizador se tratara, refleja de manera simbólica y literal las ansiedades identitarias de una nación, la dominicana, en pleno proceso de transición. En línea con la tesis que avanzara Hubner al respecto de las revisiones fílmicas latinoamericanas contemporáneas, *Feo de día* reclama, a través de la búsqueda interna de su protagonista, una autorreflexión crítica colectiva en torno a la identidad racial y la masculinidad dominicanas en el siglo XXI, algo que logra a partir de la deconstrucción de los estereotipos estéticos –feo-negro vs. bello-blanco– sobre los que históricamente se asienta el prejuicio racista en el país[6]. En este sentido, el diálogo intertextual que entabla el filme con el cuento de hadas resulta especialmente pertinente, ya que este es un género de medular importancia en el proceso civilizador (Zipes 2016) del que tradicionalmente se ha apropiado el poder hegemónico para, en su forma canónica, imponer un logocentrismo colonialista y androcéntrico[7]. Pese a incurrir en ciertas contradicciones que pueden poner en cuestión la validez de su planteamiento emancipador, en la reescritura de Rodríguez se percibe, sin embargo, una voluntad definida por distanciarse de los patrones clásicos del género y romper

---

[6] No es casualidad que en *Princesas*, de Fernando León de Aranoa, la Cenicienta dominicana protagonista realice también un viaje madurativo de similar recorrido. En el caso de Zulema (Micaela Nevárez) este viaje implica un retorno literal a la nación, ya que la joven, tras haber contraído el SIDA y ver cómo se disipan sus esperanzas de regularizar su situación legal en España, decide regresar con su familia y su hijo a la República Dominicana.

[7] Según Ruth Bottigheimer, la conceptualización de la negritud como fuente del mal que se ha de combatir y erradicar forma parte integral del lenguaje narrativo del cuento de hadas europeo. Entre los múltiples relatos que comunican esta cosmovisión racista, la autora destaca dos historias que se incluyen en *Cuentos de infancia y del hogar* (1812) de los hermanos Grimm: «El príncipe intrépido» y «La novia blanca y la novia negra» (Bottigheimer 1987: 138).

el ilusorio efecto de su hechizo. La película insta al espectador –y por extensión el conjunto de la nación– a replantearse la vigencia de los deseos que refractan estos metarrelatos y a desaprender en el proceso las premisas y mitos subyugadores que comunican. El objetivo es que, liberado de sus prejuicios reduccionistas, el cuerpo nacional dominicano pueda reconectar con su realidad social y restaurar con ello su identidad negada.

Siguiendo a Elizabeth Wanning, en su calidad de cuento de hadas «complejo», «abiertamente intertextual y estereofónico» (2001: 17), *Feo de día* exige para su lectura una postura activa por parte del público espectador, que ha de atender a las múltiples conexiones que activa el texto fílmico con los referentes discursivos y culturales con los que dialoga. Uno de estos intertextos es sin duda *Blancanieves*, a cuya imagen icónica del espejo mágico remite con insistencia la materia dramatizada. Igualmente, el clásico de Madame Leprince de Beaumont, *La Bella y la Bestia*, se desmarca como otra referencia directa por el énfasis que se pone en su historia en el tema de la transformación y el contraste entre la belleza y la fealdad. Frente a las narrativas mencionadas, no obstante, el relato de *Cenicienta* en su versión masculina, *El príncipe Ceniciento*, se erige, como el intertexto prevalente de *Feo de día*[8]. Prueba de ello es que el protagonista, Lorenzo, se autoproclama un «Ceniciento» ante la misteriosa rubia (Yelitza Lora) que se encuentra en el puerto, el hada madrina de la historia. Además, al igual que en el relato fuente, el motivo del reloj –que figura de manera prominente en el cartel publicitario– adquiere especial relevancia en la cinta ya que Lorenzo, en un intento desesperado por controlar los intermitentes efectos de su hechizo, opta por portar en su muñeca no uno sino dos relojes con sus correspondientes alarmas.

---

[8] En la tipología Aarne-Thompson, las historias protagonizadas por Cenicientos, entre las que destaca el relato «The little red ox», aparencen agrupadas bajo la categoría AT 511A (Dundes 1988: viii).

Feo de día engrosa de tal modo la limitada lista de revisiones de la que, con toda probabilidad, es la variante de *Cenicienta* menos popular (Tatar 1999: 106). Dentro del acotado corpus de recreaciones de *El príncipe Ceniciento*, protagonizadas por lo que los estudiosos del folclore han dado en llamar «héroes de forma» –de actitud «pasiva», «tímida» e «ingenua» (Tatar 2013: 86)–, llaman la atención los claros parangones que guarda la reescritura de Rodríguez con la célebre versión cinematográfica *Cindefella* (1960), dirigida por Frank Tashlin[9]. Con Jerry Lewis, la gran figura de la comedia estadounidense de los años sesenta, en el papel principal, *Cinderfella* dramatiza la historia de Fella, un Ceniciento, heredero de una gran fortuna millonaria, que vive victimizado por su ambiciosa madrastra y hermanastros. Lejos de cobijar las aspiraciones materialistas y aristocráticas de sus parientes, Fella se autodeclara con honra «un tipo corriente» –«an ordinary fella»– que, valiéndose de su esfuerzo y humildad, logra transformar a los que lo rodean y alcanzar la felicidad. Esta reescritura fílmica se estrenó en las pantallas de los cines de Estados Unidos durante la bonanza económica de los años sesenta, que aupó a la creciente clase media estadounidense a unas insólitas cotas de calidad de vida, y reivindicaba, a través de los atributos morales de su protagonista, la ética del trabajo y la honestidad como los valores nacionales sobre los que se debía construir la sociedad. De similar modo, la propuesta de Rodríguez impele, a partir del viaje interno que experimenta su

---

[9] Otro de los intertextos fílmicos con los que dialoga la película es la comedia mexicana *El Ceniciento* (Martínez Solares, 1951), protagonizada por el humorista Germán Valdés, también conocido como «Tin Tan». Al igual que *Cinderfella*, *El Ceniciento* dramatiza la historia de un joven campesino de buen corazón que es injustamente maltratado por sus interesados parientes de la capital. Gracias a la intercesión de su padrino, un peculiar «hado padrino» inmiscuido en negocios sucios, la suerte del joven cambia radicalmente cuando, en contra de la oposición de sus familiares, logra asistir al baile de su enamorada (Alicia Caro), la hija de una acomodada familia del D.F. con quien comienza una relación sentimental.

particular Ceniciento –del conflicto identitario a la autoaceptación final–, a una anagnórisis colectiva sobre la necesidad de reformular las bases de la dominicanidad en el siglo XXI para dar cabida a la diversidad de subjetividades que configuran su cuerpo nacional. La diferencia radica en que el héroe de Tashlin se muestra desde un principio orgulloso de su condición plebeya y trabajadora, mientras que Lorenzo/Ceniciento pugna a lo largo de la cinta por conformar con el modelo de masculinidad dominante –blanco y/o *tíguere*–, y sólo consigue abrazar su identidad real –la del hombre nuevo y afrodescendiente– al final cuando, de la mano de Mariel, aprende a amar y, con ello, a amarse a sí mismo.

Desde el mismo arranque de la historia, se pone de relieve el grave conflicto identitario que padece Lorenzo, a través del hondo contraste que media entre su yo real y el *tíguere* blanco, atractivo y seductor que anhela encarnar. El énfasis en esta disparidad entre realidad y deseo no conlleva ninguna novedad sino que se revela como una de las trilladas fórmulas narrativas a partir de las cuales se articulan los cuentos de hadas, en palabras de Bacchilega, auténticas «máquinas de generar deseos ideológicamente variables» (1997: 7). Lo que resulta llamativo en *Feo de día* es el motivo a través del cual se encapsula visualmente el desdoblamiento del héroe en la historia. Frente a las adaptaciones fílminas de *Cenicienta*, que retratan de manera recurrente a la princesa en su lecho –símbolo de su carácter soñador y condición de mujer pasiva/objeto–, en la versión de Rodríguez se insiste en el fuerte vínculo identitario que conecta al protagonista con su coche. Como si de una prolongación de su propio cuerpo se tratara, el lujoso BMW blanco de gran cilindrada que conduce Lorenzo, y que éste utiliza como reclamo para cortejar a toda clase de mujeres, refleja metafóricamente los deseos transformadores de su dueño. De hecho, desde la misma escena de presentación del personaje se hace hincapié en este parangón, al mostrar a Lorenzo, con talante insatisfecho, al volante de su flamante auto de marca alemana de camino al trabajo y, a continuación, reproducir la fugaz conversación que mantiene con un vendedor callejero mulato. Durante el intercambio, este último se confiesa, a pesar de su precaria situación económica, y a diferencia del héroe, «jodido pero contento», y exhorta a Lorenzo a que siga su ejemplo sin quejarse de su buena suerte.

Asimismo, las jocosas interacciones de este Ceniciento y su «amigo» Carlitos (Irvin Alberti), quien asume en realidad el papel de su hermanastro en la historia, sirven un propósito similar al patentizar a ojos del espectador la crisis de masculinidad que atraviesa el protagonista. Como demuestra Michael Kimmel, la hombría como cualidad se reafirma públicamente a través de la interacción homosocial (en Nurse 2004: 8). En el ámbito latinoamericano, ésta tiende a derivar en relaciones regidas por la competitividad y la exhibición de una sexualidad predatoria (Connell 1995: 31), donde la mujer funciona con una mera marca validadora del éxito social. Dentro de la media isla la rivalidad masculina se manifiesta con mayor virulencia si cabe, hasta el punto de que los intercambios homosociales reproducen –a veces de modo inconsciente– la pauta de dominación-subordinación propia de las relaciones entre hombres y mujeres (Moya 2004: 78). Dicha jerarquía homosocial se ilustra con claridad en *Feo de día* a través de la amistad que une a Carlos y Lorenzo. Desde la primera conversación que mantienen ambos personajes, se evidencia la influencia que Carlos –el líder/la figura masculina– ejerce sobre su compañero –el seguidor/el rol femenino–, a quien insiste en que acuda al baile del sábado, donde le asegura que no faltarán ni mujeres ni alcohol. De manera reiterada, la masculinidad de Carlos sale reforzada de cada una de las interacciones que establece con su «hermano» Lorenzo, quien harto de verse ninguneado por todas las mujeres en su presencia, declara sentirse como un «hombre invisible» a su lado. Esta comparación subraya con lucidez el efecto «castrador» que surte en el héroe su relación con Carlos, en la que Lorenzo, por su físico moreno «trabajaito» y desgarbado, y ademanes torpes e infantiles, teme ser tomado, en contraste con su amigo, por «un hombre en apariencia» (Moya 2004: 84). Y es que para el Ceniciento de Rodríguez, Carlos, con su presencia viril, sus rasgos finos y europeos, y su personalidad embaucadora, se aproxima bastante al modelo de masculinidad ideal que desearía encarnar: el *tíguere* –localismo caribeño de «tigre»– dominicano. Esta figura designa a un tipo donjuanesco avispado y seductor, que lo sabe todo, se deja ver públicamente y sale airoso de todas las situaciones (Collado 2002: 125-58), el cual, de acuerdo con Christian Krohn-Hansen, ha devenido en la noción de masculinidad con la que se identifica mayoritariamente el colectivo dominicano tanto en la media isla como en la diáspora (1996: 127).

La reescritura de Rodríguez no se limita, empero, a reproducir sin más el discurso dominante sobre la masculinidad hegemónica sino que aspira a desestabilizarlo, exponiendo su carácter construido y ofreciendo una visión de las maneras de ser hombre en la República Dominicana más plural y acorde con su realidad social en el siglo XXI. Mientras que en el plano intradiegético el rechazo de esta imagen prescriptiva de la masculinidad y la belleza se consuma con la maduración psicológica del héroe y la autoaceptación final de su condición de hombre afro alejado del macho blanco tiguerizado, en el espacio extradiegético el director invita al espectador a ser partícipe de ese mismo viaje concientizador, animándolo a reflexionar sobre sus propias percepciones en torno al género y la estética. Para este propósito, el diálogo intertextual con el cuento de *Cenicienta* se torna especialmente iluminador puesto que éste, en palabras de Kay Stone, narra en última instancia la historia de una muchacha que «usa su belleza [...] a expensas de otras mujeres» (1985: 136) con el fin de alcanzar el éxito social. En su reescritura, sin embargo, Rodríguez evita conscientemente relatar las peripecias de su Ceniciento a través del filtro de un narrador omnisciente que, sin marca alguna de clase, etnia o inclinación ideológica, presente –como es la norma en las narrativas clásicas del género– una visión monolítica y naturalizada de la realidad «tal y como es» (Bacchilega 1997: 34). En su lugar, el cineasta concibe simbólicamente su reescritura como un foro de debate donde se entrecruzan y ponen en diálogo diferentes discursos culturales en relación a la belleza y la masculinidad. De tal modo, la voz en *off* que en la versión canónica de Disney (*Cinderella*, 1950) nos introducía a la virtuosa y hermosa protagonista al mismo tiempo que aseguraba que «algún día todos sus hermosos sueños se ver[ían] realizados» se ve sustituida en *Feo de día* por una multivocal banda sonora compuesta por varios temas de música urbana que desmitifican la mirada utópica de los cuentos de hadas, dando voz a una perspectiva disidente sobre la imagen de la masculinidad ideal dominicana. Un buen ejemplo de ello es la canción de El batallón con la que abre la cinta, titulada «Feo de día, lindo de noche», en la que se anticipa la anagnórisis final del protagonista, el cual, como reza la letra, a pesar de «ten[er] una cara que asusta, un bembón y pelo malo», «prefier[e] quedar[se] un sapo que disfraz[arse] para ser un Príncipe Azul».

Otra de las estrategias a las que recurre el director para desnaturalizar el ideal de masculinidad hegemónico y despojarlo de legitimidad es vincularlo de manera explícita a los intereses capitalistas de una industria, la de la moda y la estética, que disemina de forma masiva las imágenes que conforman «el mito social de la belleza» (Wolf 1991: 177). Dicha conexión se plasma de manera manifiesta en el filme en lo que se podría denominar «la campaña de captación del Príncipe Azul dominicano». Enclavado en un Santo Domingo fuertemente influenciado por el impulso del capitalismo globalizador, el Palacio del Príncipe del relato clásico de *Cenicienta* se transfigura en *Feo de día* en un moderno centro comercial, Megacentro, para cuya imagen internacional busca candidatos el departamento de publicidad. Es en el contexto de esta promoción donde se patentiza con claridad la honda disonancia que media entre «el estándar de belleza internacional» que pretenden adoptar como modelo los publicistas y el perfil del dominicano típico que frecuenta de facto el lugar. En un excepcional acto de valentía, Lorenzo/Ceniciento se erige portavoz de esta mayoría, abogando para el puesto, frente a la primera opción del comité –un «blanquito» con el rostro de Frank Perozo–, por un «moreno dominicano» «al que se le vea que ha cogido lucha» y en el que se pueda reconocer el 70% de la población mulata nacional. Con todo, esta alternativa, a priori más lógica, resulta inmediatamente desechada por los directivos, que esgrimen como única justificación para su decisión un lacónico «no vende».

De modo paralelo, *Feo de día* ahonda también en los nocivos efectos que surte el discurso hegemónico de la belleza en la subjetividad de aquellos a quienes, como al protagonista, excluye el ideal eurocéntrico que preconiza. El Lorenzo resuelto y cabal que planta cara a los empresarios de Megacentro en la escena anterior coexiste de manera conflictiva durante la mayor parte del metraje con la versión opuesta de sí mismo: un Ceniciento psicológicamente perdido e insatisfecho que, incapaz de concordar estéticamente con el prototipo de masculinidad ideal, se autorrechaza. A este respecto, resulta especialmente reveladora la primera conversación que mantiene Lorenzo/Ceniciento con su hada madrina, donde se evidencia hasta qué punto ha internalizado el héroe el guión prescriptivo dominante sobre la belleza. Aunque en un principio Lorenzo logra ignorar con sutileza el cumplido que le dedica la Rubia en el puerto –«¡Hola, lindo!»–, termina replicándole con amargura que su belleza «no aparece ni con GPS». A continuación de este comentario, que alude precisamente de forma explícita a la búsqueda interna que se dispone a iniciar el protagonista, se entabla en el filme un candente debate a dos bandas sobre lo que significa ser lindo hoy en día en la República Dominicana. Durante el intercambio, el hada madrina critica abiertamente que en pleno siglo XXI el dominicano medio no ponga en valor su propia belleza, como demuestra Lorenzo al autocalificarse de «feo», sino que continúe privilegiando un molde estético foráneo –a lo «Paris Hilton»– con consecuencias nefastas para su estabilidad psicológica.

En efecto, tras la «doble voz» que exhibe el personaje protagónico a lo largo de la historia resuena con fuerza el argumento que plantea Frantz Fanon en *Black skin, white masks* (1952) sobre la fragmentación interna que padece el otro colonial. De acuerdo con Fanon, la imposición forzada de las normas sociales y culturales de la élite colonizadora blanca conlleva la asimilación silenciosa por parte del sujeto colonial de su discurso autolegitimador. Como resultado de la internalización de esta narrativa, el otro negro se ve condenado a portar simbólicamente una «máscara blanca», que lo subyuga y aliena tanto en el ámbito personal como social, interna y externamente. Si bien la dinámica colonial de la Martinica a la que remite el autor de *Black Skins* no es en gran medida comparable al clima social que actualmente se respira en la República Dominicana, las conclusiones que se derivan de este estudio podrían perfectamente trasladarse al contexto de la media isla. Como denuncia CLADEM, no se ha erradicado por completo en el país el discurso negrófobo heredado del trujillato, ni tampoco se ha reescrito todavía la narrativa identitaria fundacional que desdeña las raíces africanas de la nación (2013: 14-15). Por todo ello, los textos como *Feo de día*, que celebran y reivindican esa identidad negada, resultan especialmente valiosos, puesto que proponen una contralectura de los modelos que configuran las bases de la dominicanidad del siglo XXI[10].

En el filme de Rodríguez la escisión psicológica del otro que postula Fanon se materializa explícitamente en pantalla en la transfigu-

---

[10] De hecho, CLADEM señala a la escuela como uno de los principales espacios promotores de racismo y discriminación en el país, y recomienda al Estado, entre otras medidas, que revise los planes de estudios y los libros de texto, especialmente los de historia, «para que reflejen [...] las contribuciones de los diferentes grupos étnicos a la construcción de la identidad nacional de la República Dominicana» (2013:15).

ración nocturna de Lorenzo en «Príncipe Azul», cuyo rostro/máscara, como se anticipa en la campaña publicitaria de Megacentro, reproduce curiosamente la fisionomía europeizada de Frank Perozo. En un obvio guiño a la narrativa de *Blancanieves*, el espejo de la madrastra adquiere una gran relevancia en esta reescritura como «objeto mágico» mediador sobre el que se proyecta, volviendo a Fanon, «el eterno combate del sujeto colonial con su propia imagen» (1967: 194). Este espejo concientizador, en los múltiples formatos que asume en la cinta –espejo de tocador o retrovisor, cristal de escaparate, superficie de piscina, etcétera–, se erige ciertamente como el motivo matriz de la historia, que por un lado permite delinear los progresos del protagonista en su búsqueda introspectiva, y por otro, subrayar la artificiosidad de las imágenes que componen el mito social de la belleza.

Tres son las etapas que jalonan el transformador viaje interno que realiza Lorenzo/Ceniciento hasta el reconocimiento final de su masculinidad subversiva y afro: las de escisión, confrontación y aceptación. A lo largo de cada uno de estos estadios, y enfrentado cara a cara con las imágenes de sí mismo que reflejan tres superficies distintas –espejo, cristal y agua, respectivamente–, Lorenzo autoreflexiona sobre quién es y el hombre que desea llegar a ser. La primera parada de esta ruta madurativa escenifica con perspicacia la dualidad del protagonista a través de un hilarante baile en el que se nos muestra a éste y su *alter ego* lindo contoneándose coordinadamente frente al espejo al ritmo de «A ta ti te doy» de Crazy Design & Carlitos Wey. Con todo, el siguiente estadio en la evolución del héroe supone la introducción de una divergencia radical con respecto al relato original, en el cual el espejo de la madrastra, siguiendo a Bacchilega, se vincula de manera directa con los intereses del patriarcado, al refractar una estampa naturalizada de la feminidad –y, por oposición a ésta, de la masculinidad– ideales (Bacchilega 1997: 35). Ante esta visión reduccionista y reforzadora del *status quo*, Rodríguez opta en su reescritura posmoderna por implementar la táctica opuesta: adaptar las estrategias de *mirroring* inherentes a la narrativa clásica para deshacer, en palabras de Bacchilega, «la ficción mimética» que generan (1997: 36). *Feo de día* alcanza en parte este propósito subrayando el carácter construido del prototipo de hombre ideal, cuya imagen se inscribe de modo literal en la cinta, a través de un sugerente «juego de espejos», en el propio espacio físico del centro comercial –el marco que la encuadra y promociona–. Así, enfrentado al reflejo de su otro yo lindo, perfectamente camuflado entre los maniquís de un escaparate, Lorenzo le demanda de modo airado a éste que le deje de perseguir; una reclamación que el personaje de Perozo había ya antes desechado, declarando con suficiencia: «yo vengo de tu mundo, yo soy tú». La confrontación entre estas dos identidades se resuelve, no obstante, en la fase final del viaje, la de autoaceptación, en la que el protagonista, enamorado de Mariel y, gracias a ella, reconciliado con su verdadero ser, se percata de que ha sido liberado de la maldición –y la «máscara»– al observar aliviado la imagen de su rostro moreno proyectado sobre las aguas de una piscina. Curiosamente, esta escena de autorreconociento por parte de Lorenzo supone, por su carga desmitificadora, casi un reverso perfecto del número musical que protagoniza la Blancanieves de Disney en el llamado «pozo de los anhelos», donde la joven canta a la llegada de su Príncipe Azul exclamando: «deseo que un gentil galán me entregue su amor / quisiera oírle cantar su intensa pasión». Y es que Lorenzo no era consciente hasta ese momento de que en su interior escondía un verdadero Príncipe Azul, al que él mismo necesitaba primero aceptar para poder así ser valorado por los demás. Prueba de ello es que durante esa última fiesta en la piscina, y ante la sorpresa del propio protagonista, todas las mujeres insisten en bailar con él, demostrando de tal modo que la transformación social empieza por la personal.

Una de las claves que posibilitan esta autoaceptación es el rechazo por parte del héroe –y, por extensión, del público espectador– de la visión colonial del otro racializado, imaginado como un ser primitivo de apariencia cuasi-monstruosa. En este sentido, resulta especialmente significativo el diálogo intertextual que entabla la película con la narrativa estrella del «ciclo del animal-novio» del cuento de hadas: *La Bella y la Bestia*, de Madame Leprince de Beaumont. En una primera lectura de la cinta, la Bestia clásica, atrapada en la coraza de un cuerpo monstruoso como consecuencia de un encantamiento, se podría identificar como uno de los «modelos semilla» sobre el que se construye el personaje de Lorenzo. Sin embargo, en un nivel más profundo de análisis, la reescritura de Rodríguez desmantela estas expectativas preliminares, instando al espectador a ponderar dos cuestiones fundamentales: ¿quién es realmente la Bestia de la historia (Lorenzo o su versión blanca tiguerizada)? Y ¿sobre qué bases se sostiene su alegado atavismo?

Según arguye Homi Bhabha en *The location of culture* (1994), el discurso totalizador colonial predica, en su forma predilecta, la del estereotipo, una noción fija e inmutable del otro racializado que enfatiza su diferencia para con el blanco colonizador. La rigidez de esta imagen del otro, que no hace sino sembrar dudas sobre las supuestas diferencias que pretende resaltar, apuntala una narrativa compacta y sin fisuras que legitima su rechazo y marginalización (Bhabha 1994: 66). Pese a todo, el estereotipo, como cualquier otra forma de representación, se presta también a la ambivalencia; una dinámica, ésta, que, de explorarse, puede minar la incontestabilidad del discurso colonial, revelando líneas de fractura que dotan de agencia a la otredad (Bhabha 1994: 66). El filme de Rodríguez ahonda precisamente en esta dinámica, haciendo un llamamiento a la reapropiación colectiva de la noción estereotípica de la negritud salvaje/animal y, en última instancia, a su redefinición, con el objetivo de dignificar al otro y despojar al estereotipo de su poder estigmatizador. De tal modo, el Lorenzo/Ceniciento del principio de la historia, que se autodescribe a la Rubia como un «monstruo» por lo acentuado de su fealdad, aprende a lo largo de la película una valiosa lección de vida: «El hombre es como el *mono*: cuando tiene guineo, quiere maní y cuando tiene maní, quiere guineo» (énfasis mío). Tras estas palabras, que se repiten de manera recurrente en la cinta de boca del hada madrina y Mariel, se incluye un reflexión velada sobre la necesidad de que el dominicano, y en particular el colectivo afrodescendiente, se acepte tal y como es y se enorgullezca de su herencia. Dicha enseñanza, que a priori podría sonar algo ñoña o disneificada, resemantiza con lucidez el estereotipo colonial del negro animalizado, reescribiéndolo en el sentido inverso: el verdadero salvaje en esta historia, el *mono* del lema anterior, no es el otro racializado sino aquel incapaz de contentarse con lo que tiene, y en definitiva, de reconocer su valía interior. Es más, en la particular revisión de *La Bella y la Bestia* de Rodríguez, si hay un personaje que se vincula más claramente con la Bestia clásica es sin duda el que encarna la versión «linda» y blanqueada del protagonista, quien en su calidad de *tíguere* se comporta como un auténtico depredador sexual, o citando al propio Lorenzo, «un monstruo del sexo». En varias ocasiones se hace hincapié en la película en la total falta de moralidad del personaje, que, en un constante ejercicio de misoginia, trata a las mujeres como mera carnaza con la que satisfacer su hiperbólico apetito sexual. Tal es el grado de deshumanización del *tíguere* que éste, en un alarde de virilidad, llega incluso a retar en una ocasión a su otro yo a que, en lugar de «lloriquear como un muchachito», se atreva a demostrar su hombría, acostándose con su propia hada madrina.

La comicidad obscena del comentario anterior ejemplifica con claridad el relevante papel que juega el humor en la película como molde genérico y discursivo a través del que se canaliza la crítica al discurso hegemónico de la masculinidad ideal –blanca y tiguerizada[11]–. El potencial subversivo de lo cómico deriva, de acuerdo con

---

[11] Con la elección del molde de la comedia, Rodríguez renuncia a reproducir el guión dramático que, según Hubner, siguen mayoritariamente las reescrituras

Sigmund Freud, de su capacidad de circunnavegar los mecanismos de autocensura que resultan de la internalización del código social; de ahí que, en sus múltiples formatos, constituya un poderoso recurso con el que retar a la autoridad (1993: 153). El humor, explica el autor, permite crear una «fachada» desde la que dar voz libremente a nuestra insatisfacción con el orden social (1993: 156), algo que en el caso de *Feo de día* se traduce en la negación del discurso oficial de la democracia racial y la visión prescriptiva de la masculinidad. Las metamorfosis nocturnas que padece Lorenzo a lo largo de la historia abarcan sólo parte del engranaje del aparato cómico del filme, cuya mordacidad va *in crescendo* a medida que avanza la intriga. A este respecto merece la pena comentar dos significativos momentos de distensión cómica en la cinta, ambos próximos al desenlace, que contribuyen a exponer el dramático cambio de actitud del protagonista con respecto a su masculinidad alternativa. En el primero de estos episodios, el espectador es testigo de una delirante persecución a dos a través de los pasillos de Megacentro, durante la cual Lorenzo, indignado ante la traición de su «hermanastro» Carlos, termina por lanzarle un zapato a la cabeza. La elección como arma arrojadiza de este singular motivo no resulta para nada casual, especialmente si consideramos el valor cultural que le atribuye a la chinela Madonna Kolbenschlag, como símbolo del yugo patriarcal que desde antiguo «aprisiona [a la mujer] dentro de un estereotipo» (1994: 110)[12]. Desde esta perspectiva, la escena anterior comunica, en realidad, la identifi-

---

fílmicas latinoamericanas contemporáneas (2016: 262-77); una decisión que, sin embargo, encaja más cabalmente con los gustos del público dominicano, acostumbrado a consumir este tipo de producciones.

[12] Kolbenschlang apoya su lectura de la chinela en la costumbre milenaria femenina del vendaje de los pies. Dicho ritual, de devastadores efectos deformadores en el físico de la mujer, se originó en China, país de donde procede asimismo una de las versiones más antiguas –siglo IX– de *Cenicienta* recopilada hasta la fecha (Jameson 1988:75).

cación explícita del protagonista con el padecimiento de Cenicienta y su rechazo categórico del ideal tiguerizado dominante que representa Carlos. Dicha idea se confirma, de hecho, poco después, cuando en una torpe escenificación de intento de suicidio, Lorenzo, en el papel de «damisela en apuros», amenaza con arrojarse al vacío desde la torre de una grúa si su Princesa, Mariel, no le concede su perdón[13].

No obstante, en contra de las expectativas generadas, el desenlace de *Feo de día* no incluye ninguna escena de salvación heroica, sino que Mariel, en un sorprendente acto de devoción sumisa, se limita a acoger a su novio en su hogar sin exigir de él explicación alguna por sus correrías. En efecto, la construcción del personaje protagónico femenino deja traslucir una marcada mirada paternalista, que contradice de frente el alegado mensaje emancipador de la película. Mientras que Lorenzo evoluciona positivamente a lo largo de la reescritura, transformándose en un hombre maduro que se siente satisfecho consigo mismo, en Mariel se observa, en cambio, una progresión involutiva, que culmina con su problemática aquiescencia de los arquetipos apolillados de la «hermosa coqueta» y la «enfermera del alma». Así, la carismática mujer de negocios del comienzo del filme, una profesional independiente y con arrojo, que se atreve incluso a invitar a su enamorado al baile, se va desdibujando poco a poco en la historia hasta devenir en una Cenicienta estereotípica de manual. Tras su obligada metamorfosis física –cortesía de las firmas patrocinadoras de Megacentro–, Mariel, en su versión bella, pasiva y virtuosa, logra con su sacrificio lo imposible: reformar al *tíguere* dominicano, al que extrae con éxito de su hábitat natural, la calle (Moya 2004: 79), acogiéndolo en el santuario de su hogar. Las imágenes de feminidad tradicional a las que se adhiere este personaje, la «hermosa coqueta»

---

[13] Para Elena Valdez, el suicidio es un acto «tradicionalmente adscrito a la mujer» que, por consiguiente, feminiza a aquellos que recurren a él como vía de escape (2012: 123).

y «la enfermera del alma», se encuentran, de acuerdo con Carolina Fernández Rodríguez, íntimamente ligadas a la narrativa clásica de *Cenicienta* y a sus adaptaciones modernas más reaccionarias. Ambas son, según esta autora, modelos arcaicos y machistas que urge reescribir ya que fomentan la desigualdad, presentando el matrimonio como la única vía de realización para la mujer (1997: 97) y glorificando el autosacrificio de la *mater* a expensas del interés personal (2006: 302).

Pese a esta última falla, que socava en parte el planteamiento ideológico de la película, *Feo de día* constituye una propuesta original y valiente con la que el cine dominicano reciente se inscribe en la órbita trazada por otras industrias de lo audiovisual latinoamericanas, partícipes del *boom* global de la reescritura de los cuentos de hadas. En línea con la hipótesis que anticipara Hubner para estas narrativas, la versión del *Príncipe Ceniciento* de Rodríguez es una reescritura con voluntad emancipadora que se articula alrededor del motivo del viaje. Esta búsqueda desemboca, en el caso de Lorenzo, en su maduración psicológica, que conecta literal y alegóricamente con un retorno nacional a una identidad perdida: la herencia africana dominicana, históricamente desdeñada en la narrativa fundacional de la media isla. De tal modo, como si de un espejo concientizador se tratara, *Feo de día* refleja con lucidez las ansiedades identitarias que permean el tejido social, e invita al espectador a reflexionar colectivamente sobre la necesidad de reformular las bases ideológicas sobre las que se construye la dominicanidad en pleno siglo XXI. Para ello, la película expone de modo patente el carácter construido del mito social de la belleza y la masculinidad ideales –blanca y/o tiguerizada–, y deconstruye el estereotipo estético –feo-negro vs. lindo-blanco– sobre el que se asienta el prejuicio racista en el país. En su elección como protagonista a un Príncipe Ceniciento que abraza finalmente su identidad afro y masculinidad alternativa, el cuento de hadas de Rodríguez aspira a favorecer la cohesión social dando cabida a la diversidad de subjetividades que conforman el cuerpo nacional. Sin embargo, es una pena que en pleno siglo XXI esta labor simbólica de «reescritura del rostro de la dominicanidad» se vea coartada por un sesgo machista, que le atribuye a la mujer un mero papel testimonial en el proceso, encasillándola en el ideal patriarcal de feminidad. Tal vez haya que esperar a que las futuras generaciones de directoras dominicanas tengan mayor acceso a los medios de producción audiovisuales nacionales para poder reescribir *de facto* los deseos femeninos que refractan estas narrativas. Porque, en definitiva, al igual que el Ceniciento de Rodríguez, las Cenicientas dominicas del tercer milenio tampoco deberían soñar con ser blancas ni «bellas», ni mucho menos aspirar a redimir mediante su autosacrificio a Príncipes Azules desteñidos.

BIBLIOGRAFÍA

BHABHA, Homi (1994): *The location of culture.* London / New York: Routledge.

BACCHILEGA, Cristina (1997): *Postmodern fairy tales: gender and narrative strategies.* Philadelphia: University of Pennsylvania Press.

— (2013): *Fairy tales transformed? Twenty-first-century adaptations and the politics of wonder.* Detroit: Wayne State University Press.

BOTTIGHEIMER, Ruth (1987): *Grimms' bad girls & bold boys: the moral and social vision of the tales.* New Haven: Yale University Press.

CAÑEDO-ARGÜEYES, Teresa (2008): *La dominicanidad desde abajo.* Alcalá de Henares: Universidad de Alcalá.

CLADEM (Comité de América Latina y el Caribe para la Defensa de los Derechos de la Mujer) (2013): «Informe alternativo sobre la implementación de la Convención para la Eliminación de Todas las Formas de Discriminación Racial (Cedr)»: <http://www.cladem.org/images/archivos/Informes/Nacionales/Cladem_Republica_Dom-REPORTE-82_SESION_CERD.pdf>.

COLLADO, Lipe (2002): *El tíguere dominicano: hacia una aproximación de cómo son los dominicanos.* Santo Domingo: Editorial Collado.

Connell, R. W (1995): *Masculinities*. Cambridge: Polity Press.

Doré-cabral, Carlos (1985): «Reflexiones sobre la identidad cultural dominicana». En *Casa de las Americas* 118: 75-79.

Dundes, Alan (1988): «Introduction». En Dundes, Alan (ed.): *Cinderella: a casebook*. Madison: The University of Wisconsin Press, vii-xi.

Frank, Arthur (2010): *Letting stories breathe: a socio-narratology*. Chicago: University of Chicago Press.

Fanon, Frantz (1967): *Black skin, white masks*. New York: Grove Press.

Fernández Rodríguez, Carolina (1997): *Las re/escrituras contemporáneas de Cenicienta*. Oviedo: Krk.

— (2006): «Orígenes y configuración clásica del arquetipo de *La Cenicienta*». En Rodríguez Fernández, María del Carmen (ed.): *Diosas del celuloide: arquetipos de género en el cine clásico*. Madrid: Jaguar, 285-315.

Freud, Sigmund (1993): *Wit and its relation to the unconscious*. New York: Dover Publications.

Germán, Juan José (2015): «William Levy llega al país para el rodaje de la película *Cinderello*». En *Diario* Libre: <http://www.diariolibre.com/revista/cine/william-levy-llega-al-pais-para-el-rodaje-de-la-pelicula-cinderello-NK1972843>.

Howard, David (2001): *Coloring the nation: race and ethnicity in the Dominican Republic*. Boulder: Lynne Rienner Publishers.

Hubner, Laura (2016): «The fairy tale-film in Latin America». En Zipes, Jack *et al*. (eds.): *Fairy tale films beyond Disney: international perspectives*. New York: Routledge, 262-77.

Jackson, Richard L. (1976): *Black image in Latin American literature*. Alburquerque: University of New Mexico Press.

Jameson, R. D. (1988): «Cinderella in China». En Dundes, Alan (ed.): *Cinderella: a casebook*. Madison: The University of Wisconsin Press, 71-97.

Kolbenschlag, Madonna (1994): *Adiós Bella Durmiente. Crítica de los mitos femeninos*. Barcelona: Kairós.

Krohn-Hansen, Christian (1996): «Masculinity and the political among Dominicans: "The Dominican Tiger"». En Melhuus, Marit & Stølen, Kristi Ann (eds.): *Machos, mistresses, madonnas*. New York: Verso, 108-133.

Merced, Omar (2012): «Estrena filme dominicano *Feo de día... lindo de noche*». En *Primera hora*: <http://www.primerahora.com/entretenimiento/cine/nota/estrenafilmedominicanofeodedialindodenoche-733544/>.

Moya, Antonio E. de (2004): «Power games and totalitarian masculinity in the Dominican Republic». En Reddock, Rhoda (ed.): *Interrogating Caribbean masculinities: theoretical and empirical analyses*. Kingston: University of the West Indies Press, 68-102.

Nurse, Keith (2004): «Masculinities in transition: tender and the global problematique». En Reddock, Rhoda (ed.): *Interrogating caribbean masculinities: theoretical and empirical analyses*. Kingston: University of the West Indies Press, 3-37.

Olivo Peña, Gustavo (2012). «Artistas e intelectuales rechazan *Feo de día, lindo de noche*, por racista». En *Acento*: <http://acento.com.do/2012/actualidad/21167-artistas-e-intelectuales-rechazan-feo-de-dia-lindo-de-noche-por-racista/>.

Peralta, Laura (2012): «Feo de noche, lindo de día: sin racismo y muy dominicana». En Cinedominicano.com: <http://cinedominicano.com/feo-de-dia-lindo-de-noche-sin-racismo-y-muy-dominicana/>.

Sosa, José Rafael (2012): «Frank Perozo será lindo de noche». En *El Nacional*: <http://elnacional.com.do/frank-perozo-sera-lindo-de-noche/>.

Stone, Kay (1985): «The misuses of enchantment: controversies in the significance of fairy tales». En Jordan, Rosan & Kalčik, Susan (eds.): *Women's folklore, women's culture*. Philadelphia: University of Pennsylvania Press, 125-148.

Tatar, Maria (1999): «Cinderella». En Tatar, María (ed.): *The classic fairy tales: a Norton critical edition*. New York: Norton, 101-107.

— (2003): *The hard facts of the Grimms' fairy tales*. Princeton: Princeton University Press.

Valdez, Elena (2012): «Masculinities in crisis: a tíguere, a military figure, and a sanky-panky as three models of being a man in the Dominican Republic». En Armengol-Cabrera, Josep M. (ed.): *Queering Iberia: Iberian masculinities at the margins*. New York: Peter Lang, 113-131.

Wanning, Elizabeth (2001): *Twice upon a time: women writers and the history of the fairy tale*. Princeton: Princeton University Press.

Wolf, Naomi (1991): *The beauty myth. How images of beauty are used against women*. London: Virago.

Zipes, Jack (2006): *Fairy tales and the art of subversion: the classical genre for children and the process of civilization*. New York: Routledge.

— (2012): *The irresistible fairy tale*. Princeton: Princeton University Press.

— (2016): «The great cultural tsunami of fairy-tale films». En Zipes, Jack et al. (eds.): *Fairy tale films beyond Disney: international perspectives*. New York: Routledge, 1-17.

María, ¿Virgen o Dios?
La (im)posibilidad de la intersexualidad en el cine dominicano

Irune del Río Gabiola

Durante las últimas décadas el cine dominicano ha experimentado una presencia más acentuada gracias a la tecnología y al mundo cibernético, lo que le ha permitido acceder a un mayor público. Simultáneamente, la puesta en escena de obras literarias como *En el tiempo de las mariposas* (2001) o *La fiesta del chivo* (2005) ha promovido la internacionalización de episodios históricos dominicanos insertando cuestiones de género y de identidad. Del mismo modo, el reflejo de las desigualdades sociales y económicas que han azotado a las islas caribeñas debido al neoliberalismo se retrata a menudo en el cine dominicano.

Estos aspectos, junto a las narrativas migratorias, son el enfoque de análisis de las propuestas visuales contemporáneas. De hecho, Aitor Iturriza y Raisa Pimentel mencionan la relevancia de las relaciones internacionales entre España y la República Dominicana a la hora de plasmar historias de inmigración caribeña desde la perspectiva de género. Películas como *Flores de otro mundo* (dir. Iciaír Bollaín, 1999) o *Princesas* (dir. Fernando León, 2005) incluyen personajes femeninos dominicanos cuyas vidas quedan transformadas por las experiencias de la migración y por las estrategias de supervivencia desarrolladas en tierra ajena. *Nueba Yol* (dir. Ángel Muñiz, 1995), centrada en el paradigma migratorio norteamericano, muestra ya desde antes las adversidades a las que se enfrenta el sujeto negro dominicano abocado a la discriminación socioeconómica y racial. De esta forma, la transnacionalidad aparece como elemento fundamental en la concepción de la dominicanidad representada en el mundo del cine.

Dentro de este contexto, el trabajo colaborativo de Rosana Díaz Zambrana y Patricia Tomé ansía reivindicar el cine caribeño autónomo, y aboga por un análisis idiosincrático que trate de «visibilizar la instalación de un cine caribeño auténtico que rebase estereotipos y deje de servir a intereses extranjeros» (2010: 19). Como ambas arguyen, se recurre con mayor intensidad a las coproducciones internacionales, y España «lidera la lista de países con los que América Latina se alía, amparados en políticas de protección y fomento» (2010: 19). Es teniendo en cuenta el elemento transnacional al que aluden Iturriza y Pimentel y profundizando en la importancia del carácter autónomo ansiado por Díaz Zambrana y Tomé que me propongo examinar la producción cinematográfica *Hermafrodita* (dir. Albert Xavier, 2009). *Hermafrodita* no sólo introduce una representación de sujetos dominicanos en la isla, sino que también indaga en cuestiones de género y de sexualidad que problematizan un entendimiento homogéneo y contenido de la nación. En mi opinión, a pesar del intento de articular las complejidades de las políticas de identidad y sexualidad, el final de la película concluye con una resolución heteronormativa y culturalmente esperada: la castración del símbolo de la masculinidad –el pene– de María simboliza la reorganización de los deseos heterosexuales y el regreso al orden patriarcal. Igualmente, coincide con la materialización del deseo de María de instalarse en la capital. Ya en el cuerpo «correcto», María es capaz de existir y de ocupar un espacio visible. Asimismo, se convierte en cirujana médica, lo que refuerza y reproduce las tecnologías de la normativización del sexo y el género, si bien otorga un nuevo espacio a la feminidad que en gran sentido escapa el espacio tradicional de la domesticidad y lo privado. Si por un lado la intersexualidad de María queda resuelta mediante la castración del pene, por otro María se convierte en una mujer autónoma e independiente, que trabaja como cirujana en Santo Domingo. Sorprendentemente, su emasculación puede ser percibida como la articulación de una masculinidad trujillista basada en la castración y sobrecompensación, como expondré a lo largo del ensayo. Al final de la película, María ocupa un lugar tradicionalmente identificado con el hombre, ya que el campo de la medicina ha sido considerado tradicionalmente terreno masculino.

A pesar de la problemática que planteo en este ensayo, *Hermafrodita* es una película innovadora y como tal recibió el Premio Ricardo Alegría a la mejor película caribeña en el Festival de Cine Internacional de San Juan en octubre de 2009. Por primera vez en la historia del cine dominicano, la intersexualidad juega un papel significativo, presentando formas alternativas que potencialmente abren espacio a otras concepciones de identidad.

Hermafrodita, basada en hechos reales, narra la historia de La Melaza y María. Ambos se conocen en San José de Ocoa y comienzan una relación romántica. Tras unos meses sin sexo, La Melaza prácticamente viola a María y descubre su «anomalía»; la presencia del pene en su supuesto cuerpo de mujer. Tras este «descubrimiento», La Melaza ataca y castra a María cortando el símbolo fálico. Sorprendentemente, ese acto violento permite a María cumplir sus sueños de mudarse a la ciudad; ser visible, estudiar una carrera profesional y, en definitiva, existir como sujeto viable. Irónicamente, María termina siendo una cirujana; lo cual reitera la necesidad de «corregir» cuerpos anómalos y aprueba el acto violento de La Melaza. Asimismo, se presenta una posibilidad de la feminidad que rompe con la domesticidad.

Al comienzo de la película asistimos a una pelea de gallos en la que participa un grupo de hombres violentos, interrumpidos por otro grupo que busca venganza porque les han robado los gallos. Este evento finaliza con la trágica muerte del hermano de La Melaza, quien a su vez matará a un miembro de la banda contraria. Siendo uno de los hombres más buscados, La Melaza huye dejando a su madre en la capital y se instala en San José de Ocoa, donde reside con sus tíos trabajando en la finca. De camino al pueblo conoce a María, de quien pronto se enamora. La Melaza desconoce la condición intersexual de María mientras que el pueblo la discrimina socialmente, como vemos en algunas imágenes, pero su «anomalía» se mantiene completamente tabú. Enamorada de La Melaza y atormentada por su condición, María busca consejo en la iglesia y en la oficina de un médico donde no recibe ningún tipo de ayuda. Por el contrario, estos hombres la categorizan respectivamente como «especial» o «rara», e inmediatamente la oprimen al rechazar cualquier cuidado o atención hacia ella. La mejor amiga de María, Wanda, conoce su intersexualidad y a pesar de eso siente deseos por ella. Sin embargo, irrumpe en la relación entre María y La Melaza al acostarse con él y exacerbar, en cierto sentido, los deseos sexuales de La Melaza. Una noche La Melaza, que ha estado bebiendo, se dirige a María y la viola, ya que ella no atiende las demandas del macho dominicano. Al descubrir el pene, La Melaza responde violentamente: «Pero ¿qué diablo es esto? ¿Qué coño es esto? ¿Quieres ser mujer, eh?, ¿tú quieres ser mujer? Yo te voy a hacer mujer». Finalmente, lo corta mientras vemos imágenes de la madre de María pariéndola. Tras la castración, La Melaza se encuentra con Wanda y le insiste en que vaya ver a quien «no es más un hombre». Wanda es la única persona que acepta y nombra a María como mujer.

En vez de simbolizar la violencia ejercida sobre el cuerpo intersexual de María, esta castración se revela en términos positivos: libera a María del peso del hermafroditismo y le permite mudarse a la capital, uno de sus grandes deseos, que hasta ahora le había sido imposible de llevar a cabo. Ya en Santo Domingo, María estudia medicina y se convierte en cirujana. Dicho final prefigura su rol como normalizadora de cuerpos anómalos y responde a la imposibilidad de aceptar e incluir la intersexualidad en la nación dominicana. Sin embargo, proyecta una alternativa a la feminidad que rechaza la sujeción masculina y la domesticación. Las políticas de género y de sexualidad en *Hermafrodita* destacan por su complejidad y por su conexión con las realidades sociales del país. En este sentido, es imprescindible contextualizar las representaciones de género y de sexualidad que se examinan en la película de Albert Xavier.

Dinámicas de género en *Hermafrodita*

Las rígidas relaciones estructurales de género y heredadas de la cultura occidental han moldeado históricamente el imaginario nacional dominicano. Siguiendo los parámetros de Annette Kolodny en *The Lay of the Land*, ya desde los comienzos de la conquista española el espacio de las Américas se construye desde la feminidad tradicional en términos de pasividad y fertilidad, listo para ser violado y penetrado por las fuerzas colonizadoras (Kolodny 1984: 78). Las tierras americanas quedan sometidas a esta ideología imperialista, que igualmente determina los cuerpos nacionales una vez logradas las independencias de Europa. Los diagnósticos nacionales articulados a través de voces decimonónicas masculinas y criollas incluyen romances fundacionales—en términos de Doris Sommer— donde los roles de género y sexualidad se someten a escrutinios tradicionales en los que la mujer blanca burguesa queda al mando del espacio doméstico y la crianza de los hijos, mientras el hombre blanco burgués conquista el espacio público, político e intelectual. Resquicios de un pasado patriarcal y colonial, dichos elementos continúan formando parte esencial del siglo xix y del siglo xx. Si bien la literatura y la política criolla del xix sirven como herramientas para fomentar dicha ideología conservadora, las invasiones norteamericanas del siglo xx contribuyen de forma efectiva a una reinserción de dichas expectativas culturales, ahora en nombre de la «modernización», el «orden» y «progreso» de las culturas latinoamericanas.

Ahora bien, como se verá a continuación, las prácticas de imposición de un modelo norteamericano reconfiguran las relaciones no sólo de género y sexualidad, sino también de raza. Asumiendo la masculinidad hegemónica propuesta por R. W. Connell y basada en la incorporación de la razón, el conocimiento y el poder, Maja Horn ha mostrado cómo en el contexto de la República Dominicana esta masculinidad hegemónica, resultante del legado colonial en América Latina, ha topado con nuevas fórmulas importadas durante la intervención de Estados Unidos en esta parte de la isla. Horn afirma que las masculinidades actuales no sólo son producto de la era de Trujillo, sino que la invasión norteamericana (1916-1924) en sí misma produce discursos que afectan la concepción internalizada por el propio dictador. En su análisis sobre la masculinidad después de Trujillo, Horn examina cómo Estados Unidos y otras influencias internacionales han contribuido al discurso y a la práctica sobre la masculinidad, marcada por valores militares norteamericanos (Horn 2016: 34). Aunque Trujillo reproduce discursos sobre masculinidad basados en la ideología patriarcal, el macho supremo y viril, la invasión norteamericana anterior a su mandato desafía la masculinidad de la sociedad dominicana emasculándola. Es decir, la invasión se concibe mediante una crisis de masculinidad y de nación. Horn afirma que las fuerzas externas feminizaron y emascularon a la República Dominicana, al tiempo que redujeron la soberanía del país (2010: 35). La invasión castra la masculinidad nacional, y por eso los discursos de Trujillo van a sobrecompensar este vacío o ausencia de una masculinidad racional, destacando la agresividad y un cierto exceso de virilidad. Trujillo rescata el patriarcado tradicional y lo intensifica, debido a la vergüenza por esa carencia que fue resultado de la invasión. Al mismo tiempo, Trujillo filtra elementos importados de los discursos norteamericanos sobre la masculinidad: como afirma Horn, la competitividad, la organización y la disciplina son características difundidas al público por el dictador mediante su limpieza personal extrema, un estilo de vida enérgico y horas de incesante actividad y trabajo (Horn 2010: 34). Por lo tanto, el imperialismo americano ha marcado profundamente los discursos sobre la masculinidad articulados por Trujillo, que hoy en día siguen vigentes en la sociedad. De modo similar, los discursos literarios desde la emancipación han recuperado la figura del campesino rural como tropo de la dominicanidad. En su libro *La isla imaginada: historia, identidad y utopía en La Española* (2005), Pedro L. San Miguel menciona cómo Joaquín Balaguer–aliado principal de Rafael Trujillo–exalta la figura del campesino como modelo ideal de nación. Este campesino se construye como sujeto blanco hispanófilo que trabaja la tierra dominicana y se encuentra directamente conectado con la naturaleza. Balaguer utiliza el fenotipo español y el exaltamiento de la piel blanca para silenciar y desplazar la presencia africana en el imaginario nacional. Junto al racismo perpetuado por Trujillo, los discursos importados de Estados Unidos igualmente refuerzan la discriminación racial y ansían homogeneizar la población; como menciona Peguero en el estudio de Horn, los marinos llegaron al país con un gran prejuicio racial (Horn 2010: 34).

En este sentido, la articulación de la masculinidad contemporánea se identifica con las ideas promulgadas durante la invasión de Estados Unidos y la dictadura de Trujillo. Dentro de este contexto cultural y social, La Melaza reproduce importantes elementos de esa masculinidad heredada de Trujillo: es un personaje patriarcal, trabajador y disciplinado. Queda, sin embargo, marcado por la negritud, al punto de que en su viaje a San José de Ocoa los locales lo rechazan llamándolo haitiano. La Melaza contamina la esencia blanca originada en el interior del país, aun cuando reitere una masculinidad que al mismo tiempo resalta los discursos sobre masculinidad de Trujillo y proyecta cierta alternativa conectada a la feminidad. Por un lado, La Melaza trabaja intensamente la tierra de su tío; por otro, siembra flores que ofrece a María como símbolo de amor[1]. Tras intentar en vano mantener relaciones sexuales con María, La Melaza comienza a asumir una relación puramente platónica. No empero este muestra signos de una virilidad hiperbólica al participar en la lucha de gallos, vengar la muerte de su hermano y al cortar violentamente el pene de María. Estas compensaciones se asocian con los excesos comentados por Horn en su análisis de la masculinidad narrativizada por Trujillo como efecto de la emasculación sufrida por la invasión de Estados Unidos. Aunque se trata de una masculinidad tradicional y contextualizada, el cine dominicano ha experimentado con representaciones alternativas de la masculinidad, como arguye Adriana Tolentino (2005).

María, a su vez, se representa desde la ausencia de sexualidad. Nace defectuosa y sus padres la abandonan al cuidado de una abuela rencorosa y miserable, cuya atención hacia la nieta es pésima. Ambas están contenidas en una pequeña casa en San José de Ocoa trabajando como modistas. María confecciona trajes y ropas a medida, pero su propio cuerpo es inconmensurable ya que incluye los dos sexos y, en consecuencia, permanece fuera del lenguaje y de ese contexto patriarcal y rural del país. Su abuela le prohíbe salir del pueblo porque personifica una vergüenza nacional. Los vecinos conocen su «anomalía» y en un par de ocasiones la tildan de marimacho, incluso frente a La Melaza. En el momento en que ambas vidas se cruzan y crece gradualmente el amor, María cuestiona su existencia e inicia un viaje de autoconocimiento que le conduce a una crisis de identidad. María quiere saber por qué dios le hizo así y quiere que le quite esta «maldición». El cura le responde que se vaya tranquila porque es especial. Después se dirige al doctor tratando de buscar solución

---

[1] Es interesante prestar atención al uso del artículo definido «La» en el nombre de La Melaza, ya que inmediatamente se relaciona a la ambigüedad de género. La Melaza ocupa este espacio de la masculinidad trujillista en el que se representa un exceso de masculinidad bajo el cual reside la emasculación.

a su problema y el médico le contesta diciendo que «este mes le va a llegar la menstruación». La crítica a las instituciones de la iglesia y la medicina resultan palpables durante toda la película.

María, cuyo nombre evoca a la virgen católica, se representa precisamente desde esta óptica del «ángel del hogar»: pura, casta, prístina y siempre a las órdenes de quienes necesitan trajes a medida. Su subyugación y sumisión se hiperboliza cuando, en dos escenas, los jóvenes del pueblo le llaman marimacho. Básicamente, María no existe; no sólo por su feminidad tradicional sino por su «exceso de sexualidad», «inconmesurabilidad» e incomprensión. No hay espacio en el lenguaje ni en el territorio nacional para contener a María, y por eso queda reducida al tabú y a la invisibilidad. Por otro lado, María es sumamente visible: la gente del pueblo la mira y la incorpora lingüísticamente desde la marginalización. Según los estudios realizados por Dora Dávila-Mendoza, la mujer, junto a los afrodominicanos, ha sido tradicionalmente invisibilizada. Tal marginalización se asocia con el establecimiento de una cultura patriarcal donde la iglesia ostenta gran poder. Por otro lado, Dávila-Mendoza recoge en su análisis de archivo ejemplos de mujeres dominicanas agentes y transformadoras culturales, que ya durante la época colonial se dedicaban a establecer transacciones comerciales (2004: 32). Así Dávila-Mendoza desafía la idealización de la mujer madre confinada al espacio doméstico y presenta múltiples representaciones que irrumpen la imagen estática de la mujer. Resulta interesante que estas mujeres a las que se refiere Dávila-Mendoza en su estudio practicaban dichos negocios en la ciudad de Santo Domingo, donde la modernización y la sofisticación urbana daban lugar a tales transacciones, y que, en consecuencia, algunas mujeres se liberaran del yugo patriarcal. Sin embargo, el legado colonial marca con significancia la sumisión femenina. En el capítulo «Engendering Resistance: Hilma Contreras's Counternarratives», perteneciente a *Masculinity After Trujillo*, Horn nos recuerda cómo el sentido del honor español se importa a las Américas durante el colonialismo. Según Horn, el «qué dirán» y la opinión pública eran extremadamente importantes; en este sentido, la conducta de la mujer quedaba bajo constante vigilancia, ya que de ella dependía el honor familiar (2016: 85). Mantener cierta reputación y atender los asuntos domésticos en el hogar es parte del legado cultural impuesto por España. Como anota Pablo Piccato en la obra de Horn, la vida privada, la domesticidad y la intimidad determinan el espacio principal de la mujer, que a su vez queda marcado por la vigilancia y la opinión pública (2016: 86). Esta realidad opresora, característica en la República Dominicana, se observa bien en la figura de María. Tras el abandono por parte de sus padres, el honor de la familia depende de su invisibilidad y su silencio. En cuanto María comienza a cuestionar su identidad, el cura y el doctor la oprimen y la convencen para que mantenga su especificidad escondida. Y durante toda la película, asistimos al ensombrecimiento de su intersexualidad, interpelado en dos ocasiones. En San José de Ocoa, María vive constreñida y contenida en el pequeño espacio doméstico de la abuela, con salidas al pueblo muy ocasionales. Su honor y su reputación no pueden ser cuestionados, y al ser empañados por La Melaza, el campo médico y la cirugía se encargan finalmente de corregir honor y reputación mediante la reorganización de su cuerpo. Tanto la construcción de género como la de la sexualidad son articuladas de forma compleja a lo largo de la película, y por lo tanto es necesario contextualizar la intersexualidad de María precisamente en un espacio nacional marcado por la hipersexualidad femenina y el turismo.

¿Carencia o exceso de sexualidad? El enigma de María

En los últimos años decenas de antropólogos culturales, etnógrafos y teóricos sociales se han referido a la sexualidad, el género y el cuerpo como construcciones culturales ajustadas a ciertos ritos performativos y sociales. Como afirma Judith Butler, el género se regula a través del discurso y de prácticas esperadas por la sociedad (2004: 40). Precisamente por su carácter performativo, puede ser igualmente desafiado o disputado mediante prácticas que irrumpen las demandas patriarcales. La sexualidad es de forma similar construida, ya que no puede existir fuera del discurso, y se atiene a entendimientos producidos en diferentes épocas y geografías. Antiguamente, según Thomas Laqueur, el modelo predominante hasta el siglo XVIII es el de «un sexo» dentro del cual se establecen mínimas diferencias entre el hombre y la mujer (1990: 38). Este paradigma concibe los órganos sexuales femeninos homólogos a los masculinos, si bien internos en vez de externos. Lejos de indicar la igualdad entre hombre y mujer, considera a la mujer como ser inferior puesto que sus órganos están invertidos. Dicho modelo se transforma a partir de la Ilustración, cuando se establecen diferencias significantes entre la idea del sexo masculino y el femenino (Laqueur 1990: 184). A partir de este momento se desarrolla la teoría del modelo de dos sexos, que opone y separa a la mujer del hombre. Tal modelo es el que ha imperado en el Occidente y el mundo colonial latinoamericano, creando una separación completa entre los órganos sexuales femeninos asociados, por lo tanto, a un género femenino y contrapuestos a los órganos sexuales masculinos, atribuidos a un género masculino tradicionalmente inequívoco. El modelo heredado imposibilita la realización de cuerpos, sexualidades y géneros alternativos incapaces de ser medidos dentro de un sistema tan restringido, expresando así las ideas de Elizabeth Grosz sobre cómo aquello que marca culturalmente la diferencia sexual es biológicamente arbitrario y convencional (1994: 203). Las teorías de Grosz, Butler o Halberstam no sólo apuntan a la arbitrariedad del género o sexualidad, sino también proyectan el cuerpo como proceso constantemente resignificado y como lugar de resistencia. En *Hermafrodita*, sin embargo, María concibe su cuerpo como si fuera anómalo y excesivo, y es incapaz de aceptarlo como resistente y poderoso; por el contrario, es la resolución normativa la que le permite existir y mudarse del pueblo a la capital.

El cuerpo de María causa ansiedad entre los habitantes, y es por eso que sus salidas son puntales. A pesar de los insultos, nadie habla de «ello», de ese elemento abyecto, y simultáneamente María simboliza la virgen en su pureza, sumisión y carencia de subjetividad sexual. Ocupa el espacio opuesto a un gran número de mujeres dominicanas, que debido al estado neocolonial del país y la globalización, utilizan su sexualidad y amor como estrategias de supervivencia. Como apuntan Mark Padilla, Denise Brennan, Kamala Kempadoo o Amalia Cabezas, la economía de la República Dominicana está inmersa en un paradigma transnacional motivado por el turismo sexual que reproduce los estereotipos, el colonialismo y la explotación. Tanto la capital como los espacios costeros turísticos se presentan como oportunidades de mejorar su calidad de vida y la de su familia. Ante esta realidad, María debe ser contenida en San José de Ocoa; invisible y asexual, ya que la hipersexualidad femenina se articula de forma transnacional en Santo Domingo, Sosúa y otros espacios frecuentados por turistas. A pesar de un exceso de sexualidad resultado de la posesión de ambos órganos sexuales, su cuerpo es rechazado por una sociedad neocolonial dominada por la psique colonial, y en consecuencia María queda completamente aislada.

Por otro lado, su intersexualidad cuestiona las normas establecidas en cuanto al entendimiento tradicional del cuerpo y de la sexualidad. Anne Fausto Sterling ha expuesto la complejidad de atestiguar la validez del cuerpo sexuado y su correspondiente género mediante el caso de la famosa deportista María José Martínez Patiño, quien siendo la mejor vallista española en 1988 no pasó el control de sexo porque el Comité Olímpico Internacional simplemente se basaba en el criterio científico de carencia o presencia del cromosoma Y para determinar el sexo (Fausto Sterling 2008: 2). El caso de Patiño demuestra la imposibilidad de encontrar guías absolutas a las definiciones de sexo y género². No sólo reafirma la idea de que el cuerpo, el sexo y el género son construcciones culturales y sociales, sino que también proyecta la complejidad de las mismas categorías y la fundamentación de las decisiones sociales impuestas por el sistema. En relación a la protagonista de *Hermafrodita*, es su decisión personal y experiencia como mujer lo que debe asignarle dicha categoría, y no su intersexualidad. Sin embargo, debido a las restricciones y constricciones sociales, María es invisibilizada en San José de Ocoa y sus órganos son igualmente silenciados. En Occidente el campo de la medicina se ha encargado de manejar la intersexualidad durante las últimas décadas, pero como sostiene Katrina Karkasis, la institución médica no debería «arreglar» o «corregir» la intersexualidad porque en sí es una alternativa o un campo de experiencias vividas por diferentes sujetos, cuya sexualidad no debería ser dictada externamente (2008: 275). Son los propios individuos quienes deben decidir sobre su propia corporalidad. En San José de Ocoa, la población actúa sujeta a las demandas culturales, y tanto la gente como los padres de María reaccionan dramáticamente a su cuerpo. Como menciona Karkasis, los cuerpos que muestran marcadores biológicos ambigüos irrumpen la normalidad establecida por el sistema y los procesos que determinan los espacios que culturalmente corresponden al niño y a la niña. Los genitales atípicos crean ansiedad porque cuestionan los binarios de género y sexualidad y desmantelan un sistema de leyes, reglas, responsabilidades y privilegios sobre los que se fomenta la construcción binaria del género (2008: 96).

Además, como se muestra en la película, la irrupción y la ansiedad que causa María resultan extremos: el padre abandona a la madre y

---

² El caso hizo manifiesto lo complicado que resulta dicho diagnóstico, porque a pesar de la suficiente producción de testosterona, las células no reconocían dicha hormona masculinizante, y los rasgos masculinos no llegaron a desarrollarse. Durante la pubertad, los testículos de Patiño comenzaron a producir estrógenos y así su pecho creció, su cintura se estrechó y su cadera se ensanchó.

esta la deja años más tarde al cuidado de la abuela. El «drama social», como lo denomina Víctor Turner, consiste en una brecha, crisis, acción corregida y final reintegración (1974: 33).

Curiosamente, *Hermafrodita* no plantea la «acción corregida o reintegración» a las soluciones médicas occidentales al «problema de la intersexualidad» ya que no se «repara» en el momento del nacimiento de María. Ella vive con dicha condición, y es al enamorarse de La Melaza cuando experimenta una crisis epistemológica de su identidad de género y de la sexualidad. La institución médica y católica la rechazan y la niegan, de modo que María recurre a la santería como alternativa, aunque finalmente es castrada violentamente por La Melaza. El hombre que practica la santería es el único que le da esperanzas y la empodera al mencionar que en la época de Napoleón y de L'Ouverture, las personas con dos sexos eran consideradas dioses, y le augura incluso un futuro exitoso. Si las raíces y fundamentos africanos le ofrecen una alternativa positiva en su exaltación de la figura del hermafrodita, la nación convencional parece no querer contemplar y confrontar un cuerpo complejo, y mientras permanezca contenida y mantenga su virginidad, la normatividad se sostiene.

Como he mencionado anteriormente, *Hermafrodita* se basa en hechos reales. No resulta sorprendente puesto que en el pueblo de Salinas, Barahona, hay una alta incidencia de hermafroditismo[3]. De hecho, al concluir la película se menciona: «Existe una comuni-

---

[3] El hermafroditismo de Salinas responde a una anomalía tan frecuente que ha atraído la atención de reconocidos medios de comunicación como la BBC o el *Washington Post*. La BBC creó un documental, *The Extraordinary Story of Guevedoces*, donde se explican las razones del fenómeno. En Salinas, un gran número de niños nacen siendo chicas y desarrollan penes en la pubertad. Mientras *Hermafrodita* afirma el desconocimiento científico, numerosos estudios recientes han concluido que los niños nacen con los cromosomas XY pero, debido a una deficiencia genética, son niñas hasta que en la pubertad los niveles de testosterona se incrementan dramáticamente. Es en este momento cuando se observa la presencia del pene y de los testículos. Se les da el nombre de «Guevedoces» porque

dad de hermafroditas en Barahona, República Dominicana. Científicamente, no sabemos el por qué». Obviamente la película hace referencia a este fenómeno, pero sitúa la historia en San José de Ocoa. Dado que es un hecho conocido, podríamos esperar cierta comprensión e inteligibilidad de los diferentes cuerpos, el género y el sexo, pero la intersexualidad sigue concibiéndose como «vergüenza», algo que el caso de María pone de manifiesto. Todos estos ejemplos reafirman significativamente la complejidad de la producción corporal, de género y sexual, refutando las expectativas culturales y los estrictos significados sociales. No obstante, *Hermafrodita* muestra la discriminación y la alienación y vejación sociales que experimentan los sujetos intersexuales. Por un lado, el final de la película muestra a María como una mujer autónoma, independiente y alejada de la domesticación. Sin embargo, se centra en cómo la imposibilidad de la intersexualidad se impone ante la comprensión de la complejidad sexual, al tiempo que denuncia las respuestas ilimitadas e insuficientes de la iglesia y del campo de la medicina. Es en este sentido que *Hermafrodita* se torna innovadora y fundamental en la inserción y representación de las (im)posibilidades de las configuraciones sexuales alternativas. Simultáneamente, la película de Albert Xavier explora las construcciones de género, cómo la masculinidad y la feminidad deben ser entendidas en un contexto nacional y cómo se inscriben en la realidad colonial y neocolonial de la República Dominicana. La sexualidad se complica en el caso de María, retratada y vivida como virgen cuya última alternativa es la reintegración en el paradigma normativo para poder ser visible y para poder trasladarse a la capital; la castración del pene sanciona la multiplicidad de sexualidades y de géneros alternativos. Como observamos al final, María es mujer una vez ha «superado» su hermafroditismo y se instala en la capital, donde

---

es alrededor de los doce años cuando crece el pene. Algunas personas que han crecido como niñas se someten a cirugía para continuar siendo mujeres.

estudia medicina para convertirse en cirujana. Es posible que, a partir de ese momento, se convierta en «corregidora» de cuerpos inviables, ya que atiende a un «individuo», intencionadamente invisible para el espectador, que bien podría tratarse de otro ejemplo «anómalo». Tras una operación exitosa, María se traslada al pasillo a ver a alguien a quien parece mirar de arriba abajo. Esta inconclusión, abierta a diferentes interpretaciones, podría hacernos pensar en un individuo que busca una solución normativa a su cuerpo. María se transforma de virgen invisibilizada –aun cuando extremadamente visible en el pueblo remoto de San José de Ocoa– a diosa y salvadora de vidas en la capital, un espacio representado por la transnacionalidad y la hipersexualidad femenina. Curiosamente, se nos plantean acercamientos positivos a una feminidad que deja de estar contenida y que conquista un campo tradicionalmente dominado por los hombres: la medicina. En este sentido, si bien la intersexualidad se percibe como una posibilidad que no tiene cabida social, la feminidad rompe los moldes históricos y convencionales. María, como mujer moderna, se convierte en diosa, y se puede argüir que pasa a formar parte de la masculinidad castrada que ha constituido la cultura dominicana desde la invasión de Estados Unidos. Albert Xavier juega con la construcción de la sexualidad y de género de una forma compleja, cuestionando los binarios culturales establecidos al tiempo que expone las (im)posibilidades de alternativas que van más allá del paradigma establecido.

Bibliografía

Balaguer, Joaquín (1950a): *Literatura dominicana*. Buenos Aires: Américalee.
— (1985b): *La isla al revés: Haití y el destino dominicano*. Santo Domingo: Fundación José Antonio Caro.

BRENNAN, Denise (2003a): «Selling sex for visas: sex tourism as a stepping-stone to international migration». En Ehrenreich, Barbara & Hochschild, Arlie Russell (eds.): *Global woman: nannies, maids, and sex workers in the new economy*. New York: Metropolitan Books, 154-168.
— (2004b): *What's love got to do with it?: transnational desires and sex tourism in the Dominican Republic*. Durham: Duke University Press.
BOLLAÍN, Iciar (dir.) (1999): *Flores de otro mundo*. Madrid: Filmax Home Videos.
BUTLER, Judith (2004): *Undoing Gender*. New York: Routledge.
CABEZAS, Amalia Lucía (2005): «Accidental crossings: tourism, sex work, and women's rights in the Dominican Republic». En *Dialogue and difference*, 20-29.
CALENDARIO, Ginetta E. B (2005): *Miradas desencadenantes: los estudios de género en La República dominicana al inicio del tercer milenio*. Santo Domingo: Intec Universidad.
CONNELL, Raewyn (1995): *Masculinities*. Oakland: University of California Press.
DÁVILA-MENDOZA, Dora (2004): *Historia, género y familia en Iberoamérica (siglos XVI al XX)*. Caracas: Fundación Konrad Adenauer.
DÍAZ-ZAMBRANA, Rosana & TOMÉ, Patricia (eds.) (2010): *Cinema Paraíso: representaciones e imágenes audiovisuales en el Caribe hispano*. San Juan: Isla Negra.
FAUSTO-STERLING, Anne & GARCÍA LEAL, Ambrosio (2006): *Cuerpos sexuados: la política de género y la construcción de la sexualidad*. Barcelona: Melusina.
GROSZ, E. A. (1994): *Volatile bodies: toward a corporeal feminism*. Bloomington: Indiana University Press.
HALBERSTAM, Jack (2005): *In a queer time and place: transgender bodies, subcultural lives*. New York: New York University Press.
HORN, Maja (2014): *Masculinity after Trujillo: the politics of gender in Dominican literature*. Gainesville: University Press of Florida.
ITURRIZA MENDIA, Aitor & PIMENTEL MENDOZA, Raisa (2015): «El cine que emigra. La transnacionalidad en la cinematografía dominicana». En *Arte y políticas de identidad* 13, 197-214.

KARKAZIS, Katrina (2008): *Fixing sex: intersex, medical authority, and lived experience*. Durham: Duke University Press.

KEMPADOO, Kamala (2004): *Sexing the Caribbean: Gender, race and sexual labor*. New York: Routledge.

KOLODNY, Annette (1975): *The lay of the land: metaphor as experience and history in american life and letters*. University of North Carolina Press.

LAQUEUR, Thomas (1990): *Making sex: Body and gender from the greeks to Freud*. Cambridge: Harvard University Press.

LEÓN DE ARANOA, Fernando (2005): *Princesas*. Madrid: Warner Sogefilms A.I.

MOSLEY, Michael (2015): «Against the odds». United Kingdom: BBC.

MUÑIZ, Angel (1996): *Nueba Yol*. Santo Domingo: Panamericana de Producciones / Cigua Films / D' Pelicula.

PADILLA, Mark (2007): *Caribbean pleasure industry: Tourism, sexuality and Aids in the Dominican Republic*. Chicago / London: University of Chicago Press.

PICCATO, Pablo (2010): *The Tyranny of opinion: Honor in the construction of the mexican public sphere*. Durham: Duke University Press.

SAN MIGUEL, Pedro Luis (2005): *The imagined island: History, identity, and utopia in Hispaniola*. Chapel Hill: University of North Carolina Press.

SOMMER, Doris (1991): *Foundational fictions: the national romances of Latin America*. Los Angeles: University of California Press.

TOLENTINO, Adriana (2010): «¿Machos o muchos?: masculinidades dominicanas subyugadas en *Negocios son negocios, Un macho de mujer* y *Yuniol*». En Díaz Zambrana, Rosana & Tomé, Patricia: *Cinema Paraíso: Representaciones e imágenes audiovisuales en el Caribe hispano*. San Juan: Isla Negra, 336-353.

TURNER, Víctor (1974): «Dramas sociales y metáforas rituales». En *Dramas, fields, and metaphors*. Ithaca: Cornell University Press, 23-59.

VARGAS Llosa, Mario (2000): *La fiesta del Chivo*. Madrid: Alfaguara.

Música y sabor criollo: Quisquella la bella

La comida en el cine dominicano actual
Creando una identidad gastrofílmica

Patricia Tomé

Si bien el mercado cinematográfico en la República Dominicana a umbrales del siglo XXI todavía está en pleno proceso de ebullición, las prácticas alimentarias que se exhiben en estas incipientes producciones ofrecen multívocos matices hacia la noción de una plausible identidad nacional heterogénea, trasnacional y globalizada. Las múltiples connotaciones del beber y el comer en lo social, racial, geográfico, histórico, religioso, cultural y sexual, cáusticamente arrojan luz sobre «los entresijos y dispares realidades» de las sociedades modernas (De Maeseneer 2010: 24). Visto desde una inminente «cocción« dentro del séptimo arte, este compendio de películas podría leerse como un valioso recetario inaugural donde las imágenes culinarias 1) ofrecen un sentido de pertenencia y reúnen antecedentes históricos que dialogan entre sí, 2) son usadas para reafirmar o resistir narrativas de *dominicanidad*, y 3) juegan un rol ineludible en el desarrollo y engranaje de la sociedad dominicana a la vez que nutren una incipiente producción cinematográfica nacional. Aunque se trate de películas pobres en recursos y medios cinematográficos, son ricas en formas y realidades sociales insulares. Una degustación de los valores alimenticios y cinematográficos de las últimas producciones fílmicas dominicanas procura por ende un sucinto sondeo de una gama de transacciones en torno a la mesa, que rebasan el gusto culinario o el valor nutritivo o dietético del alimento para dar cuenta de una serie de connotaciones sociales y prácticas autóctonas que reinciden en el sesgo de dictaduras y políticas poscoloniales en la isla.

En base al tropo de la culinaria, este capítulo pretende precisamente consumir géneros cinematográficos dominicanos *à la carte* –paladeando específicamente el cine de terror, los documentales, los *biopics*, la comedia y particularmente las comedias románticas o *chick-flicks*–, en aras de puntualizar en qué formas la culinaria es factor insoslayable en «los muchos ejes interceptores de las categorías sociales impuestas en individuos por la sociedad que a su vez generan formas particulares de privilegio y marginalización» (Marte 2008: 58; mi traducción). Teniendo en cuenta que el acto de comer se forja como un constructo social indicativo de valores, estéticas, prácticas y fisuras sociales de una «identidad criolla», los hábitos alimenticios de los dominicanos retratados en este compendio fílmico darán pie a varias incógnitas. ¿Qué productos consume el dominicano y de qué manera se relacionan su desarrollo alimentario a los valores históricos, culturales y sociales de la isla? ¿Cuáles son esos valores históricos, culturales y sociales que entran en juego en lo que comemos? Cuando la cocina ha estado íntimamente ligada con su geografía, ¿cómo se transforma la relación entre comida e identidad cuando entran en función factores como la emigración y el desplazamiento de los dominicanos? ¿De qué forma se construye una narrativa nacional ante la culinaria dentro y fuera de la República Dominicana y/o del espacio doméstico?

Estos iniciales hervores artísticos dialogan entre sí y logran sustentar una incipiente producción cinematográfica que considero un ejemplo *gastrofílmico*. Tal y como ha constatado Ronald Tobin en *Tarte à la crème. Comedy and Gastronomy in Molière's Theater* (1990), la *gastrocrítica* está «diseñada para poner de relieve el hecho de que tanto el poeta como el cocinero trabajan para crear la ilusión y la metamorfosis» (Tobin 1990: 35). No obstante, y sin pretender acuñar un término que deviene de la *gastrocrítica* de Tobin –autor de una vasta empresa de investigación en las ciencias sociales que explora los vínculos entre la alimentación y el arte– con una degustación de los valores culinarios y cinematográficos de las últimas producciones fílmicas en la República Dominicana dilucidaremos varios puntos de encuentro *gastro*-fílmicos. Según el cinéfilo/comensal avanza en la degustación de este «menú cinematográfico», percibirá brotes de una modernización gastronómica incontenible, catalizadora de ciertas ideologías impuestas de manera xenofóbica, y las más de las veces segregacionista, en una sociedad socavada por tradiciones poscoloniales, procesos dictatoriales y prácticas hegemónicamente masculinas y europeizadas.

Ingredientes básicos: Sazones coloniales y religiosas en el cine de género

Los orígenes de la actual comida caribeña desprenden aromas de décadas y costumbres de antaño que han quedado impregnadas en la identidad histórica y cultural del dominicano. «Al mismo tiempo que la comida es identidad y paladar, explica hechos del pasado, simbiosis culturales, confrontaciones y mestizajes, que son los que explican la criollización en la comida», explica José Oviedo (2010: 10). Recordemos que junto a los grandes contingentes de esclavos africanos que arribaron en La Española a partir los siglos xvi y xvii, hicieron debut productos y prácticas alimentarias provenientes de África y Europa que pronto encontrarían un maridaje culinario con los productos taínos y darían forma al régimen alimentario criollo[1] (Oviedo 2010: 164). Esa primera etapa de convivencias entre pobladores taí-

---

[1] Inclusive se le añade en épocas más tardías variadas influencias contemporáneas, como la china y la árabe, así como la fusión de la comida italiana y japonesa (Oviedo 2010: 10).

nos, africanos esclavizados y europeos inquisidores indudablemente dio rienda suelta a múltiples negociaciones y discordancias, que a su vez provocaron una serie de ominosas fricciones sincréticas en torno a tradiciones culturales, sociales, religiosas y culinarias en la noción de *dominicanidad*.

Por una parte, el adoctrinamiento católico que los iberos impusieron ocasionó gran pánico y desconcierto entre la emergente sociedad criolla hasta el punto de obcecar sus respectivas preferencias culinarias y creencias religiosas. Los esclavizados logran conservar −aunque muchas veces de forma clandestina− sus tradiciones culturales y religiosas y continúan celebrando sus prácticas y rituales, en parte como mecanismos de sublevación contra la autoridad blanca[2]. De hecho, en las últimas décadas del siglo XIX se intensifican dichas prácticas debido a la creciente inmigración haitiana como respuesta al auge de la industria azucarera en la mitad hispanohablante de Hispañola; «dicha inmigración aportó múltiples factores al país, desde la riqueza de su mano de obra hasta la introducción de nuevos credos religiosos» (Oviedo 2010: 32). La idea de estos rituales haitianos −del vudú o el exorcismo− como una plaga maldita de un potencial altamente malévolo y mortífero para la población dominicana propaga el odio y menosprecio social hacia dichos cultos y enardece «un sentido de miedo y repugnancia basado en el etnocentrismo y la ignorancia» (Davis 1987: 61).

De ahí que la crueldad que se produjo a raíz de las divergentes creencias religiosas −elemento clave y fundamental para la mayoría de los rodajes de terror− destaque precisamente esa vulnerabilidad y anfibología que gira en torno al carácter negro del dominicano. Éxitos taquilleros como *Andrea, la venganza de un espíritu* (dir. Roger

---

[2] La presencia, influencia y esencia africana ha perdurado en la región e incluso sirve como emblema de la *dominicanidad*, hasta el punto de asegurar que hoy en día el 90% de la población dominicana es de descendencia mulata o negra.

Bencosme, 2005), *El regreso de Ana* (dir. Roberto Rodríguez, 2009), y *La casa del kilómetro cinco* (dir. Omar Javier, 2010), entre otros, evidencian en pantalla rituales y liturgias característicos de la zona rural del país, donde residía un 80% de la población hacia 1930. Difíciles de sustentar económicamente, estas incursiones en el ámbito cinematográfico desentrañan una serie de mejunjes culinarios en torno a la religión, a la vez que dilucidan narrativas marginales que perpetúan ideales menesterosos hacia los sistemas de clase, raza y género. En todos estos rodajes de terror ronda la constante del alimento, en particular en torno a la carne de animal –incluido el *Homo Sapiens*– cuyas características alimenticias infringen la narrativa de la gastronomía en cuanto que el alimento rinde tributo a la ideología religiosa en pos de un «bien» ante un supuesto «mal». Las turbulencias sociales y económicas que sacudieron al país a raíz de sus rebeliones contra el dominio francés causaron una trasformación religiosa que produjo el declive y desdén hacia las prácticas africanas, respetando únicamente lemas cristianos. Este intercambio o mestizaje de ideas reincide en una latente ansiedad: los dominicanos, producto de este sistema, no han sabido o podido cicatrizar décadas de prohibición, segregación, censura y terror.

Tal es el panorama que el espectador descubre en el rodaje *Andrea, la venganza de un espíritu*, que comienza precisamente con el suicidio de un joven enamorado que parece no ser correspondido. La historia nos lleva al camposanto 53 años después de la pecaminosa inmolación inicial para introducirnos a otra ominosa muerte, la del abuelo de la joven protagonista, Andrea. Tras presenciar su entierro, la joven comienza a experimentar inusitadas experiencias de ultratumba que ponen en debate la doctrina católica y «revelan ciertos miedos hacia lugares designados como «sagrados» (cementerios, iglesias) y desafían el poder de la religión en las sociedades modernas» (Tomé 2012: 302).

La cámara se obstina en mostrarnos la cara más fea de la realidad, aquella a la que tememos y en la que localizamos los miedos más agudos y remotos enclavados en la zona rural de la isla. Es allí, dentro de un ambiente místico y frenéticamente religioso, donde la joven Andrea es poseída por el espíritu del hombre suicida tras arrancar la cruz de su tumba. Esta posesión de la niña y las tendencias familiares a la profanación, al sacrilegio, a los rituales «inmorales» del vudú y al completo ateísmo son algunas de las particularidades que ligan este drama con el pecado y esgrimen alimentos diversos para despojar a la joven del espíritu malévolo. Con tal ímpetu en mente, la abuela concierta un ritual vuduista donde «la cocina haitiana tiene un alto peso ritual y religioso, como el arenque con guineos verdes, frecuentes en los ritos de gagá, o el arenque y las habichuelas negras, la batata y el casabe, en el culto al Barón del Cementerio, la cabeza de cerdo en el culto al Gran Bois» (Oviedo 2010: 35). Ante tales mejunjes en el seno familiar, el padre de Andrea, escéptico frente a cualquier creencia o circunstancia sobrenatural, insiste en que los rituales y la misma religión es «un manto para cubrir la ignorancia y el miedo que tiene la gente».

Subvertir costumbres sociales asociadas a la negritud haitiana, en particular aquellas en torno al vudú, arranca costras muy viejas de la identidad dominicana y da cabida a latentes tensiones socio-raciales conspicuas en el «cine de provincia», como ha sido clasificado el cine de terror en la República Dominicana. De hecho, *Andrea* marcó un antes y un después en el cine de género en la isla. El ser catalogadas bajo el rubro del terror indica un copioso nivel de rechazo, repudio y odio hacia la negritud y aquellas prácticas religiosas evidenciables en segmentos sociales del país retratados en este tipo de precarios rodajes. Tales tonos ensanchados en la prevalencia de prácticas racistas deben achacársele a las distintas campañas gubernamentales de «blanqueamiento» a lo largo de la historia democrática del país, así como al adoctrinamiento católico. Por ende, la pertinencia y funcionalidad de los alimentos autóctonamente isleños suponen un vínculo con las liturgias religiosas, particularmente aquellas que encuentran sus raíces en África y España para arrojar luz a los intersticios entre las varias complejidades entre memoria y olvido, trauma y cura, historia y futuro, verdad y esperanza, que suelen ser los aspectos más significativos en términos de identidad (Jarrett Bromberg 2015: 2).

Aperitivo: Trujillo y su estimulación agrícola

La cicatriz de la colonización y el manifiesto odio hacia el vecino haitiano, promulgado a raíz de la independencia, prevalecen en aquellos primeros rodajes producidos en la nación a principios del siglo xx, cuando comienza a germinar la semilla del séptimo arte a escala mundial. Destaquemos antes de nada que el cine hace su debut en la República Dominicana relativamente temprano, «en la ciudad norteña de Puerto Plata en una noche de agosto de 1900», cuando Francesco Grecco, un empresario italiano que viajaba por el Caribe, escoge el teatro Curiel para promocionar a los hermanos Lumière (Lora 2007a: 257). Aunque no será hasta dos décadas más tarde, en 1922, cuando el fotógrafo y editor nacional Francisco Palau produzca el primer largometraje netamente dominicano (y no en vano con tintes religiosos), *La leyenda de nuestra señora de Altagracia* (dir. Francisco A. Palau, 1923). Y aun así, «ninguno de estos primeros intentos producen una línea de producción continua y la exploración cinematográfica queda dentro de una pura manifestación artística del momento y no un incentivo industrial» (Lora 2007a: 258). Entre 1930 y 1961 fueron escasos los rodajes de ficción, y aquellos que lograron producirse se presentaron parar honrar, condecorar y dar a conocer las bondades del «Benefactor de la Patria», Rafael Leónidas Trujillo Molina. También tomaron preferencia «noticieros dirigidos a afianzar su poder dentro de un marco de absoluta vigilancia hacia los intereses particulares de la familia» (Lora 2007a: 259). Aunque en el transcurso de su dictadura la creación y producción dominicana sufrió un prolongado hiato y la pantalla grande era única y exclusivamente concedida a la figura del dictador, durante las críticas décadas del trujillato se enardecen aun más las políticas *antihaitianistas* que perpetuaban esa misma lógica discriminatoria y racista evidente en el cine de género, aunque ahora, lejos de las costumbres cotidianas del campo y los productos autóctonos que prevalecen en el «cine de provincia», se vislumbra el extravagante y ostentoso mundo de lujos en torno a la figura del «magnificente mandatario», una riqueza inasequible para la gran mayoría de la población en la República Dominicana.

Podemos concretar entonces que los documentales dominan las tempranas manifestaciones fílmicas dominicanas por más de tres décadas. En 1930, por ejemplo, se presentó en el país «la primera producción con sonido en una película referente a la inauguración del gobierno de Trujillo» (Delgado 2016: en línea). Rafael Augusto Sánchez Sanlley (Pupito), productor de dicha película, es quizás el referente cinematográfico más reconocible durante las tres funestas décadas de dictadura trujillista. Con el auspicio de la primera empresa cinematográfica del país en 1953, «Cinema Dominicana», Sánchez Sanlley produce 13 documentales en torno a la imagen del Presidente, en cuya realización se «destacaban las bondades de la dictadura» (Delgado 2016: en línea). No obstante, el director fue torturado y tuvo que adaptarse a una estructura política rígida y corrupta, pues al ser fiel a la verdadera situación social, «sus documentales mostraban algunos aspectos de la miseria que se vivía en los años 50s en la República Dominicana, mostrando una realidad contrastante entre la carencia material del pueblo dominicano y la opulencia que exhibía la familia Trujillo» (Lora 2007a: 259).

Ahora bien, fue René Fortunato, uno de los directores más experimentados de la pantalla grande y considerado por varios como el padre fundador y prócer del cine nacional, quien produjo un sinfín de documentales en torno a la ubicua imagen del dictador (y otros mandatarios del país) y cuenta en su repertorio de producción con títulos tales como *Abril: La trinchera del honor* (1988), *Balaguer: La herencia del tirano* (1998), *Balaguer: La violencia del poder* (2003) y *Bosch: Presidente en la frontera imperial* (2009). Destacamos en particular la trilogía de *Trujillo: El poder del Jefe* (1991-1996), donde Fortunato abre su miniserie clarificando las maneras en que el «Supremo» se enriqueció con el producto autóctono: el azúcar.

A lo largo de la proyección se declara que después del golpe de estado Trujillo se consolida en el poder tras ganar una campaña de votación dudosa, de naturaleza fraudulenta. Durante su presuntuosa ceremonia de investidura el 16 de agosto de 1930, «se repartieron limosnas a los pobres y se repartió champán sin limites a la oficialidad del ejercito e invitados especiales», marcando desde ya una notoria delimitación entre clases sociales. Las estadísticas calculan que tres cuartas partes de la población dominicana en esta época vivía muy por debajo del nivel de pobreza, e incluso subsistían con 80 centavos por día (*El poder del jefe*). Dentro del plan económico que llevó a cabo a partir de la década de los treinta –Rectitud, libertad. Trabajo, moralidad–, Trujillo diseñó una maquinaria económico-financiera y dispuso una serie de medidas económicas que disminuían las importaciones e incentivaban la producción nacional de arroz, grasas animales, mantequilla y otros productos agrícolas para fomentar el mercado interno.

Hecho un *nuevo rico* en cuestión de unos años (poseía más de 800 millones de dólares, una de las diez riquezas más grandes para la época), en la década de los cuarenta Rafael Leónidas ya tenía bajo su propiedad buena parte de la actividad económica nacional con empresas que monopolizaban la venta y comercialización de los productos básicos, incluida la comida. Además, según recalca el documental de Fortunato, «Para 1960 sus inversiones habrían ascendido vertiginosamente. Llegando a poseer, sólo en la industria azucarera, la más importante de todo el país, el 60% de toda la inversión, dejándoles el 30% a las empresas de capital norteamericano y 10% sectores de la burguesía tradicional» (*El poder del jefe*).

Si bien dichas cifras evidencian ganancias financieras sustanciales, hemos de tener en mente que la gran depresión norteamericana en los años veinte tuvo sin duda alguna un efecto detonador para la economía de la isla, y ya para 1930 la República Dominicana estaba sumergida en la mayor crisis económica como consecuencia de la estrepitosa caída con la compra de la mayor parte de sus productos nacionales en el mercado norteamericano (azúcar, café, plátanos), desplomándose desde el 28% hasta al 9% en el peor momento de la crisis. Para colmo, el inicio de su mandato también se inaugura con la destrucción que asoló a gran parte de la capital tras el ciclón de San Zenón. De ahí que muchos estimen a Trujillo como «el Gran Salvador de la patria», «el papá de los dominicanos» y «el Constructor de un Estado Moderno». Con este mismo pretexto enaltecedor y ante el 49 aniversario de su muerte, en el año 2010 y bajo el auspicio de la Fundación Rafael Leónidas Trujillo Molina, aparece el documental *Trujillo, 31 años de historia perdida*, que se encarga de aplaudir los beneficios del soberano, tanto a nivel político como familiar. Con dirección de Luis José Domínguez T., selecciones del libro *Trujillo, mi padre, en mis memorias* (2009) de Angelita Trujillo –hija predilecta del «Generalísimo»– y producida por Ramfis Domínguez-Trujillo –hijo de Angelita y nieto de Rafael– resulta, como era de suponerse, una producción muy parcializada y sesgada. Con el supuesto afán de aportar al conocimiento histórico sobre «el más fecundo período de la República Dominicana», una sociedad actual que recoge «los frutos que lograra su intensa obra de gobierno», según destaca la misma Angelita al inicio de la producción, la caracterización de Trujillo en esta producción tendrá extraordinaria transcendencia para diversos aspectos relativos al gremio gastronómico. Se destaca, por ejemplo, que en su carta al Coronel norteamericano C. F. Williams en 1918, en la que se postulaba para solicitar un puesto en la incipiente Guardia Nacional, el joven Rafael Leónidas se enardece al admitir que no posee «vicios de tomar bebidas alcohólicas ni de fumar». Además, se sugiere que gracias a su estricto plan de austeridad a su entrada a la presidencia[3], el fomento de producción agrícola (que hasta el momento había estado aletargada) se convierte en la columna vertebral de la economía del país, hasta tal punto que para 1932 el periódico *New York Tribune* reconoce tal hazaña como «el milagro económico dominicano». Para consolidar el tren de producción agropecuario se establece en 1945 el Banco Agrícola de la República Dominicana, perfilado específicamente para abastecer la demanda doméstica del alimento y el desarrollo del comercio exterior, subsanando así la deuda externa del país. Mediante el impulso de las colonias agrícolas –que rendían una doble utilidad, de integrarse a la política de *dominicanización* en zonas fronterizas y abastecer la demanda doméstica–, el gobierno facilita el traslado del trabajador agrícola, donándole una parcela donde le construye una vivienda, le dona un arado con su yunta de bueyes, una vaca lechera e incluso un grupo de gallinas con su gallo. Todo esto «de manera gratuita», pues el único compromiso para el agricultor era laborar y producir la tierra para seguidamente entregar las ganancias de elaboración al gobierno. Fue sin duda alguna este programa el que introdujo un nuevo grupo étnico a la isla, los japoneses, quienes son, aun en la actualidad, los mayores productores y proveedores de vegetales y legumbres en el país. Según el documental, a mérito de dichas colonias el país llegó a ser productor y exportador de leche, huevos, arroz, plátanos, frutas, carnes y muchos otros productos de cultivo nacional como café y cacao, llegando a recaudar casi 42 millones de DOP en exportacio-

---

[3] Entre estas medidas estaban reducir a 7 los 10 departamentos del gobierno, reducir en un 15% los empleos gubernamentales, la reducción de un 25% de los sueldos, incluyendo el del Presidente, y economía de un 25% en todos los gastos del gobierno.

nes. El país fue tildado por el presidente norteamericano, Franklin Roosevelt, como «el granero del Caribe».

Es sin embargo el género de los *biopics* –subgénero que dramatiza la vida de una determinada figura histórica– el que se lleva la palma al dramatizar aspectos del perfil privado de Trujillo, incluyendo sus vicios e imprudencias, particularmente hacia las mujeres y los haitianos. *En el tiempo de las mariposas* (dir. Mariano Barroso, 2001), basado en la novela homónima de Julia Álvarez, y *La fiesta del chivo* (dir. Luis Llosa, 2005), basado en el texto de su primo, Mario Vargas Llosa, son algunos de los largometrajes que se encargan de llevar a la ficción el ambiente opresivo y transgresor vivido por los dominicanos durante la sangrienta dictadura. Nos enfocamos aquí en el *biopic* nacional *Trópico de sangre* (dir. Juan Deláncer, 2010), el cual supone un ejercicio de memoria histórica a través de un paseo fascinante por las experiencias en familia de las hermanas Mirabal y la culminación de sus protestas para la libertad sindical del país. La película abre precisamente con una secuencia muy hogareña: una de las hermanas sobrevivientes, Dedé, pone la mesa de manera sigilosa como lo hacía cada día su madre desde la desaparición de Minerva, Patria y María Teresa cincuenta años atrás. Esta vez lo hace dentro de la casa museo de las hermanas, donde llega un grupo de estudiantes en pos de aprender sobre el momento histórico que terminó con la vida de las hermanas más reconocidas del país. Cuando jóvenes, las hermanas ayudaban a su padre en la bodega de víveres en la zona rural de Salcedo al tiempo que recibían una educación católica. Pronto son invitadas a una fiesta que el Jefe ofrece en Salcedo, donde la belleza de Minerva embelesa al mandatario de tal forma que la invita personalmente a una cita, a la cual la jovencita se niega. Con miedo y desataco la joven se va de la fiesta sin previo permiso del «Generalísimo», y como resultado termina siendo detenida por las autoridades. Trujillo se ensaña de tal manera en turbar su progreso que no le permite reinscribirse en la universidad hasta no obtener de ella una apología. A la vez que percibimos el mundo alimenticio de las Mirabal, el rodaje también nos adentra en la vida privada del dictador, donde priman los licores de lujo, el champán y ostentosas cenas en palacio. Estas imágenes contrastan con secuencias en la cárcel, donde cientos de hombres, encarcelados por participar en uno de los complots contra Trujillo ideados por Minerva Mirabal, son forzados a comer desnudos las vísceras crudas de animales en la misma lata en la que deben orinar y defecar. Al respecto, el argumento de Ben Highmore, quien insiste en la importancia del crisol de la política en la alimentación, evidencia que «la degustación de la comida es una manipulación de lo sensible, una forma de otorgar y degradar, de dar y sacar valor» (2010: 126; mi traducción).

Basta resaltar que en todas aquellas prácticas culinarias en que se observa al dictador –ya sea personaje de ficción o en imágenes y fotografías verídicas de su vida– menudea un marcado resentimiento social y rencor contra lo local, y un inusitado blanqueamiento en cuanto a las prácticas alimenticias y preferencias gastronómicas. Su gusto excéntrico no se limitaba a la pulcritud de su aspecto físico, sino también a la copiosidad de la comida y la satisfacción de su paladar. Tal y como explica su propia hija en su novela biográfica, su padre cenaba con meditada precisión de 5:30 a 6:00 de la tarde, y se rumorea que sus grandes banquetes y ostentosas fiestas estaban repletas de jamón, quesos importados, carnes, pescados e incluso caviar. En su alimentación diaria primaba el tocino español, que había probado por vez primera en una de sus visitas a su homólogo español, Francisco Franco, dejando en evidencia una inusitada preferencia por la comida extranjera y europeizada. Aun así, entre sus platos predilectos estaba lo criollo, pero siempre con productos de primera calidad e incluso importados de Puerto Rico, como el sancocho con pollo –plato fundamental para la dieta del dominicano. El gusto del hombre a la hora de comer es indicativo de su modo de actuar, en cuanto el sabor es una negociación peligrosa, en palabras de Highmore.

Plato fuerte: La comedia y su criollización

La figura del «Generalísimo», su sangriento régimen y su subsecuente asesinato propulsaron, después de 1961, la necesidad de hallar una válvula de escape, y fue posiblemente en la comedia donde tanto la sociedad como el mismo cine lograron tal amparo. El proceso intuitivo y dramático de la comedia es, al fin y al cabo, lo que ansía el público local y nacional tras años de sombría dictadura, y por ende tanto la pantalla chica como la grande se convierten en plataformas idóneas para gestionar una identidad dominicana sin tintes de índole política. En cierta forma se revierte la triste historia del pasado y se ofrece en su lugar un homenaje permanente mediante el poder de la ficción cinematográfica. De ahí que *Nueba Yol, por fin llegó Balbuena* (dir. Ángel Muñiz, 1995), *Sanky Panky* (dir. José Enrique Pintor, 2007) y *Tubérculo Gourmet* (dir. Archie López, 2015) se conviertan en éxitos taquilleros que se aprovechan de la popularidad de archiconocidos personajes de la televisión —como lo son los humoristas transformados en actores Ángel Muñiz, Fausto Mata y Raymond Pozo— para calar en el público dominicano. Estos adefesios cómicos, que suelen ser mulatos, de barrios marginales y con precario nivel educativo, se apartan de cualquier tipo de estigma o paradigma negroide y hacen alarde de sus raíces africanas, pocas veces enaltecidas tanto por el dictador como por el cine en el pasado reciente de la nación.

A veces catalogados por la crítica como rodajes carentes de valor estético y artístico, estas producciones comerciales apuntalan dinámicas sociales, culturales y étnicas que ponen de manifiesto las bases teóricas en torno a la identidad dominicana a la vez que comienzan a gestar un interés artístico por un séptimo arte de carácter ciertamente autóctono y criollo. Tales son los veredictos adjudicados por el cineasta Agliberto Meléndez, para quien estos rodajes «no son retratos amables, pero son retratos honestos, auténticos» de la sociedad dominicana, y por el crítico de cine Armando Almánzar, quien dictamina que este «ha logrado plasmar lo que somos en materia de la alegría que vivimos diariamente a pesar de nuestras desgracias» (Lora 2007b: video).

Tomemos como ejemplo la película de 1995 dirigida por Ángel Muñiz, *Nueba Yol, por fin llegó Balbuena*[4], una «simpática historia para todas las edades» que sigue al recién enviudado Balbuena (protagonizado por Luisito Martí) en su fatídico viaje desde su barrio en Santo Domingo hasta la Gran Manzana, «tierra del *jamberger* y el *jatdog*», como versa la canción de Celia Cruz que acompaña una de las secuencias filmadas en Nueva York. Cansado de vivir en un país donde «el que quiere comerse un huevo tiene que ponerlo primero», el protagonista deja la República Dominicana y sobrevive inicialmente con unos familiares en un precario apartamento en Washington Heights, donde viven como «sardinas en lata». Entre las múltiples peripecias a las que se enfrenta y la amplia gama de obstáculos que debe afrontar—encontrar trabajo, ocultar su estatus legal en el país, conseguir vivienda, y comunicarse en inglés—el protagonista es incapaz de asimilar las prácticas alimenticias del nuevo país pero coincidentemente subsiste trabajando como cocinero en un restaurante mexicano.

Sobran las alusiones a la comida quisqueyana en el humor de Balbuena. Por ejemplo, ante la sorpresa del funcionamiento de un sofá-cama, el cómico discurre: «¡Primo, quien haya inventado eso no vio un plátano ni de lejos», aludiendo así al trópico como metonimia de un subdesarrollo intelectual característico de mulatos y campesinos como él. Interesa recalcar que el plátano, estampa alimenticia regional y prototipo de la dieta dominicana que a la vez que estimuló la economía durante la dictadura del 1930, fue por veces el único

---

[4] La filmación obtuvo más de 700 000 espectadores en las salas de cine nacionales y logró recaudar 400 000 US$ en la isla y más de 5 millones en los Estados Unidos (Lora 2007a: 102).

alimento asequible al mismo agricultor que lo cultivaba. De ahí que dicho producto «preside o acompaña la cotidianeidad culinaria dominicana, en sus variantes majada del desayuno o la cena (mangú), frita, en los llamados tostones o fritos verdes, o en el mofongo, plátano frito y majado, mezclado con distintos tipos de carne o camarones» (Oviedo 2010: 12). La ridiculez de las observaciones de Balbuena ante ciertos alimentos autóctonos destapa paradigmas asociados con el carácter del dominicano rural, aquel del cual Trujillo hizo su pilar económico mientras obviaba el propio avance social, económico y político de los trabajadores.

El humor también sirve de disfraz para que el rodaje «demonice la cultura americana» (Valerio-Holguín 2003: 89) de varias formas; la aberración de la insípida comida en Estados Unidos es una de ellas. Tales secuencias por parte del director arrojan luz sobre la encrucijada transcultural y globalizada que viene cociéndose en la *dominicanidad*, perfil social y cultural del dominicano. ¿Somos lo que comemos únicamente cuando lo hacemos en el mismo lugar del que nos originamos? Cuando trasladamos nuestras vidas a otro espacio, ¿trasladamos también nuestro paladar? Debemos constatar que, tal y como indica el PEW Research Center (1990), la población de origen dominicano creció más de un 300 por ciento, pasando de 517 mil personas a un millón 800 mil. El inmigrante, y cito a Gónzalez Arnáiz, «no es una persona que viene a curiosear o a disfrutar. Tiene vocación de permanencia y es esa vocación la que suscita la tensión cultural» (2002: 81); su proceso de (a)culturación supone un ejercicio extenuante. Retornemos al filme y echemos un vistazo a las hijas del primo de Balbuena, quienes, ya (a)culturadas al modelo de alimentación estadounidense y en un intento por «blanquear» su identidad, han acostumbrado su paladar a la comida rápida, como la ofrecida en McDonald's. Para ellas el consumo de la comida americana evoca un rechazo no sólo del plato autóctono quisqueyano, sino también del ambiente cultural y opresivo del que provienen, de ahí su adversidad a este exógeno primo dominicano, quien intenta fallidamente caer bien. Lidia Marte, antropóloga que estudia la memoria culinaria del dominicano residente en Nueva York, propone que la persistencia del lugar de origen está vinculada a la frecuencia con la que se consume y se crean memorias concretas en torno a la comida en el exilio. «Las plantas alimenticias —y las cocinas que las utilizan— tienen fuertes puntos de referencia a la patria no como nación sino en relación al espacio, pues están asociadas con ciertos ambientes culturales en la República Dominicana» (Marte 2008: 29; mi traducción). La autora agrega que «los recuerdos en torno a la comida necesitan apoyo concreto del acto de cocinar, o al menos de prácticas de consumo, y con cierta frecuencia», puesto que es precisamente su «condición ordinaria la que convierte narrativas de recuerdos ordinarios en poderosos espacios para procesos culturales».

A pesar del incremento en la afluencia migratoria a partir de 1990, la segunda parte de la década irónicamente evidenció el crecimiento de la economía de la República Dominicana, para ese entonces la mayor en toda Latinoamérica. En este marco, la economía-sociedad dominicana se inscribió en procesos de globalización característicos de una apertura en el comercio nacional, aumentando «el acceso a productos de zonas distantes y la compresión del tiempo del transporte, así como el progreso en las técnicas de conservación de alimentos, haciendo posible el incremento de la posibilidad de adquirir productos y especias otrora distantes e inasequibles» (Oviedo 2010: 43). Este es precisamente el escenario en que se rueda otro de los platos fuertes en la taquilla de la filmoteca nacional, la comedia musical *Sanky Panky* (dir. José Enrique Pintor, 2007). La película obtuvo el reconocimiento y la financiación necesarios para producir una secuela, que por conflictos externos a la producción no fue rodada hasta 2013 pero que gozó igualmente de récords taquilleros en toda la isla e inclusive en Puerto Rico, donde se estrenó simultáneamente.

En la primera parte de *Sanky Panky*, Fausto Mata, el actor cómico televisivo que da vida a Genaro, se inserta en el liminal mundo del turismo con la intención de salir legalmente de la isla, dejando atrás un mísero colmado donde escasean tanto la comida como los clientes, sinécdoque este de la deplorable situación económica que lo hostiga. Puesto que «no tenía el valor para irse en balsa... ni el corazón para cometer un delito», como apunta el afiche de la película, recurre a la única opción viable para dirimir su miseria: conseguir trabajo en un hotel y convertirse en *sanky panky*. Es justamente allí donde, junto a sus dos amigos del barrio, Genaro confecciona su cómico plan para conquistar a una gringa con la esperanza de que esta le provea un visado a Estados Unidos. Las imágenes culinarias aquí son múltiples y auscultan, desde el ángulo del trabajador del turismo sexual, prácticas trasnacionales que nuevamente nos desvelan la precaria situación socioeconómica y cultural del isleño de color. Comencemos con una secuencia en la cafetería del hotel de cinco estrellas donde el protagonista desarrolla su labor diaria como «animador de turistas». Sentados en el comedor y esperando la llegada de sus acompañantes gringas, los tres comensales dominicanos comentan:

    –¡Diablos Genaro, cuanta comida hay en este hotel!
    –¿Qué es eso que tú tiene [sic] en ese plato?
    –Mangú.
    –¿Mangú?
    – Ajá...
    – ¡Mira eso, un vívere comiendo víveres! Pero pedazo de ñame, ¿tú vas a venir a un hotel de cinco estrellas a comer mangú?
    –Es que a mí el soufflé como que no me sienta bien.

El soufflé, ese «otro» desconocido para el isleño, no lo nutre de la misma forma que lo hace el mangú, plato íntimo y más afín a su *caribeñidad*. Motivada por descifrar cómo la preparación del mangú, un plato tan sumamente ligado a la opresión, perdura como estandarte de la emancipación y la creatividad dominicana, Lidia Marte (2008: 58) también estudia las formas en que el mangú se convierte en estandarte de la culinaria dominicana. Al infundir un sentido de permanencia en una práctica comunitaria arraigada y perteneciente a la tierra/nación, el mangú se torna nuevamente en la preferencia alimentaria criolla, aun habiendo el contacto/contaminación de otras gastronomías.

Que conste que en *Sanky Panky* es el blanco extranjero quien visita la isla hambriento/a por devorar el trópico, tanto su forma alimenticia como corpórea, lo cual corrobora por un lado que la comida del hotel se prepara consciente del paladar extranjero y no necesariamente enardeciendo la gastronomía local, y por otro, que el cuerpo del mulato/a se exhibe como parte del menú a ser consumido por el turista en su paquete *all inclusive*. Como postula Fabio Parasecoli (2014: 133), en el imaginario occidental el Caribe ha sido etiquetado como lugar de escape, fantasía y explotación, así como de contaminación de raza y clase. Por su parte Bell Hooks en «Eating the Other: Desire and Resistance», donde indaga sobre el mercantilismo del «otro» que subsiste en dicha sociedad occidental, define el área como «un nuevo *delicatesen*, más intenso y gratificador que las formas tradicionales de sentir y hacer las cosas» (1992: 21). Para Martha y sus tías rechonchas, la República Dominicana y Genaro constituyen ese nuevo *delicatesen* adepto a su paladar foráneo. Tanto así que cuando la gringa termina rindiéndose a los encantos del protagonista mulato, este se la lleva a su barrio para agasajarla con una fiesta de compromiso donde priman el sancocho, el mangú, el salchichón y el baile. Los festejos, según alega Roberto González Echevarría en su estudio sobre la insularidad de Cuba, «son estratagemas a través de las cuales una determinada cultura estructura su historia y representa sus conflictos y contradicciones así como sus armonías y procesos» (2010: 26; mi traducción). En su artificialidad, ingenio y teatralidad, la fiesta es posiblemente la más auténtica representación de la cultura dominicana. De hecho, durante el festejo en su casa, Genaro puede despojarse de su disfraz de *sanky panky* y existir autónomamente como un mulato, de escasos recursos económicos y académicos pero fiel a sus raíces criollas. Tanto hombre como gastronomía local conquistan el paladar de Martha de tal manera que, cuando esta vuelve a la isla nueve meses después, anuncia su embarazo al mulato con un antojo de mangú y agua de coco, sugiriendo así la perpetuación de la identidad criolla del feto. En *Sanky Panky 2* el ejercicio de la sexualidad hacia la blanca extranjera se contrasta con un notable recelo ante la posición de la mujer criolla, quien, desprovista del cariño de su marido, se aqueja del rol pasivo y subyugado al hogar. La conversación entre los cónyuges evidencia tal resentimiento:

–Genaro: Me dije: ¡Genaro, tú no puedes perderte esa comida tan preciosa, tan buena, tan sabrosa que te prepara esa negra!
–Esposa: Sí, claro. Me pones a cocinar y tú sigues buscando todas las noches una gringa que te cambie la vida.

Confinada al espacio de la cocina a raíz del matrimonio, la mujer mulata ficcionalizada en el cine puede leerse y entenderse como producto y reproductora de los discursos convencionales y su presencia en pantalla tiene un impacto fundamental en el imaginario nacional dominicano. El impedimento de la individualización de la mujer y su clara domesticación también destapa dentro del género de comedia una sutil pero perceptible crítica de patrones de conducta hegemónicamente varoniles. En definitiva, ambas versiones del rodaje de Pinky conciben una evaluación y un llamamiento al cambio en comportamientos hegemónicos en el tejido social y cataliza, a partir de dichas comedias, un renovado y expectante cinéfilo local, quien recién comienza a decantarse por una programación criolla[5] en un

---

[5] Tal ha sido el caso de *Tubérculo Gourmet*, máxima expectación fílmica en la isla, cuyo título es inseparable de la comida. Producida por el comediante Archie López, ha sido la película más taquillera del 2015 en la República Dominicana, logrando así sobrepasar a un largometraje norteamericano por primera vez en la historia cinematográfica del país. La demanda del público criollo ha sido tal que

país adscrito por décadas a multimillonarias producciones estadounidenses que llegan anualmente a sus 174 salas de cine[6].

Postre: la comedia romántica como antídoto erótico y subversivo

Por último, es quizás en el género de las comedias románticas –que cumplen la función de seducir y embelesar al público con la más fácil de las fórmulas hollywoodenses: chico conoce chica, se enamora, se separa, se arrepiente y resuelve conflicto con una armoniosa reconciliación– donde los rodajes más recientes han calado hondo. Desde la lógica del melodrama, la comida funciona como metáfora sexual, a la vez que las reuniones en torno a la mesa fungen como metonimia de una élite social que comienza a vislumbrarse en el carácter del dominicano moderno, adscrito ahora a «la sintonización del quehacer gastronómico con las tendencias actuales a nivel internacional, en el contexto de una sociedad más abierta, informada y multicultural» (Oviedo 2010: 45). Además, los romances suelen obedecer dentro de la historia del cine a una agenda sensiblera y busca la fácil identificación emocional del espectador, particularmente del cinéfilo femenino.

Tomemos como ejemplo el largometraje *Locas y atrapadas* (dir. Alfonso Rodríguez, 2014), el cual gira en torno a las respectivas vidas amorosas de cinco desconocidas cuyos caminos se entrecruzan cuando se quedan *atrapadas* en el ascensor de un céntrico edificio capitalino. Forzadas a interactuar a fin de evadir las tediosas 12 horas encerradas, las jóvenes narran sus respectivas *preferencias y sabores*

---

la Dirección General de Cine se vio obligada a habilitar un circuito de proyección en video «para presentar la película en aquellas provincias en donde aun no hay salas de cine» (DGCINE: en línea). Dado el nulo acceso a este rodaje, este largometraje no ha podido ser analizado en este estudio.

[6] 500$ RD por entrada y comida (unos 10 usd).

ante el sexo opuesto. Gran parte de las secuencias individuales que aparecen en forma de *flashbacks* dan constancia de la desintegración de conductas heteronormativas en torno a la mujer dominicana, llegando incluso a distanciarlas de aquellas actitudes paternalistas establecidas por y para el dominio del sujeto masculino que primaban en la gran pantalla nacional. Aunque la película resulte predecible, insípida, rozando incluso lo banal, socava la idea de la infidelidad del hombre como sintomático de una insatisfacción o frustración personal, una carencia o debilidad innata que intenta satisfacerse degustando y desvalorando el cuerpo femenino de manera inapropiada. La preferencia particular en cuanto a la mujer, al sexo y a la comida dan cuenta del sabor como «capital cultural» que permea el ámbito estético de una cierta población.

No sorprende entonces que en *Locas y atrapadas* primen los encuentros amorosos en restaurantes modernos y de precios poco asequibles para la gran mayoría de la población dominicana. La gran urbe capitalina genera un ambiente de sofisticación y modernidad que a su vez sitúa a la mujer en un espacio hasta el momento desconocido, apartado del recinto del hogar. Lejos del latente paradigma de colonización y explotación de la mujer dominicana de color que ha sido estudiado por Kamala Kempadoo en el ámbito del turismo sexual en el Caribe, en pantalla presenciamos el nacimiento de una mujer «blanqueada», que se resiste a la subyugación machista y opta por cobrar autoridad e identidad propia al reivindicar su propio «gusto». El campo estético de la mujer, invariablemente silenciado por el hombre y sugestionado por la aprobación del macho, cobra en este filme nuevas dimensiones.

Tomemos como ejemplo el caso particular de Amanda, cuyo caché y estilo, envidia de todos, nos desvela esta particular visión del «gusto». Su sofisticación no viene de nacimiento; muy por el contrario, Amanda es «una muerta de hambre», como su propia madre la califica, que sólo consigue salir del campo casándose con un magnate metropolitano, quien la conquista inicialmente llevándola a restaurantes de alto calibre, donde se siente avergonzada porque según ella «no sabe comer como los ricos, nunca había estado en un lugar tan refinado como ese, y en su casa sólo come con cuchara». Con el único afán de conquistarla y deleitarse sexualmente tras la cena, el novio comienza a comer con las manos. La nula formación de la mujer ante el protocolo y etiqueta de mesa circunscribe dicotomías entre los gustos de lujo de la clase burguesa y los gustos de necesidad presentes en la clase obrera.

Curioso que la sociedad dominicana reflejada en estos largometrajes sean profesionales estudiados que gozan de todas las libertades que ofrece una acomodada vida moderna, donde la cocina ya no es el centro de las negociaciones familiares, y ésta se reemplaza por laboratorios culinarios/públicos, ya sea en restaurantes de caché, centros comerciales o establecimientos callejeros de comida rápida, apartados del espacio doméstico/privado. Para Oviedo, esta misma tendencia hacia la profesionalización del dominicano moderno y la inserción femenina en el mercado laboral ha dado cabida a una serie de cambios en la dinámica doméstica del hogar quisqueyano, como almorzar fuera, salir a cenar los fines de semana y modificar un conjunto de discriminaciones domésticas en su posicionamiento y movilidad.

A esta incipiente «globalización» de las tradiciones que circundan al acto de comer y las preferencias de consumo de alimentos y espacios de consumición, se puede equiparar una inminente hibridez étnica y racial en los propios protagonistas. La comercialización y las técnicas modernas responden a un incipiente grupo de jóvenes emprendedores que pretenden emular todo aquel comportamiento distintivo del coloso del norte. Con carreras universitarias a cuestas, trabajos bien remunerados y viviendas poco usuales para el dominicano promedio, en pantalla se simula una modernidad social estereotípicamente asociada a los *chick-flicks* estadounidenses. Así como el cruce y cuece de sustancias alimenticias, tanto física como metafóricamente hablando, conlleva un proceso de fusión y blanqueo, así también la lógica blanco-negro comienza un proceso de significativa reapropiación en la esfera del cine dominicano. Los elencos de las producciones románticas del nuevo siglo se decantan por actores «blancos» que comienzan a reemplazar la imagen del humorista mulato que se venía destacando en la década anterior.

Esta misma retórica del sabor o prevalencia masculinizada es socavada en *¿Quién manda?* (dir. Ronnie Castillo, 2013), un romance con tintes de humor, magistralmente interpretado por dos de los actores más preparados del repertorio nacional actual, Frank Pedrozo y Nashla Bogaert. En sí la película de Castillo se cimenta en la retórica de la ambigüedad creada alrededor del amor y la inherente «rienda de la relación» –sugerida en el título y afiche, donde aparecen los protagonistas sentados a la mesa, brazos en posición de contienda, mirándose con seductora complicidad en una lucha de género que está culturalmente dispuesta a desafiar la hegemonía paternalista y sexista que venía tanteándose en las comedias. La preferencia y el paladar femenino toma precedencia ahora, equiparándose al deseo sexual de su contrapartida masculina, pero retando prácticas hegemónicas anacrónicas.

En el rodaje, el ególatra protagonista, protagonizado por el galán dominicano del momento, Pedrozo –prototipo sin duda alguna de la emergente élite «blanqueada» del país–, vive de acorde a una teoría infalible: tres meses es todo el tiempo necesario para enamorar y olvidar a una mujer. Sus conquistas amorosas son la envidia de sus amigos, quienes carecen de las artimañas pasionales de las que presume nuestro protagonista. Para Alex cualquier lugar es propicio para conocer a una mujer, incluso un supermercado. Es allí donde acecha a su primera víctima, una rubia de la que se queda prendado y sigue hasta su coche para hacerle entrega de un paquete. «Se te olvidaron los huevos», le dice provocativamente, haciendo una obvia alusión fálica hacia su propio pene. En esta primera secuencia, Alex deja en evidencia que su sentimiento hacia las mujeres es de simple consumo humano: saciar una necesidad básica sin tener que ir más allá del límite de los tres meses. De hecho, el especialista en Filosofía dominicana 101, como él mismo se cataloga, le garantiza a sus colegas que «hambre que espera hartura, no es hambre», y por eso a la mujer, como al buen plato culinario, se la conquista, se la degusta e *ipso facto*, se la desecha. Pero el amor lo embriaga todo.

Alex vive al filo de su teoría hasta que conoce a Natalie, de quien se enamora hasta el punto de perder la cuenta de los tres meses. Sabemos que Natalie será diferente de las demás pues se nos ha presentado como una mujer independiente, decidida y sin miedo a salirse de los confines de la femineidad implementada por los hombres. En su primera aparición en escena, la joven afortunada acompaña al hombre con el que ha estado saliendo por dos meses; ambos están sentados en un restaurante cuando el camarero pregunta, «¿qué desea la señorita?», y el descortés galán que la acompaña procede a su propio pedido, sin tomar en cuenta lo que a ella le interesa tomar y obviando por completo el protocolo de un caballero. El hombre antepone su gusto ante el de la mujer. Al sentirse infravalorada, Natalie deja al novio y comienza una nueva relación con Alex, el apuesto y egocéntrico protagonista –prototipo sin duda alguna de la emergente élite del país.

Con Natalie, la situación es diferente. No sólo se preocupa por saber qué preferencias tiene a la hora de la comida, sino que además muestra un genuino interés en la chica al convidarla a su propia casa para cenar, haciendo que el encuentro sea más personalizado y ameno. Así nos lo da a entender su padre el chef, quien es el encargado de traer la comida ya preparada y además se sorprende de que su hijo no lleve a su nueva conquista a un restaurante a comer, como suele hacer con «todas las muchachitas». La secuencia de la cena gira en torno al alimento y su yuxtaposición sexual, lo que notamos claramente en la retórica erótica utilizada por ambos comensales:

>   –¡Uhm, está bueno! ¿Tú cocinaste?
>   –[después de dudarlo un minuto] ¡No!
>   –¡Lo sabía!
>   –¿Y cómo tú sabías? Tú no sabes si yo cocino.
>   –Intuición femenina.
>   –¡Ah! ¿Y tú, cocinas?
>   –¡Tú tienes que probar mi sazón!

Probar las delicias del alimento local se equipara con saborear el cuerpo y saciar el hambre carnal que permea el discurso de los protagonistas. Después de todo ambos, la comida y el sexo, ofrecen placer, recalca Michel de Certeau. De hecho, la conversación entre ellos sigue un *in crescendo* erótico que es homologable con sus propios instintos carnales. Aquí la comida surte un efecto afrodisíaco al inducir a los protagonistas a un divertido juego de seducción para, como propone Alex, «irse conociendo mejor».

>   –¿Dulce o amargo?
>   –Cremoso
>   –¡Oh!
>   –¿Frío o caliente?
>   –Picante

El frenesí sexual y la conexión espiritual que los une deja a Alex rumiando su felicidad y saciedad, tal y como si siguiera saboreando, después de una apetitosa comida, el gusto de los antojos digeridos. Para Alex, Natalie se convierte no únicamente en plato de comida que lo deleita, sino en exquisito menú por el cuál está dispuesto a perder todo, incluso el control remoto. «¡Agarre su control que con mi comida no se juega!», le indica a Natalie cuando esta insinúa cesar sus coitos nocturnos si no le entrega el «control» remoto. El placer sexual, así como aquel que oferta la comida, constituyen ahora la felicidad ininterrumpida del protagonista.

La hibridación producida a raíz de la globalización «ha ampliado y diversificado la oferta culinaria en el sector restaurador dominicano, pero no ha desarrollado un diálogo con la cocina doméstica que facilite un redescubrimiento y revaloración de la gastronomía criolla, y por ende, no ha fortalecido la incorporación de elementos identitatios» (Oviedo 2010: 45). A medida que va desapareciendo la comida regional de la que se venía haciendo alarde en la comedia nacional, en el plato gastronómico comienza a promoverse una inusitada inversión en la modernidad, en lo extranjero inclusive. Gran parte de las secuencias son rodadas en restaurantes que poco o nada aportan a una idea sólida de la gastronomía autóctona, favoreciendo establecimientos que pecan de una inusitada hibridez gastronómica. Ahora bien, la carencia del plato autóctono preparado en el hogar, con la que se venía dibujando cinematográficamente la idiosincrasia dominicana, evidencia en estos largometrajes una hibridez culinaria que «eufemiza las desigualdades económicas, modos de inclusión y segregación que se desea ocultar», según constata Néstor García Canclini en su estudio *Culturas híbridas* (1990: 36).

Conclusión

Un recorrido historiográfico de la gran pantalla nacional indica que las imágenes alimenticias –ya sea con cenas, con ceremonias alimenticias, y con la ausencia o preparación de la comida– configuran una amalgama de características que ofrecen nuevas opciones en torno a una emergente «identidad nacional». A la vez que se muestran comportamientos comunes y habituales del dominicano a través de sus hábitos alimenticios, también salta a relucir la importancia del alimento autóctono en la configuración identidad criolla. A partir de varios largometrajes taquilleros en la República Dominicana, hemos visto en qué maneras y con qué finalidad las imágenes gastronómicas expuestas en pantalla formalizan un fenómeno ecuménico de la sociedad dominicana actual. A la vez que experimentan con nuevas tendencias cinematográficas, tanto en la trama central como en la preparación técnica, estas filmografías rebasan los valores tradicionales en torno a la comida para dar cuenta de perceptibles cambios en los paradigmas sociales, políticos e intelectuales del dominicano contemporáneo.

El constructo histórico y sociocultural de la República Dominicana se pone en entredicho en ciertas prácticas en torno a la mesa que participan en la afirmación de una identidad dominicana que, a pesar del achacable blanqueamiento que estas generan en pantalla, resisten tendencias hacia la homogeneización cultural implícita en el séptimo arte. Cocinar, como rodar películas, es en sí una forma de creatividad, dando así cabida a la actividad física que de otra forma sería invalidada en la actualidad de los personajes, dadas las carencias económicas a las que algunos de estos están sujetos. En un término final este compendio de películas podría leerse como una suerte de recetario que reúne valiosos antecedentes sociales que dialogan entre sí y nutren la relación entre la comida y el erotismo, el comer y el hablar, comida y raza, alimento y clase social, el hedonismo y las connotaciones culturales en torno a la formación de la *dominicanidad*.

Bibliografía

Davis, Martha Ellen (1987): *La otra ciencia: el vodú dominicano como religión y medicina populares*. Santo Domingo: Editora Universitaria Uasd.
Delgado, Esteban (2016): «La historia del cine dominicano tiene casi un siglo». En *El Dinero*: <https://www.eldinero.com.do/24766/la-historia-del-cine-dominicano-tiene-casiun-siglo/>.
De Maeseneer, Rita (ed.) (2010): *Saberes y sabores en México y el Caribe*. Amsterdan / New York: Rodopi.
DGCINE (2010): «Tubérculo Gourmet, nuevo fenómeno del cine

dominicano». En DGCINE: <http://www.dgcine.gob.do/esp/index. php?option=com_content&view=article&id=649:tube%CC%81rculo-gourmet,-nuevo-feno%CC%81meno-del-cine-dominicano&catid=27&Itemid=294>.

GARCÍA CANCLINI, Néstor (1990): *Culturas híbridas. Estrategias para entrar y salir de la modernidad.* Buenos Aires: Paidós.

GONZÁLEZ ARNAIZ, Graciano (2002): «La interculturalidad como categoría moral». En *El discurso intercultural. Prolegómenos a una filosofía intercultural.* Madrid: Biblioteca Nueva, 77-106.

GONZÁLEZ ECHEVARRÍA, Roberto (2010): *Cuban fiestas.* New Haven: Yale University Press.

HIGHMORE, Ben (2010). «Bitter after taste. Addect, food, and social aesthetics». En Gregg, Melissa & Seigworth, Gregory J. (eds.): *The affect theory reader.* Durham: Duke University Press.

HOOKS, Bell (1992): «Eating the other: desire and resistance». En *Black looks: Race and representation.* Boston: South End Press, 21-39.

JARRET BROMBERG, Shelly (2015): «Off the map: memorializing trauma in 21st century dominican identity». En *Alter/nativas* 5: 1-24: <http://alternativas.osu.edu/assets/ files/Issue5/essays/jarrett.pdf>.

KEMPADOO, Kamala (2004): *Sexing the caribbean: gender, race and sexual labor.* New York: Routledge.

LORA, Félix Manuel (2007a): *Encuadre de una identidad audiovisual.* Santo Domingo: Valdivia.

— (2007b): «Un rollo en la arena». En *Encuadre de una identidad audiovisual: evolución y perspectivas.* Video.

MARTE, Lidia (2008): *Migrant seasonings: food practices, cultural memory, and narratives of «home» among dominican communities in New York City*: <https://www.lib.utexas.edu/etd/d/2008/martel79117/martel79117.pdf>.

OVIEDO, José (2010): «Perfil de la gastronomía dominicana». En *Sabores. Fundación gastronómica dominicana:* <https://issuu.com/fundacionsaboresdominicanos/docs/perfil_de_la_gastronom__a_dominican>.

PARASECOLI, Fabio (2014): «Representations of caribbean food in the U.S. popular culture». En Beushausen, Wiebke / Brüske, Anne & Commichau, Ana-Sofia & Helber, Patrick & Kloß, Sinah (eds.): *Caribbean food cultures: Culinary practices and consumption in the caribbean and its diasporas*. Bielefeld: Transcript.

Tobin, Ronald (1990): *Tarte à la crème. comedy and gastronomy in Molière's theater*. Columbus: Ohio State University Press.

Tomé, Patricia (2012): «Miedos infantiles, adolescencias transgresoras: religión, política y sexualidad en el campo del horror dominicano». En Díaz Zambrana, Rosana (ed.): *Horrofílmico*. Puerto Rico: Isla Negra.

Valerio-Holguín, Fernando (2003): «Santo Domingo, Nueba Yol, Madrid: migración e identidad cultural». En *Cuadernos Hispanoamericanos* 637-638: 89-93.

Reconstruyendo la historia dominicana
La narración oral en *Perico ripiao* de Ángel Muñiz

Naida García Crespo

Trabajando bajo el disfraz de la comedia situacional, los largometrajes del director dominicano Ángel Muñiz –*Nueba Yol* (1995), *Nueba Yol 3* (1997), *Perico Ripiao* (2003) y *Ladrones a domicilio* (2008)– abordan debates tan importantes en la sociedad dominicana actual como la represión política, la desigualdad económica y la emigración. Su éxito de taquilla, *Perico Ripiao* (2003), destaca entre sus obras porque ingeniosamente enmarca la acción dentro de la narración oral de una fábula histórica. Aunque *Perico Ripiao* aparenta ser una comedia fantástica, contiene referencias oblicuas a figuras políticas (como Trujillo y Balaguer), eventos histórico traumáticos (como la Revolución de abril y los «12 años» de Balaguer), y prácticas gubernamentales problemáticas (como la brutalidad policial y militar) que hacen que la jovialidad de la comedia situacional funcione como un comentario irónico sobre las estrategias de supervivencia del dominicano común. Al mismo tiempo, el empleo de la poesía y la tradición oral ayudan a marcar los eventos del filme como parte de una importante reconstrucción folclórica de la problemática historia nacional e incitan a una lectura alegórica del filme.

Perico Ripiao abre con una escena que introduce a la audiencia un narrador (José «Pancho» Clisante) con características de bardo, que provee comentarios descriptivos en versos. El uso de la poesía oral como herramienta narrativa inscribe al filme dentro de una de las formas más antiguas pero también más populares de comunicar eventos históricos.

El clasicista John Miles Foley sostiene que «debido a que la poesía oral siempre ha sido una tecnología esencial para la transmisión y expresión de todo tipo de ideas, no separa su función de entretenimiento de su función didáctica, o su cometido artístico de su cometido cultural» (2002: 28)[1]. No obstante su carácter visual, *Perico Ripiao* continúa la labor de entretener, educar y propagar cultura que ha definido a la tradición oral desde sus principios. A pesar de que el poeta oral no está constantemente presente en la pantalla, entra estratégicamente en la acción para proveer comentarios que le dan una forma episódica a la película, y como consecuencia, el espectador depende de él para que lo guíe moral y políticamente a través del cuento. Aparte de construir un marco metanarrativo que nos guía a través de la película, el cuentista también provee un sentido de distancia cronológica y geográfica entre la audiencia y los eventos relatados. En otras palabras, el narrador establece que lo que veremos no es un «reflejo» de nuestra realidad actual, sino algo que pasó en otro tiempo en una tierra no tan lejana.

En su primera aparición en pantalla el narrador se presenta como nuestro guía con una declaración algo contradictoria, que al tiempo que nos asegura su fiabilidad, nos advierte que lo que veremos es *su* versión de lo ocurrido:

> País divino es este
> La chepa es casualidad
> La mentira es verdad
> Y al peso le llaman tolete
> Cuentero soy y decente
> Relato lo comprobado
> Lo que he visto y ha pasado
> En la dichosa frontera
> Con el general Contreras
> Y su perico ripiao

---

[1] Todas las traducciones son mías, a menos que se indique lo contrario.

Como podemos observar, los versos del narrador, en su mayoría, están compuestos como décimas, una de las formas poéticas más populares en la República Dominicana (y el Caribe en general). Eric Roorda, Lauren Derby y Raymundo González nos recuerdan que la décima, en la tradición dominicana, «se usa con frecuencia para observar y comentar acerca de la escena política y social contemporánea de una forma satírica» (2014: 205). Aunque por su cuenta este medio poético provee convenciones formales que ayudan a construir la historia de una forma simbólica, para transmitir efectivamente su mensaje político-satírico el narrador depende de una audiencia que reciba este mensaje. Esta dependencia significa que el acto de narrar implica una colaboración entre el mensajero y su público; según Foley, «el poeta y la audiencia son cómplices en este proceso: construir y recibir están inexorablemente ligados [...] El poeta oral compone en un registro especializado, usando un lenguaje dictado por reglas, bajo la presunción de que la audiencia primaria a la que este se dirige entiende el poema bajo sus propios términos» (2002: 138). Es decir, para que el mensaje de la película pueda ser transmitido de una forma efectiva, el espectador tiene que entender el juego narrativo del poeta/narrador. Por consiguiente, tanto las aseveraciones traviesas del narrador al contar la verdad de una forma creativa como sus referencias sarcásticas al estado de la nación sirven como aviso a la audiencia de que la historia cómica funcionará como alegoría política.

Después de establecer el tono satírico del filme con sus comentarios iniciales, el narrador retorna para introducirnos a los personajes principales de la película, tres prisioneros: Francisco (Raymond Pozo), un rebelde comunista; Mauricio (Manolo Ozuna), un exmilitar; y Manuel (Phillip Rodríguez), el chisme del pueblo. A través de la declamación de versos que exculpan a los prisioneros e implican en su lugar a las autoridades, el narrador condiciona a la audiencia para que simpatice con los tres hombres y desconfíe y tema a sus captores:

> Francisco, Mauricio y Manuel:
> ¿Habrá un hada que los salve?
> Condenados en prisión
> Ya borrados y sin perdón
> Por delitos ni tan graves
> Y gozando los culpables
> Padeciendo el inocente
> Perdidos sus expedientes
> Y ni causa le han pasado
> Siete años ya encerrados
> Y sin ver a sus dolientes

Además de condicionar a la audiencia y señalar a los tres hombres como los protagonistas de la película, mediante estas líneas el narrador logra condensar el tiempo, creando una evidente diferenciación entre el relato poético, el relato visual y la historia de la composición cinematográfica como un todo. Es decir, la película establece dos planos narrativos que contienen claves para su interpretación: mientras vemos un relato que intenta ser apolítico y jocoso, oímos un relato con tonos sociológicos y políticos. Como conjunto, entonces, la película establece una relación dialéctica entre estos dos relatos que nos ayudan a concebir la historia narrada como una reflexión sobre lo que entendemos como Historia (el estudio del pasado).

Aparte de sus complejidades formales, en términos de contenido el largometraje también juega con nuestra percepción de las relaciones de poder entre los personajes. El relato visual establece desde el inicio que a pesar de que los hombres ya han servido más tiempo del que sus crímenes merecían, su supervisor inmediato, el Sargento Quepis (Miguel Céspedes), los mantiene prisioneros porque los ha juntado para formar una banda de merengue muy exitosa. Aunque al principio el filme construye a Quepis claramente como un villano, por su posición de autoridad sobre los prisioneros, más tarde descubrimos que su autoridad no es tan incontestable como suponíamos. Quepis es un soldado de bajo rango: realmente no tiene el poder para tomar ninguna decisión significativa sobre el futuro de Francisco, Mauricio y Manuel. Aún más, mediante el desarrollo de la trama la audiencia se percata de que la posición de subordinado de Quepis lo hace vulnerable a los chantajes de los prisioneros, quienes lo amenazan con reportarlo a sus superiores por deslealtad. Más tarde se logra entender completamente su debilidad cuando los presos consiguen escapar durante su aparición en una fiesta de oficiales de alto rango. Al igual que los prisioneros, Quepis sirve como una herramienta para garantizar el entretenimiento y esconder los secretos de sus superiores. A consecuencia de su posición precaria, Quepis ignora sus verdaderas obligaciones como soldado y se dedica en su lugar a complacer a las élites para ganar su sustento.

La bravura inicial de Quepis y su sucesiva debilidad jocosa apuntan a la postura del dominicano promedio en torno a la policía militar: una mezcla de terror y burla. Sin embargo, a pesar de la posición simbólica que Quepis ocupa como autoridad militar, a través de él la película crea una separación entre las transgresiones cometidas por soldados de bajo y alto rango. El hecho de que los soldados de bajo rango abusen de su poder para conseguir pequeñas ganancias personales es, según la película, meramente un síntoma de una cultura de corrupción y violencia que ha venido a definir a la milicia. A su vez, el filme apunta a que los oficiales de alto rango son, en última instancia, una fuente importante de este sufrimiento nacional: son ellos los que adoctrinan e incitan a sus subordinados a cometer actos ilegales como forma de mantener su posición social privilegiada. El largometraje insinúa y luego confirma con la muerte de otro soldado de bajo rango (el visco) y la historia de Mauricio (la cual discutiré más adelante) que estos subordinados son también víctimas a manos de sus superiores; por lo tanto, aparte de reírse de su desgracia, la audiencia debe simpatizar con estos hombres.

El enfoque en la complejidad de las relaciones entre el ciudadano común y las fuerzas de gobierno se ve reforzado al elegir el período de los años setenta como su escenario. Conocido como «los 12 años» de Joaquín Balaguer (1966-1978), el período estuvo atravesado por grandes tensiones políticas y transformaciones sociales. Si bien tras la desaparición física del dictador Rafael Trujillo diversos grupos sociales vieron la oportunidad de vocalizar abiertamente sus reclamos, el régimen de Balaguer mantuvo una postura totalitaria y continuó cometiendo con frecuencia asesinatos por motivos políticos (Moya Pons 2010: 395-403). No obstante, o quizás precisamente a causa de la gran cantidad de violaciones a los derechos humanos, la presidencia de Balaguer sirvió como catalítico para un movimiento social hacia la democracia. Los reclamos de la sociedad civil dominicana llegaron a su punto climático tras el intento de robo de elecciones perpetrado por el gobierno de Balaguer en mayo de 1978, y esos reclamos llamaron la atención de la comunidad internacional y ayudaron a adelantar la transición –aunque llena de obstáculos– hacia una democracia representativa (Moya Pons 2010: 403-404). Este marco histórico de conflicto social entre fuerzas progresistas y opresivas contrasta con la supuesta ligereza del género de la comedia, añadiendo así otro nivel interpretativo entre lo que vemos y oímos en la película y el conocimiento previo que los cineastas suponen en la audiencia.

Una vez establecido que las fuerzas en conflicto son el ciudadano común y los poderosos oficiales militares y de gobierno, el filme subraya el gran desequilibrio entre el poder que estos sectores logran ejercer. Más allá del contexto histórico presente en su escenario, *Perico Ripiao* logra transmitir ese mensaje de conflicto social a través del narrador, quien comenta que los tres fugitivos han escapado bajo las siguientes circunstancias:

> La huya no tuvo madre
> Continuaron sus andares
> Cruzaron llanos y cerros
> Sofocados como perros
> Huyendo a los militares

La referencia del narrador a la diversidad geográfica en la ruta de escape de los fugitivos apunta a la omnipotencia y omnipresencia de las fuerzas militares: no hay ningún lugar donde estos hombres se puedan esconder. Más que una fuerza física, el filme construye al poder militar como operando a un nivel supraliminal, siempre conscientemente presente. En este sentido, resulta interesante que inicialmente Balaguer se haya dado a conocer como el representante intelectual del Trujillato, «proveyendo al régimen con argumentos ideológicos, histórico y estadísticos» para esconder o justificar sus crímenes, convirtiéndose en un «apologista muy elocuente», y por ende, psicológicamente peligroso (Roorda *et al.* 2014: 329). La película logra conectar la incapacidad física de esconderse (representativa del poder bruto del Estado) con la impotencia psicológica de los fugitivos (representativa del poder hegemónico) a través de *flashbacks* que añaden aún más distancia temporal y revelan las razones por las cuales Francisco, Mauricio y Manuel fueron encarcelados, todas vinculadas a los militares.

La primera historia que se nos presenta es la de Manuel: regresando a su casa del trabajo, Manuel encuentra a su esposa en la cama con otro hombre, que resulta ser un militar. A pesar de las súplicas de su esposa, Manuel le dispara al otro y abandona su hogar dándolo por muerto. Más adelante en la historia descubrimos que el hombre no sólo sobrevivió, sino que también se ha complotado con otros para mantener a Manuel en prisión. Hasta este punto de la historia el filme ha presentado a Manuel como una persona acomodaticia, dispuesta a cambiar sus opiniones para complacer a todo el que tenga poder sobre él. Su posición de debilidad ante figuras como Quepis (o incluso ante los otros fugitivos) contrasta con su impulso inicial de violencia. Al responder agresivamente a la ruptura de su vida matrimonial, simbólicamente quebrada por un representante del Estado, Manuel sucumbe al juego de poder del régimen militar, donde la vida del ciudadano es constantemente trastornada y manipulada hacia la violencia. Al presentarnos ese encuentro violento entre Manuel y la autoridad podemos entender su posición previa de aparente debilidad como una reacción a un evento traumático del pasado –en su caso, un enfrentamiento directo con la autoridad que supuso la pérdida de su vida doméstica.

La segunda historia es la de Francisco: tras la llegada de un grupo de rebeldes comunistas a su pueblo, Francisco decide unirse a la causa revolucionaria porque el grupo aparenta estar de moda. A Francisco le gusta la retórica empleada por este conjunto de pseudo-intelectuales, pero en verdad ignora cuáles son sus creencias políticas. Luego de que su mentor le confiesa que le tiene miedo a las bombas y a otras formas de violencia, Francisco se ve envuelto en un complot para dinamitar un edificio del gobierno sin tener ningún conocimiento real de cómo hacerlo. Una vez en el lugar, Francisco le cuenta a un vendedor ambulante su plan y su ignorancia de cómo llevarlo a cabo. El vendedor no sólo ayuda a Francisco a prender las bombas sino que además se encarga de lanzarlas contra el objetivo, pero cuando aparecen en escena las autoridades el vendedor se desvincula de Francisco y lo traiciona. Aunque el tono del relato es claramente satírico-jocoso, ofrece un comentario serio sobre los problemas enfrentados por la izquierda revolucionaria. La corta presidencia del izquierdista Juan Bosch (del 27 de febrero al 25 de septiembre de 1963) fue la señal más evidente del poder de la retórica anticomunista, independientemente de la legitimidad de las acusaciones (Moya Pons 2010: 385). Como sostiene Jonathan Hartlyn, la izquierda dominicana, a pesar de «su propio sentido exagerado de importancia», «no logró establecerse como una fuerza política en las áreas rurales, donde el campesinado era atraído por las fuerzas conservadoras y moderadas, e inclusive algunos grupos de derecha veían a la izquierda tan débil que la reforzaban deliberadamente para sus propios fines retóricos» (1998: 73, 305). Es decir, la burla que el filme dirige hacia la izquierda se puede interpretar como un comentario sobre la necesidad de moverse más allá de la retórica hacia un activismo que se enfoque en proveer soluciones concretas y un conocimiento útil para la población.

Por último, la película nos presenta la historia de Mauricio, la más compleja y políticamente significativa de las tres. Mauricio, como Quepis, era soldado. A pesar de su lealtad a los superiores, estos lo utilizan para «desaparecer» personas y transportar sustancias controladas. Cuando Mauricio se cansa de hacerles el trabajo sucio prepara un plan para escaparse con su esposa a Miami, pero antes de lograr salir del país es descubierto y encarcelado. El arresto de Mauricio apunta a cómo dentro del gobierno de Balaguer, tras el velo de la retórica anticomunista ligada a las tensiones de la Guerra Fría, la milicia radicalizó aún más sus bandos. Como describe José Miguel Soto Jiménez, «[el gobierno] no sólo reforzó y garantizó las posiciones de los oficiales que dieron el golpe para mantener su estatus, sino que inició una campaña dentro de las fuerzas militares de persecución y purga de los oficiales inconformes y disidentes» (1996: 261). Es importante recalcar que el filme vincula la represión militar extrema durante los «12 años» (incluso dentro de sus propias filas) con la emigración. Según Jorge Duany, «en la República Dominicana la migración a gran escala comenzó poco después del asesinato de Trujillo el 30 de mayo de 1961. El volumen de dominicanos admitidos en los Estados Unidos tuvo un incremento diez veces mayor entre los 1950 y los 1960» (2011: 57). La decisión de Mauricio de rebelarse contra sus superiores y emigrar responde a una realidad histórica más que a un mero recurso dramático, ya que como también sostiene Duany los «principios de la migración dominicana en masa tienen su raíz en los disturbios políticos» ocurridos en el país tras la muerte de Trujillo (2011: 58).

Tomadas en conjunto, las tres historias presentan lo ineludible que resulta la represión militar en la vida de los dominicanos. Manuel, un hombre promedio y apolítico, encuentra a la milicia imponiendo simbólicamente su poder mediante una invasión «castrante» de su vida personal. En este escenario el poder militar alegóricamente controla las relaciones familiares, manipulando el comportamiento incluso de aquellos que no presentan amenaza alguna al *statu quo*. En contraste, Francisco, el revolucionario ignorante pero compasivo, busca activamente transgredir y forzar cambios en el sistema político, pero su carencia de recursos y de conocimiento práctico pone de manifiesto que no posee ni las herramientas ni el apoyo popular necesarios para conseguir un cambio significativo. Si de Manuel puede decirse que es complaciente ante el sistema político que lo reprime, Francisco lo ataca directamente, pero incluso el activismo político es insuficiente para contrarrestar el poder del aparato militar. Mauricio, por último, envuelto personal y profesionalmente con la milicia, reconoce los problemas en el sistema e incluso trata de generar pequeños cambios desde adentro, pero encuentra que las dinámicas tradicionales de poder promueven la perpetuación del *statu quo* y extinguen cualquier posibilidad de cambio sustantivo. Es decir, aun formar parte del sistema militar no lo salva a uno de sentirse controlado y oprimido por estas instituciones de poder. En conjunto, los tres hombres representan todos los sectores políticos de la sociedad dominicana: la derecha, la izquierda y los apolíticos. Al final, la película viene a sugerir que independientemente de su posición política o relación con las instituciones de gobierno, todos los dominicanos deben ceder al poder militar o esperar la muerte.

A pesar del mensaje sombrío sobre la corrupción y la violencia perpetrada por el Estado que *Perico Ripiao* aparenta promover, también sugiere que estas circunstancias desoladoras no reflejan el verdadero carácter de la sociedad dominicana. A través del narrador se nos recuerda que aunque la violencia sancionada por el Estado manipula el comportamiento de los ciudadanos, esto no significa un verdadero cambio en los valores tradicionales de la cultura dominicana. Después de presentar las historias de los tres fugitivos, el narrador reaparece para ofrecer comentarios reconfortantes sobre un campesino que ha dado asilo a los tres hombres:

> Gente del campo nuestro
> Almas de tanta bondad
> Que estando en necesidad
> Alimentan al hambriento
> Cobijan el desaliento
> Con sonrisas solidarias
> Prestan caballos y viandas
> Sin esperar recompensa
> Y consideran ofensa
> No aceptar su ayuda sana

Aunque en estos versos el narrador simplifique o glorifique al campesino dominicano, su decisión de retirarse a las áreas rurales de la isla como la localidad donde la «bondad dominicana» todavía reside implica, en el contexto de la historia folclórica, una valuación de un pasado utópico todavía más remoto. Además, el uso del tropo del campesino simple pero caritativo inscribe al filme dentro de una tradición cultural que construye al campo (y más específicamente al trabajador rural) como el corazón simbólico o la «esencia» de la dominicanidad.

Debido a su estatus de símbolo nacional, diversos sectores políticos han usado al campesino como herramienta discursiva (frecuentemente con tonos populistas) para defender su visión económico-social. Por ejemplo, Julie Sellers destaca que desde muy temprano en la formación retórica de la nación dominicana «los nacionalistas señalaron la conexión del campesino con la tierra como símbolo de la pureza, y ese arraigo a la tierra como la esencia de todo lo dominicano. Esta visión colocó al campesino en una posición entre el esclavo negro haitiano y el conquistador europeo de España» (2014: 193). Es decir, estos grupos posicionaron al campesino como el emblema de una identidad criolla autónoma y soberana en oposición a las «amenazas» a la cohesión nacional presentadas por grupos externos (haitianos, norteamericanos, comunistas cubanos, etcétera.). Aunque el narrador nos presenta al campesino como una fuerza apolítica del bien que une al imaginario comunitario, históricamente en la República Dominicana el campesinado ha sido una fuerza política muy compleja, vacilante entre la derecha y la izquierda. Como señala el historiador Richard Lee Turits, el campesinado apoyó a la dictadura de Trujillo porque esta

> Le dio forma a los proyectos del estado para que reflejaran y reforzarán la evolución de las normas culturales de este grupo. Sin embargo, al mismo tiempo, el campesinado presentó un gran nivel de ambivalencia en cuanto al Trujillato, lamentando implícitamente lo que percibieron como un compromiso entre el apoyo que le atribuyeron al gobierno de Trujillo y la expansión de libertades políticas conseguidas bajo los subsiguientes gobiernos (semi)democráticos… Por ende, entre el campesinado, la visión nostálgica del régimen de Trujillo estaba a menudo marcada por una mezcla de deseo y miedo. (2003: 206)

A pesar de que el campesinado estuvo sujeto a las mismas manipulaciones basadas en violencia y recompensa que los sectores urbanos, culturalmente fue mitificado bajo la retórica nacionalista como la esencia pura de la dominicanidad y es, por ende, una parte indispensable de la tradición folclórica a la que el narrador se adscribe.

Al comparar el relato de los fugitivos, que encuentran en el campo un escenario de domesticidad idílica, con los comentarios del narrador, quien destaca que esta domesticidad folclórica es la «esencia» de la dominicanidad, podemos entender esta retirada a la intimidad como un acto de rebeldía ante una cultura de violencia. De esta forma, la representación de la zona dominicana campestre y «humilde» como espacio de resistencia involuntaria pero imprescindible sugiere que el poder corruptor del complejo político-militar todavía no ha logrado borrar todo lo bueno y constructivo de la cultura dominicana tradicional. Aunque la película eventualmente rompe con la visión del campo como un espacio utópico –el campesino no sólo tiene un hijo en la milicia, sino que también respeta y defiende al gobierno y sus oficiales–, igualmente mantiene la idea de lo rural como equivalente de lo moral. Así, vemos al mismo campesino enfrentarse con coraje a los soldados groseros que irrumpen en su hogar en una búsqueda violenta de los fugitivos, aun cuando su acción le puede acarrear la prisión (o inclusive la muerte). La mezcla de estima y crítica al gobierno que el campesino presenta nos hace suponer que todavía tiene una visión idealista de cómo el gobierno debe funcionar, y que está dispuesto a defender esta visión. A diferencia de los fugitivos, quienes luchan exclusivamente por su futuro personal, el campesino está dispuesto a sacrificarse para preservar un ideal noble de beneficio para toda la nación.

Vale recalcar que a pesar de la posición privilegiada del campesino como guía moral, la película no se centra en sus dificultades o en las de otros como él. *Perico Ripiao* tiene que enfocarse en la historia de los fugitivos precisamente porque estos no son ciudadanos ideales y representan mejor, por tanto, las vicisitudes del pueblo dominicano. A diferencia del campesino, quien no vacila en su decisión de vivir a la altura de su concepción idealizada de la «dominicanidad», Francisco, Mauricio y Manuel demuestran que para poder sobrevivir el dominicano promedio manipula a menudo las reglas. Aun cuando se sientan culpables de sus acciones, los tres fugitivos le roban a la clase trabajadora, mienten sobre sus convicciones políticas y religiosas y se hacen de la vista larga al enfrentarse a situaciones problemáticas como, por ejemplo, el tráfico de trabajadores haitianos. En oposición al ideal utópico que encarna el campesino, los fugitivos representan una visión pícara del éxito, asociada en la República Dominicana con el vocablo «tíguere».

Similar al tropo literario del «pícaro», la figura del tíguere también implica un heroísmo astuto, típicamente asociado con alguien de clase social baja que logra navegar y prosperar ingeniosamente dentro de una sociedad corrupta. Según Steven Gregory, en la República Dominicana «la idea del tíguere transmite un significado de audacia, rebeldía, y, sobre todo, inteligencia: ser tíguere es superar los obstáculos, burlarse de las convenciones, y hábilmente, aunque no siempre éticamente, manipular el mundo a su ventaja» (Gregory 2007: 41). Tomando en cuenta esta definición del tíguere, las acciones de los fugitivos pueden entenderse como parte de este sistema alternativo de valores. Por ejemplo, cuando Mauricio, Francisco y Manuel roban la motocicleta de un vendedor callejero cometen un acto moralmente ambiguo: por un lado podemos empatizar con el acto de supervivencia, pero por el otro, a pesar de que el hurto es representado como un evento cómico, podemos sentirnos decepcionados por su atropello de un pequeño comerciante. Vale notar que Francisco (quien se identifica como comunista) discute con Mauricio precisamente sobre este dilema moral, para finalmente llegar al consenso de que su supervivencia inmediata es más importante que la subsistencia del comerciante. Pese a que estos hombres entienden como son oprimidos al nivel personal, al fin y al cabo no se envuelven en un proyecto político-social para mejorar la situación de otros dominicanos con problemas similares.

Ahora bien, el filme sugiere también que todavía hay esperanza para un despertar revolucionario en estos hombres. En el último encuentro entre los fugitivos y sus captores militares, Francisco y Manuel están a punto de ser asesinados en un cañaveral (una referencia clara a la «desaparición» de disidentes políticos durante la dictadura de Trujillo) cuando Mauricio decide arriesgar su vida para rescatarlos. En vez de correr y abandonar a sus amigos (lo que significaría un retorno a la justificación utilizada en el robo de la motocicleta), Mauricio decide actuar por el bien común y enfrentarse a los oficiales abusadores. Aunque los eventos que siguen son realmente fantásticos (Mauricio logra apropiarse de un arma con la cual amenaza al oficial de más alto rango y gana así la libertad de sus compañeros), estos promueven los valores de sacrificio personal que encarnaba ya el campesino, y sugieren la posibilidad de un final feliz para la comunidad unida. Gracias a la noble decisión de Mauricio los tres hombres logran escapar, demostrando así que cuando trabajan juntos, como equipo, pueden vencer hasta a la supuesta omnipotencia de la milicia.

No obstante los aspectos positivos implicados en el llamado a la unidad nacional y al activismo comunitario expuestos en el relato visual, la película termina en un tono pesimista. Tras el escape final de los tres hombres, el narrador reaparece, esta vez para ofrecer noticias desoladoras que contrastan con el júbilo que la audiencia acababa de sentir:

> Los malos en este cuento
> No sufren ningún castigo
> Y peor, son ascendidos
> Y premiados por funestos
> No quedan los malos muertos
> Como hubiese deseado
> Porque fueron trasladados
> Con mayor rango y riqueza
> A seguir con sus bajezas
> Crímenes y contrabando

Mediante el contraste entre el relato visual y el relato oral, el filme subraya que si bien estos hombres encontraron su libertad, sistémicamente nada cambió. Es decir, aunque el relato visual contiene el final feliz característico del género de la comedia situacional, el relato oral nos revela que la historia es realmente un drama desolador. El largometraje reitera un mensaje amargo sobre la inevitabilidad de la corrupción política. Al final, y a pesar de que Mauricio, Francisco y Manuel trabajaron más eficazmente como conjunto, no escogen fortalecer este poder comunitario para denunciar los actos ilícitos cometidos por los militares o para laborar por un futuro mejor para la población en general, sino que eligen desaparecer del ojo público, manteniendo así el *statu quo*. No obstante, y pese a la decisión de los fugitivos de no trabajar como un colectivo, la película termina sugiriendo mediante las palabras finales del narrador que el activismo comunitario es la mejor forma de resistencia disponible para el ciudadano común. En su última aparición, el narrador expresa con tonos de melancolía y júbilo el esplendor que se puede conseguir cuando trabajamos juntos, aun cuando observamos al mismo tiempo a los hombres tomando caminos distintos:

> Ya con esta me despido
> Y al poner punto final
> Me conmueve relatar
> Del perico su destino
> Cada cual por su camino
> Nunca más se han juntado
> Y su música ha quedado
> Resonando en la frontera
> Sin que jamás nadie oyera
> Tan buen perico ripiao

Es mediante el comentario sobre la supervivencia de su música, a pesar de la ruptura del trío, que *Perico Ripiao* apunta al gran potencial productivo del colectivo. Es decir, por su cuenta los hombres no lograron crear nada memorable, pero al agruparse tuvieron un impacto perdurable –podría decirse incluso que mítico–. Una vez más, se elabora un mensaje político alternativo mediante el contraste entre el relato visual y el relato oral. Resulta curioso que a pesar del título de la película –con su referencia al merengue– y de las palabras finales del narrador, que destacan la profesión musical de los fugitivos, muy poco de su historia involucre realmente la producción de música. La referencia a un estilo de merengue muy asociado a la dominicanidad puede entenderse como una alusión política, especialmente si consideramos que la composición musical implica tanto un acto de conjunto como la producción de cultura popular. Al ligar la música (el título de la película) con la libertad (el relato visual), el largometraje conecta el escape de la represión gubernamental con un asidero a las tradiciones folclóricas. De esta forma ambos, el relato oral y el relato visual, sugieren una narrativa nacional alternativa a la presentada por la historia oficial, que se arraiga en la exaltación de lo «típico».

En esa medida, el filme fundamentalmente plantea que aunque los oficiales corruptos se han mantenido en el poder, el pueblo dominicano tiene el potencial de crear o demandar una transformación social a través de actos culturales –como la propia producción cinematográfica, por ejemplo–. Cuando todos los sectores políticos se unan (como lo hicieron Francisco, Mauricio y Manuel) en un retorno a las tradiciones folclóricas, entonces algo verdaderamente grande y duradero sucederá. Aunque el deseo de retornar a un pasado concebido como utópico ante la amenaza de una modernidad que violentamente desgarra el «alma» de la dominicanidad resulte un mensaje muy conservador y esencialista, no es menos cierto que también presenta una visión progresista de la cultura popular como espacio de resistencia, que empoderaría a grupos tradicionalmente concebidos como impotentes debido a su exclusión dentro de las estructuras políticas. Al usar la tradición oral como un vehículo interpretativo, el filme nos recuerda que «el acto mismo de la intervención artística incita a una respuesta al designar un camino específico hacia la comunicación»; en el caso de *Perico Ripiao* este camino comunicativo llama a la audiencia a crear una narrativa alternativa sobre la definición de lo nacional (Foley 2002: 130).

Aunque a primera vista aparente ser una película superficial, a través de la relación dialéctica establecida entre el enmarco narrativo de la fábula oral y la comedia situacional visual *Perico Ripiao* logra ofrecer una crítica mordaz sobre la torcida y problemática historia nacional dominicana. Más allá de sus chistes, a través de los versos del narrador, el largometraje revela que las situaciones cómicas en las que se encuentran los protagonistas realmente sirven como alegorías políticas sobre la relación compleja, y a menudo opresiva, entre el gobierno y los ciudadanos. Además, al presentar sus relatos como parte de un cuento folclórico, promueve la idea de que los hechos pueden residir fuera de la historia oficial y que la cultura popular – el cine, en este caso– puede ser una valiosa herramienta para el activismo social. Mediante el uso de la comedia y la tradición oral Muñiz crea un filme que, además de entretenido, resulta en una crítica poderosa a las políticas del gobierno dominicano.

Bibliografía

Duany, Jorge (2011): *Blurred borders: transnational migration between the Hispanic Caribbean and the United States*. Chapel Hill: University of North Carolina Press.
Foley, John Miles (2002): *How to read an oral poem*. Urbana: University of Illinois Press.
Genette, Gérard (1998): *Nuevo discurso del relato*. Madrid: Cátedra.
Gregory, Steven (2007): *The devil behind the mirror. Globalization and politics in the Dominican Republic*. Berkeley: University of California Press.
Hartlyn, Jonathan (1998): *The struggle for democratic politics in the Dominican Republic*. Chapel Hill: University of North Carolina Press.
Moya Pons, Frank (2010): *The Dominican Republic: a national history*. Princeton: Markus Weiner Publishers.
Muñiz, Ángel (dir.) (2003): *Perico Ripiao*. Santo Domingo: Cigüa Films.
Roorda, Paul Eric & Derby, Lauren & González, Raymundo (2014): *The Dominican Republic reader: history, culture, politics*. Durham: Duke University Press.
Sellers, Julie A. (2014): *Bachata and Dominican identity / La bachata y la identidad dominicana*. Jefferson: McFarland and Company.

Soto Jiménez, José Miguel (1996): *Las fuerzas militares en la República Dominicana desde la primera república hasta los comienzos de la cuarta república: ensayo sobre su evolución institucional.* Santo Domingo: Grupo 5.

Turits, Richard Lee (2003): *Foundation of despotism: peasants, the Trujillo regime, and modernity in Dominican history.* Stanford: Stanford University Press.

Resort, música popular y antagonismos
La comedia *Sanky panky 1* (2007) de José Enrique Pintor

Rita De Maeseneer

Cuando se habla de cine latinoamericano las contribuciones dominicanas no suelen ser las más destacadas ni las más comentadas. El cine dominicano no es muy representativo de las grandes corrientes del área en la que florecieron las ideas sobre la estética de la violencia de Glauber Rocha (Brasil), el cine imperfecto, tal como lo concibió García-Espinosa (Cuba), o el Tercer Cine en las palabras de Getino y Solanas (Argentina). Tampoco las realizaciones más recientes de América Latina provienen de la media isla. La mayor parte de los filmes producidos en la República Dominicana es vista como un elemento de entretenimiento y diversión, y tiene fines esencialmente comerciales. De ahí que las pocas películas exitosas de la isla muchas veces hayan sido comedias; es el caso de *Nueba Yol* (dir. Ángel Muñiz, 1995), un filme con claros ribetes cantinflescos que trata sobre la emigración dominicana a los Estados Unidos en busca de una vida mejor[1]. *Sanky panky 1* (dir. José Enrique Pintor, 2007) pertenece claramente a esta vertiente cómica. Su director, apodado Pinky Pintor, es de origen gallego y reside en la República Dominicana desde 1997. Trabaja en los medios audiovisuales y dirigió revistas musicales, documentales y varios programas televisivos, entre otros un concurso musical titulado «Que viva el merengue». Entre sus películas se encuentran una

---

[1] Para un primer acercamiento véanse los análisis de Tomé, Valerio-Holguín y Tejada.

historia de venganza, *La cárcel de La Victoria, el cuarto hombre* (2004) y algunas comedias: *Sanky panky 1* (2007), *Santi Cló. La vaina de la navidad* (2008) y *Sanky panky 2* (2013).

Sanky panky 1 cuenta la historia de Genaro, un dominicano moreno poco apuesto. Trabaja en un colmado, una combinación de tienda y bar, en el barrio pobre El Capotillo de Santo Domingo. La escena de apertura enfoca a Genaro, quien intenta aprender inglés con mucha dificultad. Se prepara para realizar su gran sueño: irse a Estados Unidos con una gringa vieja, cuyos rasgos serán luego definidos por su amigo Carlitos como «fofa, celulítica, teta, ombligo, teta, blanca como la leche». Gracias a su amistad con el gerente italiano de un resort familiar, Genaro se las arregla para trabajar allí. El que se tenga que disfrazar de pollo como animador de niños no le impide probar suerte con las mujeres: sorprendentemente, llega a seducir a la guapa Martha, una joven norteamericana que para olvidar a su novio pasa allí una semana en compañía de sus dos tías norteamericanas, Helen y Dorothy. Genaro, para conquistar a Martha, pide ayuda a sus dos amigos, Chelo y Carlitos, que mientras tanto han convertido el colmado en una discoteca abierta, a pesar de la prohibición de Genaro de poner música durante su ausencia. Chelo y Carlitos entretienen a las tías, cuyas fantasías sexuales intentan satisfacer, mientras que Genaro va conquistando a Martha. Al final llega el novio de Martha y después de algunos enredos Martha se va; los dos amigos acompañan a las gringas a Estados Unidos y Genaro se queda con La Morena, el apodo de una dominicana que también se busca la vida en el resort y con quien Genaro ha compartido sus penas.

Sanky panky 1, con 800 000 entradas vendidas, fue un gran éxito de taquilla en la isla. Llegó, entre otros países, a Cuba, España, Puerto Rico y Estados Unidos (Boston y Nueva York), y fue subtitulada en varios idiomas. La versión que aparece en youtube ha sido descargada más de tres millones de veces. El éxito de público contrasta con la recepción más bien negativa de la crítica. Los reseñistas han puesto en duda su valor cinematográfico, refiriéndose a ella como televisión cinematografiada o como anuncio publicitario para el Bavaro Beach Resort de la cadena Barceló, donde fue rodada en su mayor parte (Brathwaite 2008: 17; Corniel 2015: 140; Vincenot 2013: 183). Los críticos ven la película incluso como una serie de videoclips, o la han clasificado como cine musical o comedia poco lograda que funciona a partir de binomios fácilmente comprensibles y muy obvios.

En efecto, el género de la comedia parece propiciar que *Sanky panky 1* se articule a partir de una serie de dicotomías en lo lingüístico (inglés-español), lo sexual (hombre-mujer), lo racial (blanco-no blanco), lo geopolítico (norte-sur), lo identitario (nacional-transnacional/global), lo económico-social (turistas explotadores-dominicanos explotados). No obstante, sostengo que por medio de la integración de canciones populares se complejizan algunas de las oposiciones presentes en la película, sobre todo en cuanto a lo nacional, lo sexual y lo lingüístico. Para probarlo, comentaré, por un lado, algunos procedimientos que refuerzan las lecturas dicotómicas, a saber, los rasgos típicos de la comedia y las oposiciones que implica la ubicación en el resort; por otro lado, estudiaré el papel de la música popular, que problematiza esta lectura basada en antagonismos. Más específicamente, me concentraré en el género al que pertenecen las canciones, las relaciones sexuales y emocionales expresadas en la letra y el idioma de las canciones (y de los cantantes) que desestabilizan las oposiciones a nivel nacional, sexual y lingüístico. De esta manera procuraré presentar una aproximación menos blanquinegra que la de los críticos, y subrayar las contradicciones y ambigüedades a las que se enfrenta la media isla.

Antes de elaborar esta argumentación, quisiera explicar el fenómeno del sanky panky[2]. La palabra es una deformación de la palabra inglesa *hanky panky*, que en un lenguaje un tanto desusado puede referir a

---

[2] La ortografía varía bastante, se escribe con o sin guión, en una palabra o en dos, con k y qu. En plural se habla de sankies o los sanky panky.

una relación sexual ilícita. El sanky panky es una figura que aparece en la República Dominicana desde los setenta/ochenta del siglo XX, cuando el turismo masivo fue cobrando más importancia (Gregory 2007; Cabezas 2009). Suele ser un mulato atractivo y políglota que se busca la vida intentando seducir a un extranjero o una extranjera con el fin de obtener beneficios y/o emigrar. Esta suerte de gigoló practica lo que Cabezas llama sexo táctico, «un uso consciente de sexo y afecto para aliviar las necesidades económicas» (2009: 120), es decir, sexo a corto plazo o intermitente. El sanky panky se acerca al concepto muy dominicano del tíguere, un hombre que intenta sacar adelante su vida como sea, incluso rozando con lo ilegal (véase Padilla 2007b).

La figura del sanky panky, que no es vista necesariamente de manera negativa en la República Dominicana, ha sido estudiada con profundidad por antropólogos y sociólogos (Padilla 2007a; Cabezas 2009; Kempadoo 1999), mientras que son más bien contadas sus recreaciones artísticas. En *La estrategia de Chochueca* (2003) la escritora Rita Indiana Hernández toca el tema en un breve fragmento muy irónico. Uno de los amigos de la protagonista Silvia es Salim, un sanky panky que se dirige a una oficina de correos, porque «gracias a un mayor grado de melanina y culipandeo recibía[n] regalos y cartas de mujeres de todas partes del mundo» (Hernández 2004: 22). *Les dollars des sables* (2006), la novela del francés nacido en Argelia Jean-Noël Pancrazi, describe de manera sumamente desgarradora la relación entre un hombre extranjero mayor y un joven muchacho, Noelí, quien será sustituido por otro al final de la novela. Basta con comparar la descripción de Hernández con la de la oficina de Western Union, que respira tristeza y resignación: «[...] a partir de las siete, estarán esperando, antes de que abrieran las rejas, con su cédula en la mano, y sobre todo con los diez números, que les habían comunicado el día anterior por teléfono [...], que les permitiría agasajar, por una vez, a todas las personas que querían, llenar un canasto entero en el *supermercado* Rey [...]» (Pancrazi 2010: 121). La novela es muy distinta de la versión cinematográfica, a cargo de la pareja mexicano-dominicana Israel Cárdenas y Laura Amelia Guzmán. *Dólares de arena* (2014) presenta la relación entre una mujer francesa, ya mayor, y una joven muchacha dominicana, también llamada Noelí. El filme es impactante, porque se limita a mostrar sin juzgarla la relación entre la mujer de edad avanzada, interpretada por una Geraldine Chaplin ya marcada por los estragos de la vejez, y Noelí, que a pesar de la propuesta de emigrar opta por quedarse con su novio dominicano. Está claro que en *Sanky panky 1* José Enrique Pintor aborda el tema desde un ángulo nítidamente diferente, mucho más jocoso.

Después de contextualizar al sanky panky, pasemos a desentrañar los elementos que fomentan las visiones binarias presentes en el filme. Como he anticipado, a mi modo de ver se refuerzan las dicotomías mediante los recursos típicos de la comedia y la ubicación en el resort. Veamos primero de más cerca la influencia del género cómico. En «Comedy and Musicals», Marsh subraya algunos fenómenos recurrentes: se hace hincapié en ciertos rasgos físicos, abundan los gestos hiperbólicos, predomina lo grotesco (2013: 194). Estas características formuladas se pueden aplicar perfectamente a *Sanky panky 1*. En lo físico, los tres actores cómicos del mundo televisivo dominicano, Fausto Mata (Genaro), Aquiles Correa (Carlitos) y Tony Pascual (Chelo), podrían ser equiparados respectivamente al flaco, al gordo y al gracioso. Hacen una constante sobreactuación en su manera de hablar a gritos y en los gestos exagerados. Todo en ellos es grotesco, como por ejemplo, su ropa estrafalaria: en el resort llevan camisas tropicales y collares hechos de conchas, en alusión a un supuesto pasado indígena. Las dos tías gordas son igual de grotescas en su atuendo y su fisonomía. Y cuando Martha y Genaro hacen el amor, la cama chirría que da gusto[3]. Además, muy acorde con la incongruencia típica de la

---

[3] Con razón el comentarista de «Martí Noticias» establece la comparación entre Genaro y el «negrito» cómico del teatro vernáculo cubano (Sosa 2013: en línea).

comedia (King 2002: 5), se producen constantes *quid pro quo*. Como Genaro se presenta a las gringas como el director del resort, tiene que inventarse un *Chicken Day* para justificar su disfraz de pollo en un encuentro inoportuno con Martha. El humor no sólo es situacional, sino también lingüístico. La mala pronunciación del inglés (el cartel que pone «guelcome» para acoger a Martha en el barrio de Genaro) y del español (el grito de las gringas «a gosai»), al igual que las confusiones del tipo mi «visa» en lugar de mi «vida» para dirigirse a Martha, son bastante previsibles. De acuerdo con la índole conservadora de muchas comedias (King 2002: 8), el mensaje que se desprende de la intriga es sumamente moralizante e incluso nacionalista: es mejor quedarse con La Morena antes que con Martha, esa extranjera blanca. Como advierte Patricia Tomé, La Morena, interpretada por Alina Vargas, la hija del máximo merenguero de la República Dominicana, Wilfrido Vargas, encarna a la mujer mulata del país, que «sobreactúa su *dominicanidad*» (Tomé 2010: 410) aunque a la vez se desenvuelve dentro del contexto transnacional que es el resort, como veremos más adelante. El que Genaro elija a una morena y no a una negra no sólo se corresponde con el ideal de la mujer mulata sensual, objeto de deseo del hombre blanco, como imagen de marca del trópico (la palesiana mulata antillana), sino que apunta a la ideología tradicional de la República Dominicana. A causa de una enemistad histórica con los haitianos, los dominicanos se quieren distanciar a toda costa de los negros, para ellos sinónimo de haitianos, los «otros primitivos». Incluso han construido una identidad ficticia basada en antepasados indios de color moreno para no ser asociados al negro (Stinchcomb 2004; Sommer 1983). De ahí que el final feliz de la película pueda ser interpretado como un triunfo de lo dominicano[4].

---

[4] Vincenot opina que Genaro se adhiere a la «identidad afroantillana» (193) al final de la película y se considera como negro. Aunque me doy cuenta de que es una cuestión sumamente delicada, no estoy segura de que Genaro se identifique verdaderamente como negro en el sentido de prieto. Más bien usa la palabra como

También la presencia del resort refuerza la visión blanquinegra que se desprende de la película[5]. En el filme se trata de un resort familiar y no de un *Adult resort*, mucho más concentrado en el comercio sexual, aunque se pueden dar intercambios sexuales en todo tipo de resorts. El resort constituye el entorno por excelencia de la abundancia tropical y de la sensualidad. Es un Edén exótico y en ocasiones erótico. Perpetúa las relaciones de explotación que ya existen desde el mismo descubrimiento de América. Representa de manera metonímica el Caribe como el lugar privilegiado de las «economías del placer», tal como lo ven estudiosos como Sheller y Brennan. De manera tal vez demasiado oposicional, se podría afirmar que en este espacio transnacional los dominicanos buscan un beneficio económico, mientras que los turistas quieren sacar un provecho comercial-sexual, pero sigue existiendo un desequilibrio. Aunque hay explotación mutua la relación es asimétrica, y tampoco resultan muy claras las intenciones de cada parte, como veremos más adelante. De todas formas, el resort es una suerte de zona de contacto. Mary Louise Pratt la describe como «un lugar en el que se encuentran, chocan y luchan diferentes culturas muchas veces en el marco de relaciones sumamente asimétricas de dominación y de subordinación, como el colonialismo, la esclavitud, o sus secuelas tales como son vividas en el mundo actual» (1992: 4).

---

sinónimo de moreno en algunos contextos, por ejemplo, cuando los yuxtapone hacia el final en su enfrentamiento con el novio de Martha: «Tu mujer te botó por este moreno que está aquí. ¿Qué será que tiene este negro que tú no tienes?». La palabra 'negro' más bien se asemeja al uso en canciones como el merengue de Wilfrido Vargas «Mami qué será lo que quiere el negro», o a las salsas importadas en las que la palabra 'negro' es más frecuente que 'moreno'.

[5] En el cuento «Emoticons» de su libro homónimo, Aurora Arias evoca una relación llena de malentendidos entre una española y un mulato dominicano, Pepe, pero «[n]o se consideraba un sankipanqui» (Arias 68). En los estudios dedicados al cuento (McGrath 2012, Easly Morris 2015 y Corniel 2015: 49-62), se formulan algunas observaciones sumamente pertinentes sobre el turismo sexual que me han inspirado para mi análisis del filme.

Otros han propuesto el término de *sexscape* tropical, inspirándose en Arjun Appadurai:

> La noción de *sexscape* incita a reflexionar de modo más amplio sobre la «libidinización» del mundo en el que los estados capitalistas de Occidente «usan su poder "masculino" para "penetrar" en las economías locales», es decir, las que «se han abierto» al capital global bajo el neoliberalismo, «convirtiendo así las naciones dominadas en "lugares de deseo" y "economías de placer"» (Brennan 2004: 24). En este sentido, la dominación no sólo es simbólica, sino también económica, ya que la erotización de las geografías postcoloniales sirve también como un medio de sacar provecho. (Rommen 2014: 270)

Hasta se ha creado el concepto de *porno-tropics*, «un constructo de la expansión europea imperial en el que lugares como África y América eran vistos en la tradición europea como libidinosamente erotizados y se convirtieron en una fantástica linterna mágica de la mente en la que Europa proyectaba sus deseos sexuales y miedos prohibidos» (McClintock 1995: 22). El denominador común de todos estos términos es la desigualdad en las relaciones humanas. Efectivamente, en el resort se distingue entre explotador y explotado, hegemonía masculina y subordinación femenina, blanco y no blanco, estadounidense/extranjero y dominicano, inglés y español (dominicano). Por tanto, en este espacio transnacional que es el resort, quedan señaladas las diferencias económico-sociales, sexuales, raciales, nacionales, lingüísticas, a pesar de ser una zona de contacto.

A primera vista, y en muchas escenas de *Sanky panky 1*, se confirman estas dicotomías. No obstante, se presentan fisuras en los binomios. Así, en una escena en la playa las diferencias raciales son cuestionadas: Genaro no concibe la existencia de parejas interraciales en Estados Unidos, lo cual lleva a un enfrentamiento cuando intenta conquistar a una gringa blanca en compañía de su pareja, un negro de Estados Unidos que Genaro toma por otro sanky panky.

Sobre todo el análisis de la banda sonora contribuye a complejizar la visión antagónica, al menos respecto a lo nacional, lo sexual y lo lingüístico. En particular, la incorporación de canciones de música popular propicia cierto cuestionamiento de las dicotomías –por tanto, dejaré de lado los fragmentos musicales acústicos, la música para cine pre-formateada que en *Sanky Panky 1* responde a códigos musicales cinematográficos estereotípicos y mapas afectivos preconcebidos (tal como lo define Gorbman 1987: 3) y sirve para ambientar la película y/o definir su ritmo. Por ejemplo, un fragmento de música romántica tocada en una guitarra se usa como *Leitmotiv* para evocar la tristeza de los personajes en varias ocasiones y dotar al filme de un afecto sonoro.

Visto que en una canción importan al menos las palabras, el tipo de música y la voz que permiten deducir varias funcionalidades de las canciones (Dyer 2012: 8), he identificado la letra y el título, el género musical y al/a la cantante, además del contexto espacial en que se canta. Las canciones populares que quisiera tratar con más detalle son las diez siguientes:

Título	Cantante (*=Presente)	Género	Lugar
Sanky Panky (ESP)	Claudia Sierra	Funky pop latino con salsa	[Créditos Inicio]
Obsesión	Anthony Santos (radio)	Bachata	9.10: Carro
Pa'la playa voy	Banda*	Perico ripiao	18.20: Guagua
Chocolate	Ingco Crew*	Reggaetón	45.50: Colmado
Pilón	Big Family	Reggaetón	48.17: Colmado -> Resort
Morena	Banda*+Chelo y Carlitos*	Bolero->merengue/rap	53.25: Resort-sala

Esta noche me voy con ella	Watson Brazobán	Salsa	1.02.01:Resort-aire libre
Sanky Panky (EN)	Helen*/Dorothy*/ Martha*	Funky pop latino con salsa	1.10.15: Resort-discoteca -> sala «Tropicalissimo»
Llegó mi mujer	Joaquín (banda)*/ Genaro*	Salsa	1.18.32: Colmado
Voy mal acostumbrado	Henry Santos*	Bachata	1.22.40: Alto de Chavón
Un solo día	Watson Brazobán* + La Morena*	Balada pop	1.39.50: Resort-bar
Sanky Panky (ESP)	Claudia Sierra	Funky pop latino con salsa	[Créditos Final]

Antes de abordar el análisis, quisiera precisar que todas las canciones fueron creadas exclusivamente para la película, con la excepción de las bachatas «Obsesión» de Romeo Santos y «Voy mal acostumbrado» de Henry Santos, del famoso grupo Aventura (actualmente desintegrado). El cineasta ha comentado en una entrevista que integró las canciones de una manera muy deliberada. El director musical, Pachy Carrasco, concertó una cita con Franklin Romero, el dueño de Premium Latin Música, la casa de discos más importante de la República Dominicana, que cuenta en su catálogo con los artistas más representativos del país. Romero decidió participar en el proyecto como productor ejecutivo y asociado. No sólo se han incorporado canciones, sino que algunos cantantes dominicanos realizan un cameo en la película. Por ejemplo, el merenguero El Jeffrey (Engel García) tiene el papel de un sanky panky exitoso en el filme, ya que vive con una gringa vieja en una mansión. El cantante Watson Brazobán, cuya actuación en el filme disparó su carrera musical, canta «Un solo día», una balada pop, en un bar donde se encuentran La Morena y Genaro para hablar de sus fracasos. Aunque Pintor no niega que la presencia de determinados artistas ayuda a la promoción y publicidad de la película, no se puede reducir el filme entero a una secuencia de videoclips[6].

En cuanto a la funcionalidad de las canciones, el mismo director de la película ha insistido en «un sentido lógico y una justificación argumental» (comunicación personal). Las canciones sirven para articular la trama; mayoritariamente intradiegéticas, permiten hacer avanzar el relato y/o anuncian (de modo irónico o no) el desarrollo del filme. Así, la bachata «Obsesión» de Anthony Santos, que se escucha en la radio bastante al inicio, prefigura la intriga: trata de un triángulo de amor, que se podría aplicar a la relación entre Martha, su novio y Genaro. El perico ripiao (o merengue típico) que toca un grupo de músicos en la guagua que lleva a Genaro al resort reboza de optimismo, porque la letra señala que se va a encontrar a «una mujer que le cocine rico». No hay nada más lejos de lo que Martha le va a «cocinar» con su voracidad sexual insaciable. Más bien se invierten los papeles, ya que Genaro tiene que mimar a Martha y cocinar para ella cuando visitan a la mamá de Genaro. «Morena», el bolero convertido en merengue/rap por los dos amigos de Genaro que se cuelan en una banda del resort, subraya la importancia de los rasgos fenotípicos de La Morena. Las salsas «Esta noche me voy con ella» y «Llegó mi mujer» sintetizan la suerte de Genaro, quien por fin conquista a Martha y la lleva de visita a su barrio. De allí van a un concierto en Alto de Chavón, un anfiteatro cultural muy concurrido por dominicanos y turistas. El cantante dominicano Henry Santos, residente en Estados Unidos, dedica la bachata «Voy mal acostumbrado» a Martha, a petición de Genaro. Aquí también es evidente el paralelismo con Genaro, que se «malacostumbró» a Martha. La balada pop «Un sólo día», sobre el enamoramiento repen-

---

[6] Las canciones que trato ocupan unos 19 minutos de la película, que dura 1 hora 52 minutos 42 segundos. Junto con otros breves fragmentos de canciones populares menos importantes constituiría una quinta parte de la película.

tino, es cantada por Wason Brazobán en un bar y continuada por La Morena: «Tal parece que yo me acostumbré a ti en un solo día / Que te ando extrañando como si hace años que te conocía / Tal parece que yo en un solo baile te entregué mi vida / Tal parece que el sentimiento venció las reglas que había». Estas frases pueden atañer de modo retrospectivo a Genaro, quien se enamoró perdidamente de Martha. Pero como La Morena continúa cantando la canción, también podrían aplicarse a ella: La Morena se ha encariñado con Genaro, lo cual al final se concretiza en una relación. Como se puede constatar en el cuadro, en varias ocasiones los mismos personajes (Chelo y Carlitos; Genaro; La Morena) cantan parte de la canción para que la identificación argumental se haga aún más clara.

Más allá del apoyo argumental es interesante considerar los géneros musicales en relación con su pertinencia identitaria. El director ha explicado que no había sido el objetivo explícito presentar un panorama de la música dominicana: «no nos íbamos a cerrar a estilos aunque si queríamos mantener la base rítmica del Caribe y afroantillana para que la película quedara redonda en ese aspecto, pero de ninguna manera renunciar a instrumentos ni a ritmos....» (comunicación personal). No se persigue, por tanto, un afán nacionalista en la elección de las canciones. Esto no quita que gran parte de las canciones se correspondan con la imagen de marca que se suele asociar a la isla y al Caribe en su totalidad: bachata, merengue, salsa, bolero, y todo esto en un ambiente playero[7]. Y los músicos que tocan el perico ripiao «Pa'la playa voy» en la guagua que lleva a Genaro al resort recuerdan inevitablemente a los conjuntos que suelen acoger a los turistas en los aeropuertos dominicanos como toquecito de color local (Rommen 2014: 153). Corniel propone una interpretación nacionalista de la música: «Consideramos que la intención de Pintor

---

[7] El videoclip de «Obsesión» de Romeo Santos también tiene un ambiente de playa (‹https://www.youtube.com/watch?v=KaVnA88oNTg›).

es crear una narrativa de "lo dominicano" o marca [del] país a través de la música» (Corniel 2015: 158-59). No obstante, opino que no sólo se ofrece un abanico amplio de géneros tradicionales, como el bolero, el merengue o la salsa, que de hecho ya son panlatinos, sino también géneros más globalizados como el reggaetón, una combinación de rap y géneros latinos. Asimismo llama la atención la flexibilidad con la que se salta de un género a otro. Chelo y Carlitos convierten un bolero en un merengue/rap que gusta mucho más a los turistas en un show en el resort. De todo esto se desprende que por medio de los géneros musicales se cuestiona hasta cierto punto la oposición binaria nacional-internacional/global.

Tal idea la ilustra a la perfección la canción que da el título a la película. El mismo cineasta la definió como «un género en la onda de musicales más americanos, en tono funky pop, pero manteniendo la percusión latina y los vientos y metales, algo que nos pudiese recordar las típicas ‹revistas› de musicales latinos que se realizan muchas veces en los hoteles turísticos» (comunicación personal). Se escucha una versión en español de «Sanky Panky» en los créditos de inicio y finales. En la canción se describe al sanky panky como un hombre irresistible, ante quien todas las mujeres sucumben: «no tiene casa ni familia / y sólo bebe ron / sus novias son americanas / tiene más de un millón / de la playa él es el dueño / y vive como un rey / nadie se resiste al verlo / todas caen en su red». La ironía no puede ser más grande al transponer estos rasgos al personaje en cuestión. Hacia la mitad del filme, se integra una versión inglesa de «Sanky Panky». Es cantada por las tres gringas, primero en la discoteca, pero luego mediante un *match-cut* se pasa al escenario de una sala llamada Tropicalíssimo, donde las gringas cantan bailando con ropa glamorosa. Se podría interpretar como una escena típica de cine musical, ese género cinematográfico que se caracteriza por presentar interrupciones en su desarrollo para dar un breve receso por medio de un fragmento musical cantado o acompañado de una coreografía. Sin embargo, tiene aquí una funcionalidad en el filme y lo considero como una ridiculización de los shows y de los concursos donde actúan los huéspedes, algo típico de los resorts (Rommen 2014: 154). Además, al enfocar a tres mujeres que exaltan al sanky panky se invierte la tradicional relación de deseo en el Caribe en lo racial y lo sexual. Como he apuntado ya, el Caribe viene siendo equiparado a una sensual mujer mulata, lista para ser conquistada por un hombre blanco. Aquí son las mujeres blancas quienes seducen al hombre mulato.

Precisamente mirando la letra desde el punto de vista del género, se puede observar que bastantes canciones son construidas en forma dialógica, en la que un yo masculino se dirige a un tú femenino. Se evocan relaciones heteronormativas que confirman las relaciones patriarcales, por ejemplo en «Obsesión»: «Son las cinco de la mañana y yo no he dormido nada / Pensando en tu belleza como un loco voy a parar / El insomnio es mi castigo, / tu amor será mi alivio / y hasta que no seas mía, / no viviré en paz». En relación con el sanky panky, se podría pensar que se ven trastocadas las relaciones de poder, ya que un hombre se somete a una mujer. No obstante, los estudiosos han probado que los sanky panky no ven su situación como una pérdida de su masculinidad ni de poder (véase Padilla 2007a). Por tanto, la relación heterosexual queda asegurada[8].

Otro punto que se destaca es que las canciones expresan las relaciones en términos predominantemente románticos, por ejemplo en «Un solo día»: «Yo tímidamente te invito a bailar y tú / Sonriendo aceptándome / bailamos bachata, merengue, bolero / hablando bajito, chocando los cuerpos / Y así Cupido flechándome». Constituyen la

---

[8] Los sanky panky ni siquiera pierden la hegemonía en una relación homosexual: siguen siendo los activos, los bugarrones y no son las locas (véase Padilla 2007a). Cabe observar que en la película la homosexualidad es claramente rechazada: cuando Chelo se encuentra en el baño del resort y es provocado por un hombre, sale corriendo.

excepción dos canciones de índole claramente pornográfica: las dos canciones de reggaetón sobre las que perrean los dominicanos en el colmado. «Te voy a dar tu chocolate» no puede ser entendido sino en un contexto sexual. En «Dale pilón», la forma del pilón, que sirve para machacar el ajo en la cocina, no deja lugar a dudas interpretativas. Parece contradictorio que las canciones más románticas atañan al resort, porque se supondría que el turismo sexual no enfatiza tanto la vertiente romántica. Se explicita esta asociación al insistir en los excesos sexuales de las tías, por ejemplo, el sadomasoquismo de la tía Dorothy, la gorda, y la lascivia de Helen, la vieja. Hasta la misma Martha es presentada como insaciable sexualmente en la noche de amor que pasa con Genaro, quien dice no ser un animal, sino humano. La imagen estereotípica del negro o mulato hipersexualizado queda invertida: la voracidad sexual (y alimentaria) es de las gringas. A la vez, hay que agregar que varios estudios sobre el turismo sexual en el Caribe han demostrado que la línea divisoria entre el trabajo sexual y la relación afectiva se diluye muchas veces, sobre todo por parte de los trabajadores sexuales (Brennan 2004; Padilla 2007a). Las canciones, por tanto, contribuyen a cuestionar otra dicotomía, la sexual-romántica, aunque ese cuestionamiento nunca es tajante y se mantiene siempre dentro de un contexto heterosexual. Por eso parece un detalle significativo que la canción de reggaetón «Dale pilón» empiece enfocando las nalgas de las mujeres que bailan en el colmado y mediante un corte fílmico continúe con un grupo de turistas que están moviéndose en una suerte de perreo en el resort. Lo romántico y lo sexual no son separados espacialmente de manera nítida.

Por último, las fronteras se borran también desde el punto de vista lingüístico. La mayoría de las letras está en buen dominicano, incluso usando palabras muy locales, mientras que en tres canciones se combinan el inglés y el español. En «Voy mal acostumbrado» Henry Santos juntó por primera vez el inglés y el español en una bachata: «so she treats you like she treats you / you're a fool…/ no seas parigüayo / me das pena estás tan flaco / Y esta vez tú eres culpable (that's not cool)». Tal vez sea menos sorprendente que en el reggaetón «Chocolate» del grupo Ingco Crew se usen frases en inglés, ya que se trata de un género más globalizado. Como ya he dicho, la versión en inglés de «Sanky Panky» es incorporada como una performance de las tres gringas en el filme, y la versión en español lo abre y lo cierra. La mezcla de idiomas en estas tres canciones parece sugerir que las barreras lingüísticas entre el español y el inglés ya han sido superadas. Esto se puede deducir igualmente de algunos personajes. Después de su actuación en Alto del Chavón, el cantante dominicano-americano Henry Santos dirige la palabra a Martha en un inglés no deformado, a la vez que se expresa sin acento en dominicano al conversar con Genaro. Zdenka Kalina, en el papel de Martha, es una actriz dominicana que nació en Estados Unidos. Habla un inglés perfecto en el filme y se expresa en un dominicano muy sabroso en las entrevistas que se encuentran en youtube.

De todo lo expuesto puede concluirse que mientras que por un lado *Sanky Panky 1* consolida muchos elementos de la visión binaria sobre el turismo sexual, por otro la cuestiona. La perpetúa mediante la ridiculización antagonista tan típica de las comedias y las oposiciones explicitadas en un resort. El análisis de la música popular contradice, o al menos matiza, un enfoque bien delineado sobre el encuentro entre extranjeros y dominicanos y ataca las relaciones dicotómicas. Se trata de combinar lo nacional y lo global, los géneros musicales identitarios, panlatinos y globalizados, el inglés y el español. De este modo, y tal vez sin habérselo planteado, Pintor logra hacernos reflexionar sobre la manera en que se representa la República Dominicana en un contexto transnacional y revela el papel ambiguo del país, suspendido entre un imaginario exótico y dicotómico y una realidad mucho más compleja[9].

---

[9] Agradezco a Hanne Van Schoonbeek el haberme dado algunas ideas muy pertinentes en su tesina de maestría sobre el turismo sexual. Mis más sinceros agra-

BIBLIOGRAFÍA

ARIAS, Aurora (2007): *Emoticons*. San Juan: Terra Nova.
APPADURAI, Arjun (1996): *Modernity at large: Cultural dimensions of globalization*. Minneapolis: University of Minnesota Press.
BRATHWAITE MARTE, Sarah Giselle (2008): «Por un cine dominicano y latinoamericano: El caso de Sanky Panky». En *Creación y producción en diseño y comunicación. Ensayos sobre la imagen* V (17): 15-18.
BRENNAN, Denise (2004): *What's love got to do with it? Transnational desires and sex tourism in the Dominican Republic*. Durham: Duke University Press.
CABEZAS, Amalia L. (2009): *Economies of desire: Sex and tourism in Cuba and the Dominican Republic*. Philadelphia: Temple University Press.
CORNIEL LINEWEAVER, Zaida (2015): *Postales turísticas en la narrativa, el cine y otros discursos mediáticos contemporáneos en la República Dominicana*. Tesis doctoral. Stony Brook: Stony Brook University.
DYER, Richard (2012): *In the space of song. The uses of song in film*. London / New York: Routledge.
EASLEY MORRIS, Andrea (2015): «Tourists, locals, and migrants: Linked mobilities in short fiction by dominican writer Aurora Arias». En *Canadian journal of latin american and caribbean studies / Revue canadienne des etudes latino-américaines et caraïbes* 40 (1): 81-96.
GORBMAN, Claudia (1987): *Unheard melodies. Narrative film music*. Bloomington: Indiana University Press.
GREGORY, Stephen (2007): *The devil behind the mirror. Globalization and politics in the Dominican Republic*. Berkeley: University of California Press.
HERNÁNDEZ, Rita Indiana (2004): *La estrategia de Chochueca*. Santo Domingo / San Juan: Isla Negra.

---

decimientos se dirigen a Carolina Egúsquiza Berrocal, quien hizo la transcripción de las canciones. Como siempre, Aurora Arias me despejó algunas dudas sobre dominicanismos. Mi colega Tom Paulus me ayudó en definir los procedimientos cinematográficos. Por último, estoy muy agradecida al director de la película, José Enrique Pintor, quien tuvo la amabilidad de contestar un cuestionario mío.

Kempadoo, Kamala (1999): Impreso *Sun, sex, and gold. Tourism and sexwork in the Caribbean*. Boulder: Rowman & Littlefield.

King, Geoff (2002): *Film comedy*. London: Wallflower Press.

Marsh, Steven (2013): «Comedy and musicals». En Labany, Jo & Pavlovic, Tatjana: *A companion to spanish cinema*. London: Blackwell, 193-223.

McClintock, Anne (1995): *Imperial leather: Race, gender and sexuality in the colonial contest*. New York: Routledge.

McGrath, Chris A. (2012): «The Repeating encounter: Tourism in the cultural discourse of the hispanic Caribbean». En *Notandum* 29: 59-74.

Padilla, Mark (2007a): *Caribbean pleasure industry: Tourism, sexuality, and Aids in the Dominican Republic*. Chicago: University of Chicago Press.

— (2007b): «Tourism and tigueraje: The structures of love and silence among dominican male sex workers». En Padilla, Mark & Hirsch, Jennifer S. & Muñoz-Laboy, Miguel & Sember, Robert & Parker, Richard G. (eds.): *Love and globalization: Transformations of intimacy in the contemporary world*. Nashville: Vanderbilt University Press, 38-69.

Pancrazi, Jean-Noël (2010): *Los dólares de arena*. Santo Domingo: Ediciones de a Poco.

Pratt, Mary Louise (1992): *Imperial eyes. Travel writing and transculturation*. London: Routledge.

Rommen, Timothy & Neely, Daniel T. (eds.) (2014): *Sun, sea, and sound. Music and tourism in the circum-Caribbean*. Oxford / New York: Oxford University Press.

Pintor, José Enrique (2007): *Sanky Panky*. Premium Latin Films.

Sheller, Mimi (2003): *Consuming the Caribbean: from arawaks to zombies*. London: Routledge.

Sommer, Doris (1983): *One master for another. Populism as patriarchal rhetoric in dominican novels*. Lanham / New York / London: University Press of America.

Sosa, David (2013): «El gigoló dominicano vuelve al ataque». En *Martí noticias:* <https://www.martinoticias.com/a/pelicula-dominicana-sanky-panky-/22587.html>.

Stinchcomb, Dawn (2004): *The development of literary blackness in the Dominican Republic*. Gainesville: University Press of Florida.

Tomé, Patricia (2010): «De amores y fundaciones transnacionales: la dominicanidad cinematográfica desde Punta Cana hasta Nueba Yol». En Díaz-Zambrana, Rosana & Tomé, Patricia (eds.): *Cinema Paraíso. Representaciones e imágenes audiovisuales en el Caribe hispano*. San Juan: Isla Negra, 398-412.

Valerio-Holguín, Fernando (2003): «Santo Domingo, Nueba Yol y Madrid. Migración e identidad cultural». En *Cuadernos hispanoamericanos* 637 (38): 89-93.

Vincenot, Emmanuel (2013): «*Sanky Panky* (José Enrique Pintor, 2007) Sexo, sudor y turistas en República Dominicana». En Cano de Gardoqui García, José Luis (ed.): *Turistas de película. Sus representaciones en el cine hispano*. Madrid: Editorial Biblioteca, 175-96.

Música cinematográfica dominicana
Un panorama

Raymond Torres-Santos

El cine dominicano es una industria que apenas despega, aunque sus inicios se remontan a principios del siglo xx. Muchas de las primeras películas realizadas en suelo dominicano fueron extranjeras, pero el cine netamente dominicano se da a mediados del siglo y su impacto definitivo tiene lugar al final del siglo e inicios del siglo xxi.

La música propia del cine en República Dominicana ha progresado de manera gradual acorde con el desarrollo del cine dominicano hacia una exposición a nivel internacional. Aún así, se espera que se forje una real identidad cinematográfica-musical a medida que maduren las propuestas cinematográficas. Hasta la fecha, muchas partituras no unen efectivamente la música a las imágenes en términos de sincronía e impacto psicológico, y abunda el uso indiscriminado de ritmos vernáculos como el merengue, la bachata, el bolero y el reggaetón, estén justificados o no por la historia fílmica. En dichos casos la música autóctona podría ser articulada de manera que cumpla mejor su propósito dramático de intensificar, implicar, enfatizar o acelerar el paso, la emoción, la acción o el *tempo* de la trama cinematográfica, entre otros.

Las páginas que siguen presentan un breve panorama de la música cinematográfica en República Dominicana desde una perspectiva histórica y en relación con la evolución de la industria fílmica. Entendemos como compositor de música cinematográfica aquel que compone música incidental original para acompañar las imágenes con el propósito de: 1) intensificar el paso; 2) reflejar la emoción; 3) implicar situaciones no vistas; 4) enfatizar la acción; 5) establecer la atmósfera de tiempo y espacio; 6) crear comedia; 7) crear cohesión a la historia; 8) funcionar contra la acción; 9) acelerar la escena; o 10) ser usada simplemente como fondo (Timm 2003: 2-10). Esto es, el tipo de música que, sincronizada a la película, refuerza el drama, la acción y lo psicológico (Karlin 1994: 78-83). Conocida como *no diegética*, mucha de esta música suele ser instrumental y ubicarse dentro de un estilo dramático más asociado a la música clásica, aunque también puede recurrir a estilos musicales populares del momento.

En esa medida, en lo que sigue se excluye el uso de música introducida en una escena ya sea visualmente o por referencia (Burt 1994: 69-70), mejor conocida como «fuente externa» o *música diegética* (Hickman 1994: 37). Este tipo de música suele ser ya preexistente, o se trata de canciones asociadas a ejecuciones de cantantes u orquestas que se ven en las escenas o cuyas grabaciones provienen de la radio, televisión o discotecas dentro de las películas (Davis 1999: 29). Este tipo de musicalización usualmente recurre a estilos de música popular fácilmente reconocibles por el público en general. Por supuesto, la banda sonora de una película puede incluir en su totalidad ambos tipos de música –música incidental original y preexistente–, pero nos ceñiremos aquí a la música incidental original, compuesta estrictamente para las imágenes.

Consideraciones generales

Desde el inicio del cine mundial, la música ha sido un elemento esencial de las producciones fílmicas. La necesidad original de utilizar música en las primeras películas silentes se ha explicado de varias maneras: como antídoto para las imágenes proyectadas en la pantalla, que posiblemente eran vistas por la audiencia como fantasmagóricas, o para contrarrestar el ruido generado de los proyectores (Prendergast 1992: 3-4). Sin embargo, si se consideran otros medios de la época encontramos que la música ya era un elemento esencial en producciones dramáticas del teatro y la ópera, de modo que era de esperar que, de igual manera, el nuevo medio incluyera música.

Los compositores iniciales de música para el cine silente solían ser ejecutantes de algún instrumento, particularmente piano u órgano, quienes acompañaban la proyección con música clásica o popular pre-existente, o que improvisaban nueva música al momento. Pronto fue necesario contar con la asistencia de arreglistas musicales para aumentar las fuerzas orquestales o contratar compositores para componer música incidental original, que apoyara la situación dramática.

Hoy encontramos compositores cuya preparación y esfuerzo se centran en proveer el aspecto psicológico y dramático de cada producción cinematográfica en perfecta sincronización con las escenas. Los avances tecnológicos han jugado un rol determinante en facilitar el proceso de sincronización, producción y grabación de las producciones musicales.

El cine quisqueyano

Aunque República Dominicana ha experimentado un auge en la industria cinematográfica sólo en años recientes, fue el primer país de Latinoamérica en donde se llevó a cabo una proyección cinematográfica por los propios hermanos Lumiére, que tuvo lugar en el teatro Curiel de Puerto Plata en el año 1900. A cargo de las primeras exposiciones de esos trabajos en toda el área estuvo el industrial Francesco Grecco, quien recorrió el Caribe mostrando esta atractiva invención.

La primera película que se produce en territorio dominicano no estaba compuesta por dominicanos: fue *Excursión de José de Diego en Santo Domingo* (1915), del camarógrafo puertorriqueño Rafael Colorado. En entrevista telefónica con su nieto, Antonio «Tito» Colorado no pudo precisar si fue acompañada por música.

La primera película netamente dominicana, realizada por dominicanos y rodada en el país, fue el documental *La leyenda de nuestra señora de la Altagracia* (dir. Francisco A. Palau, 1923), donde destacan los trabajos del fotógrafo y editor Francisco Palau junto al fotógrafo Tuto Báez y Juan B. Alfonsec, y contó con la colaboración en los textos del historiador Bernardo Pichardo. El entusiasmo de este equipo motivó más adelante la realización de una comedia con tintes ingenuos con el título de *Las emboscadas de Cupido* (dir. Francisco A. Palau, 1925).

El primer uso documentado del sonido en el país aparece en una película de actualidades sobre la inauguración del presidente Rafael Leónidas Trujillo en 1930. Sin embargo, el régimen dictatorial instaurado por Trujillo desde el año 1930 impuso un freno considerable a las manifestaciones artísticas y culturales que no entendiera beneficiosas para sus propósitos. Así, por ejemplo, en 1953 el cineasta Rafael Augusto Sánchez Sanlley (Pupito) produjo con la compañía Cine Dominicano trece documentales para el régimen. No será hasta 1963 que el dramaturgo Franklin Domínguez lance su largometraje *La silla*, donde se denuncian los horrores del régimen de Trujillo. En 1967, Max Pou y Eduardo Palmer hacen dos trabajos documentales: *El esfuerzo de un pueblo* (dir. Eduardo Palmer, 1968) y *Nuestra historia* (dir. Max Pou y Eduardo Palmer, 1967). Ya entrados los años setenta destacan *Viacrucis* (dir. Jimmy Sierra, 1978), basado en un cuento del profesor Juan Bosch, y *Siete días con el pueblo* (dir. Jimmy Sierra, 1978), sobre el festival revolucionario de cantantes, además de *Rumbo al poder* (dir. José Bujosa Mieses, 1978), en torno al proceso electoral que llevó al poder a Antonio Guzmán Fernández.

En las décadas siguientes aparecen los largometrajes de ficción *Un pasaje de ida* (dir. Agliberto Meléndez, 1988), *Nueba Yol* I (dir. Ángel Muñiz, 1995), *Para vivir o morir* (dir. Radel Villalona, 1996), *Cuatro hombres y un ataúd* (dir. Pericles Mejía, 1996), *Nueba Yol III* (dir. Ángel Muñiz, 1997) *Perico ripiao* (dir. Ángel Muñiz, 2003), *Éxito por intercambio* (dir. Miguel Vázquez, 2003), *Negocios son negocios* (dir. Joppe de Bernardi, 2004), *Andrea* (dir. Roger Bencosme, 2005), *La cárcel de la Victoria* (dir. José Enrique Pintor, 2004), *Los locos también piensan* (dir. Humberto Castellanos, 2005) y *La maldición del padre Cardona* (dir. Félix Germán, 2005), entre otros. Todas estas películas incluyen una combinación de música incidental y diegética producida por músicos dominicanos.

La música

No se conoce quiénes fueron responsables de la música en las primeras producciones cinematográficas en República Dominicana; podría especularse que, al igual que en otros países, se trataba de músicos locales entrenados en la música clásica o popular. El compositor y arreglista Manuel Tejada reconoce al maestro Julio Alberto Hernández como el primer músico dominicano en trabajar como músico pianista acompañando las películas silentes a principios del siglo XX (comunicación personal). El arreglista y copista musical Eugenio Van der Holst describe a Don Julio Alberto Hernández como un prolífico compositor, cuya creación musical en su mayor parte se basó en motivos dominicanos que rescataban la tradición propia del país (comunicación personal).

El compositor y crítico de música cinematográfica puertorriqueño Carlos Camuñas menciona que el compositor y arreglista dominicano Bienvenido Bustamante incursionó también en el mundo del séptimo arte y musicalizó el tema de la cinta *Romance en Puerto Rico* (dir. Ramón Pereda, 1962), aunque la música se le acredita al compositor puertorriqueño Rafael Hernández (comunicación personal). En entrevista con el hijo de Hernández, Alejandro «Chalí» Hernández, éste aclaró que se trató de la inclusión de las canciones más populares del repertorio de su prolífico padre, pero no de música escrita específicamente para la película.

Así como Julio Alberto Hernández y Bienvenido Bustamante, ambos entrenados tanto en la música clásica como popular, otros compositores y arreglistas de la época pudieron haber colaborado en las películas de las primeras décadas del cine local. Podría mencionarse, entre otros, a los arreglistas y directores de orquestas de música popular Luis Alberti, Papá Molina y Antonio Morel, además de Radamés Reyes Alfau, quien se convirtió desde mediados del siglo XX en un prolífico compositor de música para comerciales televisivos y radiales en Puerto Rico. Reyes Alfau tenía una gran ventaja sobre los otros: tanto la música para comerciales como la música para películas requieren sincronizar y resaltar el aspecto psicológico de las imágenes. No obstante, no existe información documentada sobre la actividad de estos músicos en el cine. El único músico vivo de esta generación es hoy Papá Molina; su esposa Josefina Miniño no recuerda ningún dato relacionado con este tópico. Por lo tanto, no tenemos ninguna evidencia que pueda sustentar esta hipótesis. Sin embargo, el caso del arreglista de música popular Jorge Taveras confirma cómo su perfil profesional fácilmente lo lleva a incursionar en la composición de música para documentales: *El camino al pico Duarte* (dir. Claudio Chea, 1985), *Sol Caribe* (dir. Félix Limardo, 2010) y *La palabra vive: homenaje al maestro* (dir. Robert Lizardo 2011).

En otro aspecto, Tejada menciona un dato curioso que pudo haber servido de incentivo para la producción músico-cinematográfica en Republica Dominicana: «La filmación de la película norteamericana, *The Godfather II* (dir. Francis Ford Coppola, 1974) se realizó en República Dominicana, y la misma trajo consigo la grabación de la música que se ve en escena [como «fuente externa» o música diegética], compuesta por el compositor del filme, Carmine Coppola, localmente». Y añade: «hay una escena donde se ve al músico saxofonista dominicano

Humberto Reyes (El Chivo) y en otra escena se ve una orquesta que interpreta un bailable donde se observan algunos otros músicos locales» (comunicación personal). De hecho, Santo Domingo hizo las veces de La Habana de los años cincuenta en la película, y en ella se pueden ver el Palacio Nacional de Santo Domingo, la Calle Hostos, el antiguo Hotel Jaragua y parte del Hotel El Embajador, así como personalidades dominicanas de la época trabajando como extras (Pared Pérez 2013: en línea). Estos datos, si bien curiosos, también revelan un aspecto negativo hacia Republica Dominicana, que refuerza la «invisibilidad» de su cine. Además, la deslocalización de la música dominicana señala un completo desinterés por mostrar su identidad, y se usa sin recibir el crédito o la mención apropiada.

Tejada también menciona *Tú mi amor* (dir. Raldo Raldiris, 1974), de producción dominico-puertorriqueña y rodada en el país, con artistas dominicanos como Nini Cáffaro, Rafael Solano y su Orquesta y posiblemente Guarionex Aquino, donde se interpretaron algunos temas de autores dominicanos. En entrevista con el Maestro Solano, éste confirmó que su participación se limitó a estar al frente de su orquesta tocando un merengue en una fiesta. Confirma además que el título de la película es el de una canción suya, cantada por Nini Cáffaro, quien actúa y canta en la misma.

En entrevista con el compositor PengBian Sang, éste confirma que «el cine dominicano es aún muy joven». *Pasaje de ida* (dir. Agliberto Meléndez, 1988), dice, «se considera como el primer largometraje dominicano por el elenco y productores, así como el tópico de su trama». La música es del Maestro Rafael Solano, quien refiere que escribió la música viendo las escenas y ajustándolas a la trama, y que tomó el merengue pambiche para componer una partitura que satisface las intenciones político-sociales del filme (Lora 2008: en línea). Solano también menciona que utilizó un enfoque similar en su partitura para la película *Del color de la noche* (dir. Agliberto Meléndez, 2015). A partir de estos proyectos se puede apreciar un intento de «dominicanizar el cine» utilizando música creada por dominicanos. Lo mismo ocurre en *Pasaje de ida,* uno de los filmes dominicanos de mayor reconocimiento doméstico e internacional, antes de otros como por ejemplo *Nueba Yol.*

Sang reconoce que es a partir de 1990 cuando se podría decir que inicia una producción de partituras originales para películas dominicanas, siempre incorporando temas ya conocidos o canciones de corte popular creadas para esos fines. De hecho, la presencia de la música popular ha sido un elemento recurrente en la cinematografía del país, sobre todo por el carácter también popular de una buena parte de las películas que se producen, con una notable presencia de la música urbana en nuestros días. El efecto de esta tendencia a partir de los años noventa es el de un cine más auténticamente dominicano si se toman en cuenta todos sus componentes, no sólo los narrativos o visuales, y contribuye a que tanto audiencias domésticas y extranjeras perciban la singularidad del cine nacional ahora que ha alcanzado mayor visibilidad.

Los compositores y sus producciones

La música dominicana ha contribuido al repertorio musical del Caribe, Latinoamérica y las Américas en general. Las variadas influencias étnicas, sociales, culturales y tecnológicas han producido ritmos y tendencias con sonidos característicos originales de la región y con un gran sentido nacional. De ahí que, aunque no toda la música haya sido creada por «dominicanos», como se verá mas adelante, se ha logrado hacer transcender una cierta identidad musical. Según Tejada, desde el 2000 arrancan una serie de producciones de partituras originales para películas dominicanas. El compositor y arreglista estadounidense Corey Allen, actualmente radicado en la República Dominicana, ha identificado los siguientes compositores como los más activos en los últimos años: PengBian Sang, Amaury Sánchez, Pachy Carrasco, Manuel Tejada y Sergio Marte. Los describe como músicos que manejan muchos estilos, incluyendo la música «de la calle» (comunicación personal).

PengBiang Sang es bajista de jazz y arreglista, graduado de Berklee College of Music en Boston, Massachusetts, en arreglo comercial. Sang es responsable de la musicalización de los filmes *Nueba Yol: por fin llegó Balbuena* (dir. Ángel Muñiz, 1995), *Nueba Yol III: bajo la nueva ley* (dir. Ángel Muñiz, 1997) y *Perico ripiao* (dir. Ángel Muñiz, 2003), todas dirigidas por Ángel Muñiz, y de *Los locos también piensan* (dir. Humberto Castellanos, 2005).

Nueba Yol fue una de las primeras películas netamente dominicanas. En palabras de Sang,

> tuve el honor de hacer la música de la misma. La hicimos con muy poco presupuesto, y con muy poco conocimiento de lo que debe ser el escribir música incidental para una película [es decir, considerando el aspecto psicológico y el conocimiento de la sincronización]. La música fue compuesta y sincronizada con la imagen utilizando la tecnología que contábamos en esa época, la cual era un tanto rudimentaria. La sincronización se realizó utilizando cintas de video VHS a las que se les sustituyó el audio por el código estándar de sincronización SMTE [creado por la Society of Motion Picture Engineers]. Grabamos en Santo Domingo en el estudio, Audioproceso. (comunicación personal).

Tanto la primera como la segunda parte de *Nueva Yol* ponen de relieve el amplio conocimiento de géneros de PengBiang, que recurre desde el merengue y la salsa hasta el techno para satisfacer las necesidades de las escenas donde se utilizaron. El primer rodaje incluyó música existente con un conjunto de interpretaciones de artistas de música popular comercial como Celia Cruz, Félix D'Oleo, Sonia Silvestre, New York Band y Luisito Martí, él mismo actor de la película (Lora 2008: en línea).

Amaury Sánchez es percusionista, tecladista, arreglista y director de orquesta con basta experiencia en el teatro musical de República Dominicana. Los trabajos de Amaury Sánchez incluyen *Cuatro hombres y un ataúd* (dir. Pericles Mejía, 1996), *Éxito por intercambio* (dir. Miguel Vásquez, 2003), *Negocios son negocios* (dir. Joppe de Bernardi, 2004), *Mi novia está de madre* (dir. Roberto Ángel Salcedo, 2007) y *Mi papá se volvió loco* (dir. Rodolfo Ledo 2005), de producción argentina. Para *Negocios son negocios*, uno de sus más amplios trabajos, escribió y musicalizó tres piezas en estilos tan diversos como la bachata, la balada y el merengue, interpretados por los cantantes Jandy Féliz, José Guillermo Cortines, Carolina Rivas, Carlos Alfredo y Frank Reyes. Su trabajo en *Mi papá se volvió loco* está compuesto de música acústica y electrónica bien sincronizada a las escenas y con un adecuado vocabulario melódico, armónico y orquestal acorde con el carácter de esta comedia (Lora 2008: en línea).

Pachy Carrasco, cantante, baterista, guitarrista y arreglista, murió prematuramente a principios del 2016, a la edad de cuarenta y siete años. Su producción incluye *La cárcel de la Victoria: El cuarto hombre* (2004), *Sanky Panky* (2007), *Santicló, la vaina de la Navidad* (2008) y *Sanky Panky 2* (2013), todas de José Enrique Pintor. En *Sanky Panky* Carrasco fungió como compositor y arreglista, ya que la película está dirigida casi como un musical, y utilizó tanto instrumentos acústicos como electrónicos. Mucha de la música consta de arreglos de canciones en ritmo de merengue, bachata, reggaetón, son y bolero; la película cuenta con la participación de Grupo Aventura, Grupo Negros, Ciudad de Ángeles, el Jefrey y Big Family (Lora 2008: en línea).

Manuel Tejada es un respetado tecladista y arreglista quien, aparte de producir discos, se ha destacado como musicalizador de campañas publicitarias y bandas sonoras para cine también caracterizadas por la fusión de varios ritmos caribeños. Su trabajo incluye *Tres palabras* (dir. Antonio Giménez-Rico, 1993), protagonizada por la actriz española Maribel Verdú; *Manhattan Merengue* (dir. Joseph Vásquez, 1997), donde compartió la producción de música con el compositor argentino-americano Lalo Schifrin; *Bitter Sugar* (dir. León Ichaso, 1996); *La Maldición del Padre Cardona* (dir. Félix María Germán, 2009); *Trópico de sangre* (dir. Juan Deláncer, 2010); y los documentales *La violencia del poder* (dir. René Fortunato, 2003) y *Bosch en la frontera imperial* (dir. René Fortunato, 2009). La instrumentación del trabajo de Manuel Tejada ha sido variada, en un rango que va desde el orquestal de corte latino de merengue hasta lo sinfónico. Ha tenido la oportunidad de compartir tanto con músicos locales como músicos del extranjero en ciudades tan diversas como Madrid, Londres, Praga, New York y Miami, y con las prestigiosas entidades musicales como la Sinfónica de la ciudad de Praga y de Londres. Muchas de sus composiciones han sido grabadas, desde su pre-producción hasta su mezcla, en sus propio estudios, *MIDILAB* (Tejada 2016: en línea).

El tecladista Sergio Marte ha sido uno de los más activos compositores para cine en los últimos seis años. Igual que PengBiang Sang, la formación musical de Marte incluye estudios en Berklee College of Music; en su caso, composición de jazz y producción electrónica. Dada su formación e intereses, Marte se mueve con facilidad entre sus trabajos como compositor y como diseñador de sonido para la industria. Su trabajo incluye *Pimp Bullies* (dir. Alfonso Rodríguez, 2011), *Jaque Mate* (dir. José María Cabral, 2012), *Arroba* (dir. José María Cabral, 2013), *Al sur de la inocencia* (dir. Héctor Manuel Valdéz, 2014), *Despertar* (dir. José María Cabral, 2014), *Locas y atrapadas* (dir. Alfonso Rodríguez, 2014), *República del color* (dir. Héctor Manuel Valdéz, 2015) y *Todos los hombres son iguales* (dir. Manuel Gómez Pereira, 2016). Entre sus colaboradores destacan los cineastas José María Cabral, Héctor M. Valdéz, Alfonso Rodríguez y Kendy Yanoreth.

Sergio Marte describe su quehacer como uno donde la música puede ser sincronizada a las imágenes o escrita libremente para ser incorporada a la película. Apunta que «siempre se trabaja de ambas maneras, depende del director y/o la escena. Muchas veces, por ejemplo, en una escena de acción el director puede pedir que elabore algo dentro de ciertos parámetros como género, intensidad, incluso hasta instrumentación, para entonces editar la secuencia a ritmo de la música. Más adelante generalmente se hacen los ajustes necesarios». Además, añade:

> trabajo híbridamente con MIDI e instrumentos reales. Los instrumentos que generalmente prefiero grabar en vivo son cuerdas, percusión y bajo y eso se complementa con programación MIDI. En cuanto a equipos me apoyo en el *software* Pro Tools HD como plataforma principal, al igual que con una variedad de sintetizadores y procesadores externos. Sin embargo, existen muy buenos músicos y siempre trato de integrar lo más que puedo con músicos locales. (comunicación personal)

Otros compositores también han aportado a la música cinematográfica en República Dominicana durante principios del siglo XXI. En *Los locos también piensan* (dir. Humberto Castellanos, 2005), el director utiliza el tradicional perico ripiao como ritmo necesario para acompañar la comedia. Para *Viajeros* (dir. Carlos Bidó, 2006) Ramón Orlando Valoy hizo uso del merengue, quizá un tanto inapropiado considerando la trama del filme. *Un macho de mujer, Yuniol* y *Al fin y al cabo* (dir. Alfonso Rodríguez 2006, 2008a y 2008b, respectivamente) contaron con la aplicación musical de Gustavo Rodríguez, hermano del realizador, quien utilizó una línea musical de matices agradables y sin complicaciones (Lora 2008: en línea).

Para el 2015, la industria cinematográfica local ya produce entre quince y veinte películas al año, propiciando un panorama de ensueño para muchos músicos dominicanos, sean veteranos o jóvenes. En la última década se han unido otros compositores como Fernando Llamas –*La lucha de Ana* (dir. Bladimir Abud, 2012)–; Mayreni Morel –*Cristo Rey* (dir. Leticia Tonos, 2013)– y *De pez en cuando* (dir. Francisco Valdéz 2014)–; Pavel Núñez –*La montaña* (dir. Tabaré

Blanchard e Iván Herrera 2013)–; Rita Indiana –*Detective Wally* (dir. José María Cabral, 2015)–; Angelo Panetta –*A orillas del mar* (dir. Bladimir Abud, 2015)–; Tiziano Fajardo –*La familia Reyna* (dir. Tito Rodríguez, 2015)–, Luichy Guzmán –*Quiero ser fiel* (dir. Joe Menéndez, 2014), *Yo soy la salsa* (dir. Manuel Villalona, 2014) y *Ladrones* (dir. Joe Menéndez, 2015)–; y Lázaro «Xuxy» Colón –*La Gunguna* (dir. Ernesto Alemany 2015).

Mayreni Morel es posiblemente la única mujer dentro del grupo de compositores actualmente más activos. Morel es violinista, con estudios formales en Berklee College of Music al igual que Sang y Marte, pero en su caso se concentra específicamente en música cinematográfica y dirección musical. *Cristo Rey* (2013) es un drama que describe la historia del barrio y de la hermana de un capo que se enamora de un haitiano. En palabras de Morel,

> la música de este filme se caracterizó por una partitura muy melódica con sólo cinco instrumentos (piano, violín, viola, contrabajo y percusión) donde de todos estos sólo se grabaron el violín, la viola y algunos de los instrumentos de percusión. Los sonidos orquestales los programé en la computadora, con un trabajo sumamente detallado para lograr que suenen como instrumentos reales. (comunicación personal)

Sobre la comedia *De pez en cuando,* de Francisco Valdéz, añade Morel que «la música fue más un apoyo para lo que pasaba en pantalla. En los momentos más ligeros y de comedia utilicé cuerdas en pizzicatos con marimbas y/o vibráfono, y en los momentos movidos utilicé sonidos sintéticos de sintetizador».

Por su conocimiento en varios instrumentos (violín, piano, flauta, guitarra y batería) y su preparación académica, Morel también se desempeña como orquestadora de otros compositores como Luichy Guzmán, guitarrista y pianista autodidacta. El estilo de Guzmán se basa en música instrumental compuesta para ser sincronizada contra la imagen. Para ello hace una mezcla de instrumentos electrónicos, *samples* e instrumentos en vivo grabados en los estudios de Terranota Producciones en Santo Domingo (comunicación personal).

En *La Gunguna*, Lázaro «Xuxy» Colón hace uso de un compendio del producto musical de la isla: desde el merengue y el dembow hasta la bachata y la fusión de otros ritmos. Contrario a casos anteriores, donde ritmos dominicanos han sido utilizados en temas cantados por cantantes u orquestas populares como herramienta promocional comercial para acompañar la banda sonora, Lázzaro Colón juega con la imagen con una partitura instrumental de intriga que se mezcla con lo real. Los temas que se escuchan invitan a estar atento, a bailar, a marcar el ritmo con los pies o a perrear, pero dentro de un marco y función dramáticos. Manuel Betances sostiene con razón que

> *La Gunguna* no necesita una etiqueta que diga «cine dominicano». Usted puede exhibir esta cinta en cualquier punto del planeta (con sus respectivos subtítulos, claro), y el hedor de la cañada o pólvora junto al sonido de una tambora o bongó delatará su país de origen. *La Gunguna* es una historia que tras unir varios puntos sucesivamente, cierra, a la vez que abre, un nuevo capítulo en el cine de nuestra isla. (Betances 2016: en línea)

Hasta el momento la tendencia ha sido la de emplear músicos dominicanos locales. Esperamos que esta tendencia continúe y que la producción de la música cinematográfica local progrese a la par que el crecimiento del cine local. El *crossover* al celuloide incluye a cantantes, músicos y productores dominicanos que van desde lo sinfónico a lo urbano (Santana 2015: en línea).

Retos

Pese al auge de la industria del cine en República Dominicana y al considerable número de compositores que escriben música para las películas, aún hay retos por delante. Uno de ellos es el casi obligado uso de limitados ritmos locales como merengue, bachata y reggaetón, así como la tendencia a incluir cantantes y artistas populares dentro de la banda sonora como herramienta de mercadeo o promoción dirigida a la masa popular. Sergio Marte confirma que este fue el caso en las intervenciones de los cantantes Roy Tavaré en *Pimp Bullies* (2011) y Gnómico en *Jaque Mate* (2012), respectivamente (comunicación personal). Este pudo haber sido el caso de la cantante y compositora de merengue en forma de *dance* Rita Indiana, que aparte de ser la compositora fue una atracción en el video de promoción de *Detective Wally* (2015). Otro caso similar, aunque no del todo igual, pudo ser el del cantautor Pavel Núñez en la *La montaña* (2013). En entrevista, Nuñez reconoce lo desafiante y distinto que fue escribir música cinematográfica en contraste con el mundo comercial al que está habituado, y explica que realizó aproximadamente veintitrés pistas musicales sin mirar el video, sólo siguiendo descripciones como «peligro», «ansiedad», «tristeza» o «alegría», y que envió al menos tres propuestas en base a cada solicitud del director (Santana 2015: en línea). De hecho, hay quienes puedan afiliarse a la música cinematográfica como una novedad comercial o como herramienta publicitaria, sin contar con la debida preparación musical o el instinto psicodramático necesarios para producir una partitura cinematográfica de relevancia. El mayor riesgo al respecto es que el campo de la música cinematográfica dominicana se pueble de músicos que no necesariamente aporten al desarrollo de la actual práctica de componer para imágenes.

Otro reto a superar es la tendencia de usar instrumentos electrónicos y programas de producciones musicales para reducir costos, pero no necesariamente por razones estéticas. PengBian Sang destaca que «tomando en cuenta que el cine local está basado en películas de bajo presupuesto, la tecnología ha sido un factor de gran ayuda para la disminución de costos, algo que ya es de uso común incluido en películas de alto presupuesto en países de gran desarrollo de la industria del cine» (comunicación personal). Sang reconoce que la tecnología le permite producir más música a menor costo, y añade que «por razones de presupuesto, utilizamos mucha instrumentación MIDI [electrónicos], y en algunos casos utilizamos instrumentos reales, todos tocados por músicos de estudio dominicanos». Este es también el sentir de Manuel Tejada y Mayreni Morel (comunicación personal).

En contraste, Alexandra Santana va más allá al afirmar que «la tecnología y el abaratamiento de costos ha provocado que una parte de las películas exhibidas en salas de cines carezcan de partituras originales y de personal especializado», y añade que «hay quienes adquieren música a través de diferentes plataformas digitales o la diseñan en la comodidad de su casa mediante programas básicos de computación» (Santana 2015: en línea). El compositor Amaury Sánchez coincide: «ahora mismo se compran fondos musicales públicos que a veces son utilizados en las escenas de acción y para banda sonora se contrata un cantante y se le pide que componga uno o dos temas originales para la película, que es lo que generalmente compone la banda sonora» (citado en Santana 2015: en línea). Sergio Marte, por su parte, confirma que «por limitaciones de presupuesto es casi imposible realizar todo el trabajo en vivo» (comunicación personal). Es evidente que la escasez de suficientes recursos financieros impacta la calidad de la producción de la música cinematográfica en el país. La práctica usual de la música cinematográfica actual a nivel mundial es la de crear una maqueta usando aparatos musicales electrónicos para presentar al director o productor cinematográfico una perspectiva sonora de las ideas musicales contra las imágenes del filme. Una vez aprobado el enfoque del compositor, la música de la maqueta suele ser parcial o totalmente reemplazada por músicos reales en la medida necesaria, que puede ir desde un conjunto de cámara hasta la de una orquesta sinfónica. El consenso aceptado es que únicamente músicos o una orquesta pueden proveer la fuerza sonora necesaria en las grandes producciones cinematográficas, particularmente cuando se trata de películas de acción.

Por lo tanto, el presupuesto limitado, tanto en las producciones cinematográficas como en su música, es uno de sus mayores retos. PengBian Sang destaca que no tiene idea de lo que los demás compositores activos están cobrando, pero que en su caso su trabajo oscila entre los 10 000 y los 12 000 USD, un monto con el que coinciden Sergio Marte y Luichy Guzmán (comunicación personal). El experimentado compositor Manuel Tejada abre aún más el ámbito presupuestario cuando asegura que «la remuneración para este tipo de trabajo es bastante variable: empezando como una contribución no remunerada, sólo viéndolo como una manera de promoción del compositor, hasta valores que pueden empezar en diez mil dólares hasta los que han podido cobrar de cuarenta a cincuenta mil dólares» (comunicación personal). Sin embargo, el joven compositor Sergio Marte nos recuerda que según la ley 108 «la remuneración varía por proyecto ya que actualmente los presupuestos son controlados por la DGCINE (Dirección General de Cine de República Dominicana) por género cinematográfico». Es evidente que la nueva ley tendrá un impacto en el desarrollo del cine; habrá que ver cómo logros anteriores darán impulso a nuevos retos. Aunque no hay necesariamente una correlación entre el costo y la calidad del resultado final, el control centralizado podría incentivar las condiciones de trabajo, aun cuando podría frenar una competencia sana que redunde en la calidad de las producciones en vez de una gran cantidad que poco aporta al campo de la música cinematográfica del país.

Conclusión

La música para cine en República Dominicana ha progresado de manera gradual acorde con el desarrollo del cine nacional hacia una exposición de nivel internacional. Aun así, todavía se espera que se forje una real identidad cinematográfico-musical a medida que maduren las propuestas cinematográficas, tomando en cuenta que hasta la fecha muchas composiciones no están a la altura de la imagen en la gran pantalla. En la actualidad muchas bandas sonoras se caracterizan meramente por el uso de ritmos vernáculos como el merengue, la bachata, el bolero y reggaetón, se justifiquen o no en la trama fílmica. Muchas veces se utilizan únicamente para satisfacer el oído del cineasta o como herramientas promocionales, una situación que ha atraído a cantantes, músicos y productores de música popular a hacer el *crossover* al cine. Por supuesto no hay nada negativo en incluir música popular o ritmos musicales autóctonos en la música para cine, pero lo que sería interesante es que sea el argumento de la película el que justifique el uso de música autóctona, y no lo contrario, y que se exploren nuevas maneras de modificar la música autóctona para que sea menos simétrica y predecible: su razón de ser dentro de una película es sostener el drama, no el baile. Es posible que, dado que muchas de las producciones cinematográficas dominicanas han sido comedias, no se hayan dado las oportunidades de explorar cabalmente este enfoque psicomusical. De ser el caso, sería de esperar que se explore este aspecto a medida que se produzcan películas de otros géneros, como dramas o cine de acción.

Pese a la falta de presupuesto y la consiguiente necesidad de recurrir a medios electrónicos, en los últimos años es visible una cierta mejoría en la musicalización para cine, en buena medida gracias al trabajo de compositores que, aunque no a tiempo completo, se dedican con pasión al medio sin perder su identidad caribeña. Por supuesto, resta aún un amplio territorio que explorar donde se persiga una carrera profesional en este campo con una consciencia seria del medio y de las posibilidades psicodramáticas del mismo. Es evidente que esto traerá consigo mayor competencia entre compositores, y posiblemente mayor demanda para conseguir los mejores trabajos cinematográficos, pero también se refinarán las expectativas y la comunicación entre directores, productores y compositores en pos de lograr un ambiente más creativo y colaborativo. Por lo tanto, se espera que la musicalización para el cine sea más exigente y exploratoria, como deben ser otros renglones de la labor fílmica como el guión, la fotografía, la edición, el maquillaje y el vestuario. Hoy por hoy ya hay películas dominicanas, y de la diáspora dominicana, recibiendo galardones internacionales. La producción es tanta que una ola de artistas y técnicos del cine puertorriqueño, debido a la actual crisis económica en Puerto Rico, se trasladan a Republica Dominicana en busca de trabajo en una industria cinematográfica más productiva que la de la isla hermana –por ejemplo, a inicios del 2017 se estrenó *OVNI*, una película dominicana dirigida por el puertorriqueño Raúl Marchand y con música del también boricua Gerónimo Mercado. En cualquier caso, es evidente que la industria cinematográfica de República Dominicana continúa robusteciéndose: esperemos que de igual manera la música cinematográfica ocupe un lugar en la cultura dominicana que merezca el reconocimiento y el orgullo de sus ciudadanos.

Bibliografía

Betances, Manuel (2016): «Banda sonora es una colaboración en conjunto con la página de música». En *Cine Dominicano*: <http://www.cinemadominicano.com/Noticias/musicaencinedom.html>.

Burt, George (1994): *The art of film music*. Boston: Northeastern University Press, 69-70.

Davis, Richard (1999): *Complete guide to film music*. Boston: Berklee Press.

Hickman, Roger (1994): *Reel music: Exploring 100 years of film music*. New York: W.W. Norton & Company.

Karlin, Fred (1994): *Listening to movies: The film lover's guide to film music*. Belmont: Wadsworth / Thomson Learning, 78-83.

DGCINE (2010): «Ley No. 108-10 para el Fomento de la Actividad Cinematográfica en República Dominicana G.O. No. 10580 del 10 de agosto de 2010». En <http://www.dgcine.gob.do/pdf/Ley_fomento_actividad-cinematográfica.pdf>.
LORA, Félix Manuel (2008): «La identidad musical del cine Dominicano». En *Cine Dominicano*: <http://cinemadominicano.com/la-identidad-musical-en-el-cine-dominicano>.
PARED PÉREZ, Rienzi (2013): «El Padrino». En *El listín diario*: <http://www.listindiario.com/ventana/2015/2/13/356201/El-Padrino>.
PRENDERGAST, Roy M. (1992): *Film music: a neglected art*. New York: W. W. Norton & Company.
SANTANA, Alexandra (2015): «*La música adquiere mayor calidad en el cine dominicano*». En *El Caribe*: <http://www.elcaribe.com.do/2015/05/23/musica-adquiere-mayor-calidad-cine-dominicano>.
TIMM, Larry M. (2003): *The soul of cinema: An appreciation of film music*. Saddle River: Pearson, 2-10.

Lazos trasnacionales en el Caribe

Por los intersticios transnacionales y transdisciplinarios de *El Muro*
Expansión de los imaginarios fílmico y social dominicanos a través de un documental cubano sobre la diáspora japonesa en República Dominicana

Miharu M. Miyasaka

¿Qué significa en términos de una noción tradicional del cine nacional que un equipo de filmación extranjero represente un evento de la historia dominicana? La Ley de Cine de República Dominicana fija categorías cuantitativas y cualitativas para definir la identidad de la producción local, pero el movimiento transfronterizo de las colaboraciones complejiza cada vez más la definición de este capital territorial. *El muro* constituye un intercambio más ambiguo que el de una coproducción: es un filme enteramente cubano, sin relación temática con su país de origen, y fue rodado en su totalidad en República Dominicana, sin la participación de la industria local.

Stephanie Dennison, en «National, transnational and post-national: issues in contemporary filmmaking in the Hispanic world», plantea que el cine latinoamericano contemporáneo funciona en gran medida a partir de mecanismos, políticas, y alternativas de intercambio entre cuerpos nacionales. Libia Villazana, en «Redefining transnational cinemas: a transdisciplinary perspective», conecta las nociones de transnacionalismo y transdiciplinariedad, para entender la movilidad y la flexibilidad con que los procesos fílmico y migratorio dialogan con las identificaciones nacionales. Ambas perspectivas fueron instrumentales para la presente propuesta: una aproximación a los imaginarios fílmico y social dominicanos a través de un documental cubano y de la inmigración japonesa.

El pasado (des)de *El muro*

Santiago Álvarez fue uno de los más reconocidos documentalistas cubanos. Su trabajo representó la conjunción estético-política de un cine social y militante (Bustos 2010: 1) que posterior al cambio político en Cuba, en 1959, definió por décadas la praxis cultural del Instituto Cubano del Arte e Industrias Cinematográficos (ICAIC). A nivel continental articuló los principales paradigmas creativos y conceptuales del movimiento del Nuevo Cine Latinoamericano, en particular, la tesis de que la identificación entre un modo de hacer/pensar el cine y la realidad tendría un impacto social realmente transformador. Fundó el Noticiero ICAIC Latinoamericano en 1960, en activo hasta 1990; sus filmes *Ciclón* (1963), *Now!* (1965), *Cerro Pelado* (1966), *Hanoi martes 13* (1967), *LBJ* (1968) y *79 primaveras* (1969), entre otros, marcaron «el nacimiento del nuevo «documental revolucionario» (Bustos 2010: 4). El valor de su contribución al cine cubano –en el período posterior al cambio político, y sobre todo en las décadas del sesenta y setenta– se extendió más allá de ese género, hasta el cine de ficción, que en ese momento estaba en pleno proceso de experimentación y desarrollo (García Borrero 2003: 156).

Álvarez fue un cronista sumamente inquieto. A lo largo de su extensa carrera documentó numerosos temas y sucesos nacionales e internacionales, en forma de periodismo cinematográfico o de cine documental[1]. No sorprende que la propuesta de narrar la historia

---

[1] Para Álvarez, «[e]ntre el cine documental y el periodismo cinematográfico hay pocas diferencias, entre ellas está la de abordar la realidad con un dinamismo

de los inmigrantes japoneses en República Dominicana despertara su interés y decidiera aceptarla. Falleció en 1998, dos años después de realizar el filme, el cual tituló *El muro*. En él, el evento migratorio de los años cincuenta es reconstruido a través de los recuerdos de ocho japoneses y un descendiente de primera generación[2] que a mediados de la década del noventa, cuando Álvarez hizo el documental, aún residían en varias regiones del territorio dominicano. Los inmigrantes nipones se establecieron originalmente en las colonias Constanza, Jarabacoa, Pepillo Salcedo, La Vigía, Altagracia, Agua Negra, Plaza Cacique, y Duvergé, en las provincias de Montecristi, Dajabón, Pedernales, Bahoruco, Independencia, y La Vega, aunque posteriores migraciones internas cambiaron esta distribución inicial, y en los años ochenta y noventa muchas familias se trasladaron a Santo Domingo.

En 1993 la capital tenía el mayor número de inmigrantes japoneses, si bien aún había comunidades en otras partes del país como Dajabón, Jarabacoa, y Constanza[3], en las que Álvarez filmó escenas de *El muro* en conjunto con otras en la capital. El documental recoge este contraste rural-urbano, que no sólo representa el cambio territorial experimentado por una comunidad japonesa originariamente agraria, sino también su diversificación profesional; por ejemplo, una de las entrevistadas, Toshie Hidaka de Méndez, dejó la tradición agrícola familiar y se hizo peluquera en Santo

---

en la filmación y en la posfilmación de forma distinta. La toma uno de hechos irrepetibles, la mayoría de las veces no planificada, constituye la principal materia prima y característica fundamental del periodismo cinematográfico» (1978: 1).

[2] Minora Seito, Mamoru Matsunaga, Takeaki Hidaka, Takashi Mukai, Kimio Shiguetone, Shiro Arimaya, Hine Fukunaga, Toshie Hidaka de Méndez, y Hiromi Tabata.

[3] Peguero 2005: 209-211. Para una descripción detallada de la distribución territorial de los japoneses entre la década del cincuenta, cuando arribaron a República Dominicana, hasta mediados de los noventa, véanse los capítulos III y V en Peguero 2005.

Domingo. Otro inmigrante de una familia de pescadores, Mamoru Matsunaga, se dedicó a la enseñanza de las artes marciales (en especial del judo), contribuyendo a su introducción y promoción en el país. No obstante, *El muro* hace énfasis en los agricultores, quienes constituyen la mayoría de los entrevistados, y el paisaje rural que acogió su trabajo, sus experiencias personales, y sus choques culturales tiene una presencia prominente en el filme. Entre ellos, Shiro Arimaya cuenta una anécdota simpática sobre una de las mayores sorpresas que recibieron los japoneses en República Dominicana, la comida: como no conocían el plátano, la yuca o el aguacate, llegaron a comer la yuca con cáscara, o a cocinar el aguacate. Amaya menciona esta breve historia al describir de manera más extensa la difícil situación que muchos enfrentaron, un sentir que repiten otros entrevistados, y que deja en el documental un sabor amargo sobre el proyecto migratorio.

La memoria personal y familiar de los entrevistados funciona a modo de representación, desde la actualidad y por asociación, de la experiencia histórica de un grupo más numeroso. En los créditos iniciales aparece la siguiente explicación: «En 1954, Rafael Leónidas Trujillo se mostró interesado en acoger en la frontera con Haití a familias japonesas. El dictador veía en esta inmigración la posibilidad de consolidar su política de "dominicanización de la frontera", un muro humano que frenara la entrada de haitianos al país». Con el texto, Álvarez define un marco histórico y colectivo en el que a continuación posiciona las narraciones individuales; ambos pasados, privado y social, son interpretados unívocamente desde una perspectiva geopolítica y dominicana. Si bien los inmigrantes introducen otras posibilidades –la crítica situación de Japón en la posguerra, la expectativa de un beneficio económico en el Caribe–, la explicación inicial, en combinación con el título del documental, *amurallan* el significado del complejo evento migratorio. Con esto la lectura de

Álvarez no sólo apunta a lo que ocurrió, sino sobre todo a cómo debe ser recordado[4].

A diferencia de otros filmes de Álvarez, *El muro* casi no utiliza materiales de archivo como fotos o grabaciones del período; la memoria presente de los inmigrantes constituye el centro de la narración. ¿Qué recuerdan? ¿Con qué sentido el pasado dialoga con sus vidas actuales? La mayoría de los entrevistados evoca una relación problemática e inconclusa con lo ocurrido, y apunta a la mala gestión del plan migratorio (el cual cumplía cuatro décadas en 1996, cuando se filmó el documental) como la causa de su difícil situación. De manera que *El muro* representa fundamentalmente un conflicto, el cual, como se infiere de la explicación inicial, fue resultado de que Trujillo priorizó un interés geopolítico por encima de una lógica socioeconómica. El flujo humano a través del Pacífico es visto críticamente como un plan que fue pensado desde un poder que era, además, dictatorial: un muro de contención y exclusión en torno a una controvertida identidad o ideal étnico-racial de la nación dominicana.

En este enfoque sociopolítico hay un eco de la visión de Álvarez en «Arte y compromiso», un texto publicado en Cuba en 1968, en el que reflexionaba públicamente sobre la función del cine y de los cineastas del Tercer Mundo, que para él era «compenetrarse con la realidad, con su pulso… y actuar» (Álvarez 2003: 460). El documental termina con una referencia a la determinación de los inmigrantes de cambiar un (heredado) estado de cosas: «En la actualidad los inmigrantes japoneses continúan luchando porque sus derechos sean respetados y los acuerdos cumplidos». Esto último alude al contrato migratorio entre los gobiernos de Japón y República Dominicana en la década del cincuenta. *El muro* combina la función crítica del cine sobre la

---

[4] Paul Hernadi (1985: 10) hace una aguda reflexión sobre los problemas de la representación del pasado, en la que plantea el conocimiento histórico desde la perspectiva de un conflicto interpretativo entre *cómo pasó realmente y cómo debe ser recordado*.

que Álvarez hablaba en «Arte y compromiso», y que él exploró a través del género documental, con algo de la inmediatez y tensión del periodismo cinematográfico, puesto que enfoca el fenómeno desde su ángulo más actual e irresuelto.

Álvarez podía haber construido una narrativa menos problemática contando las vidas de los inmigrantes en Japón, los detalles de su desplazamiento transpacífico, o centrando la representación en las relaciones intergeneracionales entre los japoneses y sus descendientes nacidos en la isla, en su encuentro e intercambio con la sociedad y cultura dominicanas. En el documental, algunos entrevistados hablan de los aspectos positivos y felices de su experiencia migratoria; pero las explicaciones de los créditos, junto con el tono de la mayoría de las entrevistas, proyectan un discurso crítico y contemporáneo. El aspecto principal de esta inmigración es visto desde *el muro* de la geopolítica dominicana, con sus restos sosteniendo todavía un conflicto social después de cuatro décadas de *construido*.

Para Álvarez, aproximarse al drama humano fue una inquietud permanente. En «Arte y compromiso» escribió sobre «la angustia, la desesperación, la ansiedad» como resortes para tensar la creación (2003: 458), y casi treinta años después, en una entrevista de 1995, veía «la insensibilidad y la indolencia ante el dolor ajeno» como el peor crimen de la humanidad (Morales 2008: 36). Sin olvidar, no obstante, que él en muchas ocasiones vio esos dramas humanos desde una posición ideológico-política que tenía su principal referente en la Revolución cubana y en sus conceptualizaciones de la realidad nacional e internacional.

En *El muro*, el presente dominicano-japonés aparece con una urgencia de revisitar el pasado, en un ejercicio histórico que desde la perspectiva de Álvarez debería (aspirar a) tener un efecto transformador. El documental incluye un recuento anecdótico de esta inmigración, pero muestra mayor interés por el conflicto que históricamente ha experimentado esta comunidad, para actualizarlo a través de una narración de temática política, de denuncia y crítica, poder, humanidad, historia, e identidad nacional.

Dominicanización de la frontera con colonos japoneses

La inmigración japonesa a República Dominicana es un proceso reciente si se compara con similares desplazamientos en Latinoamérica. La presencia de japoneses en otros países de la región data de finales del siglo XIX y principios del XX –en México (1897), Perú (1899), Chile (1903), Bolivia (1900), Argentina (1907), Brasil (1908), y Paraguay (1936)[5]–. En el otro caso caribeño, Cuba, 1898 es la fecha que se toma como referencia, a partir del arribo de un pasajero llamado Pablo Osuna en un barco procedente de México[6]. A este evento siguieron olas migratorias relativamente constantes hasta la década del cuarenta; por ejemplo, Keitaro Ohira, radicado en La Habana desde 1905, gestionó la llegada de trescientos ochenta japoneses a esa ciudad entre 1924 y 1926 (Álvarez & Guzmán 2002: 15). El flujo transpacífico hacia todos estos países fue establecido inicialmente por inmigrantes hombres que viajaban en busca de prosperidad económica, y con la idea de que sería una partida provisional.

El proceso migratorio dominicano-japonés se enmarca entre 1956 y 1959, período en el que los gobiernos de República Dominicana y Japón formalizaron la inmigración de 1 319 japoneses (Endoh

---

[5] Las fechas son de Masterson y Funada-Classen (2004), en su estudio detallado y abarcador de la historia por países de la inmigración japonesa en Latinoamérica.

[6] Álvarez & Guzmán 2002: 13. Estos historiadores han realizado la investigación más completa sobre el tema de los japoneses en Cuba. En la última década se ha publicado la mayoría de los trabajos sobre esta inmigración, que es una de las menos exploradas en el continente. En el 2013 fundé el sitio www.cubanonikkei.com para documentar la historia de esta comunidad.

2009: 47)⁷. Este grupo estaba formado fundamentalmente por familias, y su trayectoria caribeña seguía la ruta de un plan de colonización agrícola que Trujillo⁸ intentaba consolidar en la frontera con Haití (Despradel 1996: 5). El gobierno japonés, como detallaré más adelante, también tuvo razones socioeconómicas y políticas para fomentar (con precipitado interés) la diáspora de sus ciudadanos. Para apreciar esta inmigración en toda su complejidad debe interpretarse como un proceso multifacético, a través del cual se interconectaron simultáneamente factores humanos, familiares, sociales, históricos, políticos, culturales, institucionales, nacionales, y globales. La historiadora Valentina Peguero lo representa así en *Colonización y política: los japoneses y otros inmigrantes en la República Dominicana*, el estudio más abarcador que se ha hecho hasta la fecha. El texto de Alberto Despradel, *La migración japonesa hacia la República Dominicana*, enfoca el entramado institucional, y reconstruye el evento a través de las comunicaciones de/entre los gobiernos dominicano y japonés. Tomando como referencia fundamentalmente estos dos libros (los únicos que se han escrito sobre el tema), a continuación se exploran algunos aspectos del proyecto migratorio.

«¿Por qué seis de las ocho colonias fueron establecidas a lo largo de la frontera con Haití? ¿Usó Trujillo a los japoneses como colonos para impulsar el desarrollo agrícola o como barrera para controlar el paso haitiano hacia la República Dominicana?». Como bien indica Peguero (2005: 33) en respuesta parcial a sus interrogantes, para Despradel –quien coescribió junto a Álvarez los textos de *El muro*, y publicó su libro en el mismo año del filme– el «factor geopolítico» fue el principal incentivo del gobierno dominicano controlado por

---

⁷ Esta cifra varía mínimamente en otros textos. Lee Turits (2003: 200) habla de 1 232 inmigrantes japoneses, y Peguero (2005: 30) de 1 300.

⁸ El Presidente en ese momento era Héctor B. Trujillo, hermano de Rafael L. Trujillo, pero era este último quien realmente gobernaba. Su dictadura se extendió de 1930 a 1961.

Trujillo[9]. De esta manera se continuaban prácticas eugenésicas y antihaitianas que desde la época colonial, y sobre todo el siglo XIX, pretendían reducir la herencia negra y africana en la estructura social de la nación. Históricamente los gobiernos dominicanos habían favorecido la inmigración blanca. En la primera etapa del régimen de Trujillo, en la década del treinta, «una nueva ley de inmigración [estableció] impuestos de $500.00 pesos para las personas negras y asiáticas que quisieran inmigrar a la República Dominicana [y decretó que] sólo los inmigrantes blancos podían recibir tierras» (Peguero 2005: 59). En este sentido, a partir de 1939 el gobierno desarrolló una serie de proyectos de colonización agrícola ideados para inmigrantes extranjeros, muchos de los cuales (irónicamente si se tiene presente que el país vivía bajo una dictadura) eran refugiados políticos españoles, húngaros, y judíos europeos[10]. Peguero conecta estas prácticas institucionales de blanqueamiento social, entre las que destaca una política inmigratoria racializada, al hecho de que la presencia de los japoneses en República Dominicana fuera de las más tardías en el continente[11] (2005: 77).

---

[9] El dato sobre la coautoría aparece en la ficha técnica del documental, en los créditos sólo hay una mención a Despradel en la lista de agradecimientos. Masterson y Funada-Classen (2004: 211) mencionan un evento similar en Paraguay, cuando el dictador Alfredo Stroessner trató de usar japoneses cerca de la ciudad de Encarnación como una barrera contra los argentinos.

[10] Peguero 2005: 66. El programa de colonización agrícola no fue una novedad de Trujillo, pero alcanzó un desarrollo sin precedentes durante su régimen (Lee Turits 2003: 182).

[11] No obstante, Lee Turits enfatiza que el factor socioeconómico y el componente dominicano fueron los elementos esenciales de este programa de colonización agrícola, es decir, mantener al campo y a la masa rural y dominicana en constante producción y control. «En 1953 había sólo setenta y un extranjeros de un total de 69 895 pobladores en las colonias agrícolas bajo supervisión del Departamento de Agricultura» (2003: 198). Todas las traducciones de citas de Lee Turits son mías.

El fracaso de las colonias de europeos[12] influyó en la admisión de inmigrantes menos *ideales*. Esta nueva fuerza laboral era necesaria para el desarrollo agrícola en el que se centraba la política económica de Trujillo, quien había impulsado una reforma agraria en 1934[13] y otros programas para forzar o incentivar la producción por parte de los campesinos dominicanos (Peguero 2005: 63). Lee Turits plantea que «[p]ara 1936, el estado habría distribuido una cantidad de tierra que representaba el 29% de las granjas del país, el equivalente al 31% de los productores rurales para 1955»; y las colonias agrícolas[14], que también fueron pensadas para el campesinado dominicano, sobresalieron en esta política agraria y «generaron una porción importante del producto agrícola nacional, hacia 1947 la quinta y la cuarta parte de cultivos como el arroz, café, y frijoles» (2003: 96, 182)[15].

La mencionada ley de inmigración de los años treinta excluía a los asiáticos de adquirir tierras. Sin embargo, la mayoría[16] de los 1 319

---

[12] Según Peguero, la falta de éxito se debió, entre otras razones, a que eran refugiados políticos, gente de zonas urbanas, con profesiones e intereses totalmente ajenos a lo agrícola (2005: 76).

[13] Lee Turits detalla la cantidad de tierra distribuida, y explica que este programa agrario fue una mezcla compleja de distribución y/o legalización de tierras, derechos de propiedad, institucionalización rural, entre otros elementos (2003: 96-97).

[14] Las colonias por lo general estaban en lugares distantes, como la frontera, y muchas contaban con servicios, infraestructura, y ayuda del estado –casas, irrigación, clínicas, escuelas, iglesias, y un estipendio inicial (Lee Turits 2003: 182). No obstante, en muchos casos, como ocurrió con algunas colonias de japoneses, había muy poco de esto, y las condiciones de vida eran pésimas, con escaso mercado para sus productos, y falta de agua.

[15] Otros ejemplos: «la cebolla el 20%, el maní el 18%, el café el 19%; las habichuelas o frijoles el 18%» (Maríñez 1993: 42).

[16] Aunque fue un proyecto fundamentalmente agrícola, incluyó en menor escala a un grupo de pescadores, quienes contaban con otras garantías. Al mismo tiempo, un conflicto que durante décadas enfrentó a muchos inmigrantes con los gobiernos de Japón y República Dominicana fue la desconexión entre lo «garan-

japoneses que llegaron a República Dominicana entre 1956[17] y 1959 contaban (en papel[18]) con esa y otras garantías, las cuales fueron oficializadas a través de notas diplomáticas entre ambos gobiernos, por ejemplo, hasta trescientas tareas (unidad de medida equivalente a 628,86 metros cuadrados) de tierra por familia, una vivienda, y terrenos ya preparados para la siembra (Despradel 1996: 42). La ubicación de los asentamientos y el producto a cultivar también estaban predeterminados; la horticultura fue la principal actividad que desarrollaron, y en menor escala la siembra de café, así como la pesca. Los inmigrantes japoneses contribuyeron a la comercialización y consumo de legumbres y vegetales a escala nacional, no sólo de productos poco habituales en la gastronomía dominicana hasta fines de los cincuenta como apio, brócoli, espárrago y espinaca, sino de otros más familiares, como la habichuela y la remolacha (Peguero 2005: 120)[19]. El plan era radicarse en el país, lo cual no sólo fue distintivo del caso dominicano, sino de la inmigración japonesa a la región en la etapa de posguerra –la mayoría hizo la travesía transpacífica portando un pasaporte válido para un viaje (de ida) que además tenía un sello de «migración permanente» (Endoh 2009: 37)–. En contraste con esto, la mayoría de los japoneses que inmigraron a Latinoamérica en la preguerra no pensaba quedarse, si bien menos del 10% pudo regresar a Japón (Masterson & Funada-Classen 2004: xi, xii; mi traducción).

---

tizado» y la realidad que encontraron, por ejemplo, terrenos de mucha menor calidad y tamaño, así como malas condiciones en términos de educación y salud.

[17] En 1956, incluyendo a los japoneses, habían en República Dominicana 2 902 inmigrantes que eran colonos agrícolas (Lee Turits 2003: 201).

[18] En la colonia La Vigía, los japoneses recibieron terrenos mucho menores que los prometidos (Peguero 2005: 124). Este es un problema que también se menciona en *El muro*.

[19] «El 30 de enero de 1958, por ejemplo, *El Caribe* publicó que la Colonia Constanza [en la provincia de La Vega] produjo para diciembre de 1957 un total de 2 936 quintales de repollos; 355 de habichuelas; 233 de papas, y 93 de remolachas» (Peguero 2005: 121).

En el caso de República Dominicana, las notas diplomáticas que cita Despradel muestran que los funcionarios japoneses tuvieron un rol muy activo en las negociaciones, hasta el punto de insistir en el desarrollo del proyecto en un momento en el que el gobierno dominicano había expresado su intención de suspenderlo. Muchos de los autores consultados coinciden en una interpretación socioeconómica de esta posición, es decir, en que el gobierno japonés usó la inmigración estratégicamente como un mecanismo de descompresión interna ante problemas económicos y de superpoblación. Este argumento es compartido por uno de los entrevistados en el documental, Mamoru Matsunaga, quien explica que después de la Segunda Guerra Mundial, los japoneses que vivían en Manchuria, China, Corea, Filipinas, y Taiwán –es decir, los países o territorios de Asia que antes y durante la guerra habían sido ocupados, anexados o controlados por el gobierno imperial de Japón– fueron repatriados, creándose así una crisis poblacional que el gobierno intentó resolver a través de la inmigración. Las instituciones del estado llevaron a cabo una campaña de promoción que insistía en los inmensos beneficios de emigrar al «Paraíso caribeño», como se representaba a República Dominicana en algunos anuncios, y esta narrativa conectó rápidamente con la imaginación de los futuros inmigrantes y sus ideales de prosperidad[20].

Toake Endoh, en su provocadora investigación *Exporting Japan: politics of emigration towards Latin America*, propone una relectura crítica de la tesis de la válvula de escape, sobre todo a mediados de la década del cincuenta, cuando «el ambiente socioeconómico estaba cambiando drástica y rápidamente, y el argumento de la crisis

---

[20] Véase Endoh 2009: 46-47. «Entre los incentivos promovidos por el estado japonés para atraer la emigración al "Paraíso caribeño" estaban: subsidio de los gastos de viaje, suministros para la siembra, casas e infraestructura social completamente preparadas, y un ingreso mínimo garantizado durante el período inicial» (Endoh 2009: 46). Todas las traducciones de las citas de esta autora son mías.

poblacional y la pobreza no resultaba legítimo» (2009: 11). Endoh reinterpreta el interés del gobierno japonés como la continuación de una estrategia política transnacional, la cual, ya desde la preguerra, *exportaba* proyectos migratorios que pudieran reportar «riqueza, poder y estatus»; a mediados de la década del veinte, el gobierno asumió un rol central en estos asuntos, que antes gestionaban compañías privadas (2009: 2, 11). «Además del objetivo interno de control social, el estado buscó expandir el alcance de la nación-estado más allá de sus fronteras territoriales, mediante una estrategia de migración-colonización» (2009: 7-8)[21]. La tesis de Endoh deconstruye el proceso migratorio, con ejemplos específicos como el de República Dominicana, para reinterpretarlo en su articulación institucional: ¿cómo el flujo humano de Japón a Latinoamérica fue construido desde diversos niveles político-administrativos del estado nipón?

En su tesis de que el gobierno japonés proyectó estratégicamente los beneficios de «una diáspora coétnica en la construcción de la nación» (2009: 8) se articula –si bien paradójicamente– la táctica de Trujillo de *importar* extranjeros para cimentar una identidad étnico-racial (no haitiana y no negra) de la *patria*. El flujo de inmigrantes se conceptualizó desde los gobiernos de ambos lados del Pacífico como un método definidor de la *comunidad política imaginada*, a través de una dinámica transnacional que buscó expandir o contener sus fronteras territoriales[22].

---

[21] Según Endoh, debido a una coyuntura política interna, hubo una desproporcionada cantidad de inmigrantes de la zona suroeste del país, y un interés del gobierno japonés por *exportarlos*.

[22] La idea aparece ya en *Imagined communities*, el trascendental trabajo de Benedict Anderson sobre la nación. Anderson «fue el primero en destacar la importancia del capitalismo de imprenta en la creación y consolidación de identidades nacionales» (Radcliffe & Westwood 1996: 11).

Intersticios transnacionales y transdisciplinarios

Dennison, en «National, transnational and post-national: issues in contemporary filmmaking in the Hispanic world», explora cómo el cine latinoamericano contemporáneo se desarrolla en gran medida a través de mecanismos, políticas y alternativas de intercambio entre cuerpos nacionales. Además, distingue como novedad de finales del siglo xx, y sobre todo del xxi, en comparación con ejemplos similares en la historia del cine en Latinoamérica, la considerable cantidad de filmes que han estado recurriendo a estas prácticas (2013: 23).

En este circuito de «iniciativas de financiamiento transnacional» destacan las coproducciones, los programas como Ibermedia y Cine en construcción, este último vinculado a los festivales de San Sebastián y Toulouse, los Fondos Hubert Bals y Cine Mundial de los festivales de Rotterdam y Berlín, respectivamente (Dennison 2013: 14). Una mirada a los créditos de muchos filmes latinoamericanos muestra la praxis productiva a través de la que se mueve un capital global. A manera de ejemplo, el filme dominicano *Dólares de arena* (dir. Laura Amelia Guzmán e Israel Cárdenas, 2014), es una coproducción de tres países que se realizó con el apoyo de Ibermedia, del fondo Hubert Bals, y de los institutos nacionales de cine de Argentina (INCAA), y México (IMCINE). En Cuba, desde 1990, el cine nacional ha estado formado en su mayoría por coproducciones; en la actualidad es cada vez más común que los proyectos del ICAIC, y sobre todo los realizados de manera independiente a las instituciones del Estado, accedan a los programas y fondos mencionados.

El intercambio a través de las fronteras constituye una parte esencial del funcionamiento de las industrias locales, si bien el énfasis en un vínculo geográfico originario tiende a objetivar los filmes como *hechos* nacionales, más que como *procesos* (trans)nacionales. En un filme, el elemento foráneo puede estar presente en el equipo técnico (a quienes no siempre los une la nacionalidad), el idioma, el tema, o el lugar de rodaje. También en los fondos para el desarrollo del guión, la (pos)producción, o en la distribución en mercados y/o festivales internacionales; un diálogo con lo externo que, al mismo tiempo, puede ser ideado (desde *dentro*) por profesionales nacionales, desde territorio nacional.

El desarrollo del cine en República Dominicana ha incluido el trabajo de extranjeros –por ejemplo, *Excursión de José de Diego en Santo Domingo*, del camarógrafo puertorriqueño Rafael Colorado, 1915; *La cárcel de la Victoria, el cuarto hombre*, del español José Enrique Pintor, 2004; *Negocios son negocios*, del argentino Joppe de Bernadi, 2004 (Lora 2011: 358, 366)–. Es una historia de cine que también se ha escrito con filmes de directores dominicanos que viven en otros países, como Carlos Bidó (*Viajeros*, 2006), o que se han formado fuera, como son los casos de Laura Amelia Guzmán (*Jean Gentil*, 2011), y de Leticia Tonos (*La hija natural*, 2011), quienes estudiaron en la Escuela Internacional de Cine y Televisión, de Cuba, y en la Escuela de Cine de Londres, respectivamente (Lora 2011: 379-80). La Ley de Cine del país también legitima oficialmente el diálogo con lo externo mediante su propuesta de «[f]omentar el desarrollo de la industria cinematográfica dominicana a través del incentivo a la inversión extranjera» (DGCINE 2010: 6), al mismo tiempo que reconoce que el apoyo interno del estado y de sus instituciones es vital para el desarrollo del cine nacional.

Esta dinámica dentro-*y*-fuera es un reflejo de otro fenómeno que históricamente ha sido esencial en la construcción de la nación: las migraciones hacia y desde la isla. En el caso del proyecto de los colonos japoneses, la identificación interno-externo es lo que hizo que pareciera una paradoja, porque «el concepto de dominicanización se fundió con el de inmigración» (Peguero 2005: 65). En *El muro* las secuencias inicial y final muestran la estatua de Cristóbal Colón en el parque que lleva su nombre en Santo Domingo, en lo que pudiera interpretarse como una conexión simbólica entre el flujo transatlántico que se inició con su viaje, y la travesía transpacífica de los japoneses cinco siglos después. República Dominicana es el recorrido por este largo ciclo. Desde un momento pre-nacional (pensando en el concepto moderno de la nación-estado), hasta que, ya imaginada como totalidad geográfica, simbólica y política, continuó re-formándose en el siglo XX a través de un componente social externo. Es un proceso que sigue en la actualidad, en el que además se articulan la cultura y el arte, con el ejemplo paradigmático del cine como vehículo de representación y exploración de la identidad nacional, en muchas ocasiones, a través de prácticas que traspasan las fronteras.

La interpretación que centra el presente trabajo, el de una conexión entre el funcionamiento más-allá-de-lo-nacional de los procesos fílmico y migratorio, resulta pertinente para entender la manera flexible con la que un documental cubano aborda un evento de la historia dominicana, que es, además, el de la diáspora japonesa que pasó a formar parte del entramado social de la isla. Esta lectura encuentra fundamento en el análisis de Dennison, y sobre todo en el de Villazana, «Redefining transnational cinemas: a transdisciplinary perspective», en el que, como apunté al inicio, la autora conecta las nociones de transnacionalismo y transdiciplinariedad para estudiar comparativamente la movilidad y la flexibilidad con que los procesos fílmico y migratorio se relacionan con las identificaciones nacionales. Villazana (2013: 26-27, 46) localiza las raíces del concepto de transnacional en los estudios sobre las migraciones, y lo adapta (con las conceptualizaciones de su disciplina originaria) a un análisis de la praxis transfronteriza de la producción fílmica contemporánea, con lo cual invita a desarrollar en los estudios sobre cine las perspectivas metodológicas y teóricas de otras disciplinas. El presente trabajo sigue esta perspectiva transdisciplinaria, e interconecta el documental cubano *El muro* y la inmigración japonesa a República Dominicana a través de una lectura comparativa de sus respectivas relaciones con unos conceptos de nación y lo nacional. La noción de lo transnacional

—en la que insisten los análisis sobre cine de Dennison y Villazana, el de Endoh sobre migración, y en la conclusión presentaré otro ejemplo de su uso relacionado con las comunidades de japoneses y sus descendientes— ayuda a entender la naturaleza fluida y dinámica de ambos procesos, fílmico y migratorio, de cómo sus elementos existen en un dentro-*y*-fuera, interno-*y*-externo.

Desde esta posición de intercambio entre disciplinas aproximo la dinámica social de la *dominicanización* con extranjeros y el componente externo en las industrias locales de cine, el plan migratorio dominicano-japonés en diálogo con un filme con colaboración cubano-dominicana, para resaltar el hecho de que ambos proyectos transfronterizos cimientan dos narrativas nacionales: la sociedad dominicana y el cine cubano (*El muro* no es una coproducción). De ahí que, siguiendo la idea de Villazana, mi propuesta es entender un proyecto a través del otro, interconectando los *muros* de las disciplinas a las que responden. Ha resultado esclarecedor reposicionar mi perspectiva, de la inmigración al cine, y viceversa, y apreciarlos en esencia como dos procesos a través de los cuales se construyen unas identidades (social y cultural) de la nación.

Para Endoh, los proyectos de migración/colonización de los japoneses en Latinoamérica representaban estar en dos naciones al mismo tiempo (2009: 9). Por su parte, Villazana explica que «el transnacionalismo ve la migración como un sistema dinámico de construcción y reconstrucción de espacios sociales que afecta económica, social, política, y culturalmente, a ambos extremos, aquellos que migraron, y sus familias, parientes y amigos que permanecen en el país de nacimiento» (2013: 29-30). Traspasando lo anterior al contexto del cine, y específicamente al filme de Álvarez, cabe replantearse la idea de que *El muro* articula exclusivamente la narrativa de un cine cubano, y transportarla al otro extremo: ¿afecta también al imaginario fílmico dominicano? El documental da visibilidad a un evento de la historia de República Dominicana, que además ha sido muy poco estudiado dentro y fuera del país, y lo hace siguiendo lo que Félix Manuel Lora (2011: 369) define como «una constante en el cine dominicano: la crítica social». De haber sido una coproducción, *El muro* podría ser la misma representación, que, ahora oficial y legalmente con un pie en dos naciones, vería legitimarse su rol en la construcción de las identidades fílmicas de ambas islas, y su pertenencia a las narrativas cine cubano *y* cine dominicano.

En este sentido, he usado el término transnacional para definir la dinámica productiva, creativa, y temática del documental. Esta elección sigue la línea de pensamiento de Villazana, quien lo adopta en lugar de internacional, porque «el remplazo del más usado término internacional por el de transnacional, en referencia a la coproducción [y la colaboración] cinematográfica, hace hincapié en la inflexión cultural y la naturaleza intermediadora de esta práctica» (2013: 46). No obstante, en ocasiones lo he escrito como (trans)nacional, para enfatizar mediante el paréntesis su relación de independencia *y* dependencia con lo nacional, su movilidad fuera *y* dentro de las fronteras.

Como concluiré en la próxima sección, considero que la nación y lo que se identifica con ella (lo nacional)[23] todavía tiene una influencia considerable (en ocasiones casi central) en buena parte del funcionamiento de las prácticas fílmicas y migratorias. El capital global que se mueve a través de los fondos y programas mencionados se dirige a determinadas regiones y/o países, por lo que la pertenencia nacional todavía resulta determinante para obtener el financiamiento, al mismo tiempo que la comercialización del filme apela en muchas ocasiones a un vínculo o interés territorial del público. Muchas veces los emigrados forman un circuito receptivo que ayuda considerable-

---

[23] «Los términos nacionalismo, nación e identidades nacionales a menudo se usan indistintamente [...] Sin embargo, una ideología relativamente coherente —nacionalismo— se distingue del aspecto cívico y territorial de la nación, y de los imaginarios vividos de los sujetos, que son las identidades nacionales» (Radcliffe & Westwood 1996: 15). Todas las traducciones de las citas de las autoras son mías.

mente a la comercialización de un filme en el exterior. Reflexionando sobre lo anterior, me llamó la atención la siguiente reseña del filme dominicano *Nueba Yol: por fin llegó Balbuena* (dir. Ángel Muñiz, 1995), cuya trama gira en torno a un inmigrante en esa ciudad: «Para el público en República Dominicana, donde la película ha sido un retundo éxito, este ofrece un mensaje reconfortante: no hay nada como el hogar [léase el país de origen]» (Holden 1996). Las prácticas migratorias y fílmicas mueven el debate hacia la nación y sus identidades, que son procesos que muy a menudo tienden a *amurallarse* como hechos.

Un aspecto que Villazana reconoce como problemático es la terminología, es decir, la elección entre internacional, multinacional y transnacional para referirse al intercambio fílmico a través de las fronteras. Para la autora, la complejidad es un resultado de los múltiples usos, interpretaciones, y apropiaciones de estos términos en variados contextos; «[d]e acuerdo a los debates sostenidos entre investigadores de Relaciones Internacionales desde los años sesenta, *inter*nacional se refiere a relaciones «*entre* estados» y *trans*nacional a instituciones que se *extienden más allá de,* e incluso que *abarcan a*, los estados» (2013: 33; énfasis del original). En otros contextos, internacional alude a intercambios comerciales, y transnacional a los de la cultura, y en los ochenta este último sirvió para sustituir al de multinacional, que tenía una connotación de avaricia e inequidad (2013: 32, 28). En el caso del documental de Álvarez, al conceptualizarlo como transnacional enfoco su funcionamiento cultural, transfronterizo, problemático en su exclusividad territorial, y su influencia en todos los *extremos* involucrados.

El muro representa un intercambio más ambiguo que el de una coproducción: en su ficha técnica aparece como una producción enteramente cubana, que, no obstante, se filmó en su totalidad en República Dominicana, con patrocinadores de ese país. Es un documental cubano que no tiene relación temática con Cuba, en el que el coautor de los textos, Despradel, y todos los entrevistados, son dominicanos[24], pero no así el equipo de realización. En otro giro transfronterizo interesante, la idea original migró de Brasil a Cuba para la preproducción, a República Dominicana para su investigación y subsecuente filmación, y de regreso a Cuba para la posproducción.

En 1994, Álvarez estaba de visita en Sao Paulo para un homenaje organizado por el Museo de Imagen y Sonido, y un representante de la Fundación Japón en esa ciudad le propuso el proyecto audiovisual[25]. Brasil es el país de Latinoamérica con la mayor comunidad nikkei (inmigrantes japoneses y sus descendientes), y el único en la región, además de México, que tiene una sede de esa institución. En el sitio digital de la Fundación Japón se explica que surgió en 1972 como una entidad del Ministerio de Asuntos Exteriores japonés, aunque en la actualidad tiene un estatus administrativo independiente. Pero una buena parte de su financiamiento todavía la generan los subsidios gubernamentales, con los cuales realiza un intenso trabajo de intercambio y promoción cultural en veintiún países, organizando exhibiciones de arte, programas educativos, proyectos audiovisuales, muestras de cine, conferencias, cursos de idioma, entre otras iniciativas (*The Japan Foundation*). Por este canal multinacional fluyen, con el *poder suave* de la cultura, interpretaciones de Japón y de lo japonés –«[l]a producción de culturas nacionales es una tarea enorme, y el estado es un productor importante a través de sus instituciones y discursos. El estado genera procesos que promueven la identificación entre subjetividad y nación» (Radcliffe & Westwood 1996: 14)–. Si para Endoh los programas migratorios ideados y/o apoyados por el gobierno se dirigían a la construcción de la nación-estado desde el

---

[24] En el documental no se especifica la ciudadanía de los entrevistados ni cómo ellos se definen en términos de nacionalidad. Los agrupo como dominicanos por su conexión con el país.

[25] Lázara Herrera, productora ejecutiva del filme (comunicación personal, marzo 3 de 2016).

exterior, su consolidación desde fuera distingue la praxis cultural de este tipo de instituciones.

Así, el recorrido transfronterizo de *El muro* no sólo involucró a tres países –la idea original en Brasil, la filmación en República Dominicana, y la posproducción en Cuba–, sino que Japón aparece en el fondo como un cuarto colaborador. Indirectamente también conectó a dos comunidades nikkeis, la de Brasil, cuya larga historia y tamaño explican el establecimiento de una sede de la Fundación Japón en el país, y la de República Dominicana, una de las más recientes y pequeñas del continente. Incluso pudiera hablarse de lo nikkei como otro copartícipe del proyecto, si, como proponen algunos autores, algunas de estas comunidades han negociado una identidad distintiva, simultáneamente dependiente e independiente de su origen japonés y de su filiación nacional, lo cual se debe a que «[u]na vez las familias se establecieron, los japoneses […] se dispusieron a crear "grupos comunales de inmigrantes orgánicamente constituidos" o "naciones dentro de naciones"»[26]. En los créditos del filme aparece como uno los patrocinadores la Asociación de Inmigrantes Japoneses de Jarabacoa, en la provincia dominicana de La Vega; en 1996 (cuando Álvarez filmó el documental) diez familias quedaban en esa colonia de la Cordillera Central, de treinta y tres que había en 1959[27] (Peguero 2005: 128, 211).

Desde Brasil, cuya diáspora japonesa ha generado numerosos estudios, fluyó un capital investigativo similar hacia República Dominicana, donde el proceso migratorio ha sido muy poco explorado. Este recorrido se hizo pasando por Cuba. Una confluencia trinacional que hubiera sido interesante ver planteada como una co-tematización, si más allá de la relación productiva idea-rodaje-posproducción, la representación hubiese articulado la experiencia de los japoneses en

---

[26] Un nikkei peruano citado en Masterson & Funada-Classen (2004: xii).
[27] Cinco de los entrevistados también aparecen como patrocinadores.

Brasil, República Dominicana y Cuba. De haber sido *El muro* una coproducción, tal vez hubiese propuesto un tipo de narrativa comparada, aunque no necesariamente.

Lo cierto es que los intercambios producen influencias. La propuesta de la Fundación Japón en Brasil añadió la temática de la inmigración japonesa a la filmografía de Álvarez, quien no la trabajó en el contexto cubano, mientras que el documental puede verse como una contribución al desarrollo del imaginario fílmico dominicano, en el que no hay representaciones de este episodio de la historia social de la nación. Al menos en la exhaustiva bibliografía de Peguero no hay mención a trabajos audiovisuales sobre el tema, ni tampoco en el inventario que hace Félix Manuel Lora de los documentales dominicanos entre 1958 y 2008. Por lo que a través del proyecto migratorio dominicano-japonés se interconectan los *muros* de las cinematografías cubana y dominicana, con un filme cubano sobre la realidad dominicana, o, una representación nacional pensada desde fuera.

Uno de los puntos más críticos del análisis de Dennison es precisamente la influencia económica y cultural que surge del intercambio, y que ella explora fundamentalmente en la relación entre Europa (con énfasis en España) y Latinoamérica, si bien la autora advierte que no se debe sobredimensionar una lectura totalizadora y de uniformidad de las prácticas productivas en la región, puesto que hay mucha creatividad en la búsqueda de iniciativas para hacer cine. También es importante entender lo transnacional como una negociación, no sólo, o no siempre, en términos de una relación de poder impositiva, binaria, y unidireccional. Incluso en *El muro* –que no está dentro del grupo específico de filmes y prácticas de la crítica de Dennison– también se puede hablar de influencias culturales, que imprimen los criterios éticos, estéticos, e ideológico-políticos de un cineasta cubano en una representación de la realidad dominicana, en su visión de una isla desde otra isla.

Antes había citado la nota con la que Álvarez concluye el documental: «En la actualidad los inmigrantes japoneses continúan luchando porque sus derechos sean respetados y los acuerdos cumplidos». Sin embargo, tal vez lo más significativo de este conflicto es que *no* todos los inmigrantes se han unido a esa lucha que comprendió un proceso legal contra el gobierno japonés en 1987 y una demanda formal en el 2000, pero a la cual «el 16% se opone o prefiere dejar las cosas como están. El desacuerdo ha sido fuente de fricción y mutuas acusaciones entre ellos» (Peguero 2005: 218)[28]. Al punto de que en la 18ª Convención Panamericana Nikkei (Copani), que tuvo lugar en Santo Domingo, en el 2015, «no se pudo lograr el auspicio, siquiera nominal, de las dos asociaciones japonesas existentes» en el país (Matsumoto 2015: en línea). Al mismo tiempo, la disputa de los inmigrantes japoneses por la tierra, en este caso con el gobierno dominicano, ha generado involuntariamente problemas con los campesinos locales, con conflictos que en ocasiones han sido explotados desde posiciones nacionalistas de lo dominicano versus lo foráneo[29].

¿Significa lo anterior que Álvarez impuso una visión externa, que, tal vez influenciada por su concepción de un cine militante, predispuso una lectura sociopolítica y de unidad de la inmigración japonesa? Un documental es un ejercicio interpretativo, si bien por lo general se posiciona en un nivel de verosimilitud y aproximación a la realidad diferente al de una ficción[30]. Las conexiones nacional y cultural del director son sólo dos de las múltiples identidades que

---

[28] Matsumoto explica que «[e]n la primera instancia se comprobó la negligencia del Estado japonés pero no dio lugar a la indemnización porque ese derecho había prescripto. Los demandantes apelaron pero luego acordaron conciliar porque la administración [Junichirō] Koizumi aceptó disculparse y pagar una suma única de 2 millones de yenes a cada demandante (a los que residían en Japón 1.3 millones) y de 1.2 millones a los no demandantes (a los residentes en Japón la suma de 500 mil yenes)» (2015: en línea).

[29] Sobre esta situación, véase Peguero 2005: 229.

[30] Este tema ha generado mucho debate desde los campos de la teoría y de la práctica fílmicas. No es ya una novedad que las ficciones utilicen la estética documental, y que los documentales recurran abiertamente a la ficción.

pueden recorrer los intersticios discursivos de sus filmes[31]. Pero también se debe recordar que Despradel, quien es dominicano, aparece en la ficha técnica como coautor de los textos, con lo que esto sugiere sobre su aporte a la investigación, y es cierto que una parte de la comunidad puede reconocerse en la visión de Álvarez. Esto apunta a una conciliación entre las perspectivas del director cubano, el investigador dominicano, y los inmigrantes japoneses residentes en el país.

El tema de la contribución externa invita a mover la reflexión hacia la influencia de los inmigrantes japoneses en República Dominicana. Su presencia en el país cambió aspectos de la cultura local a través de la introducción de nuevos elementos, o de una interacción diferente con otros ya existentes; pero sobre todo provocó un diálogo con el imaginario étnico de la nación, con la visión que la sociedad dominicana tenía de sí misma, que ahora contenía un componente japonés. República Dominicana ha sido históricamente una nación en diálogo con lo externo; ya hacia a finales del siglo XIX «el 6% de la población [era] de origen extranjero» (Peguero 2005: 53). Sería importante explorar hasta qué punto la presencia de los japoneses se internalizó[32] en la subjetividad colectiva, o, recreando la lógica geopolítica del proyecto, si realmente se *dominicanizó* esta inmigración.

---

[31] Al mismo tiempo que en lo personal, Hobsbawn considera que «no podemos asumir que para la mayoría de las personas la identificación nacional —cuando existe— excluye o es siempre superior al resto de identificaciones que constituyen el ser social» (1991: 11). Todas las traducciones de citas de Hobsbawn son mías.

[32] Radcliffe y Westwood acertadamente consideran que esta subjetividad es uno de los aspectos más difíciles de examinar: las imaginaciones interiorizadas («internalized imaginings») que coexisten con las imaginaciones nacionales exteriorizadas, oficiales («externalized national imaginings») (1996: 15).

¿Neg(oci)ando la identidad nacional?

«En 11ª Convención Panamericana Nikkei (Copani), en el 2001, en Nueva York, un grupo de investigadores propuso una definición de trabajo del término nikkei: un individuo "que tiene uno o más ancestros japoneses y/o cualquiera que se autodefina como nikkei"»[33]. Es una tesis que plantea la construcción de la identidad como un proceso que combina lo coyuntural y lo electivo[34]; si bien concuerdo con esto último, en el caso mencionado la ilimitada inclusividad a la que se apela resulta problemática. Desde esta perspectiva, las diferencias no excluyen la pertenencia a un grupo, no hay que tener las mismas experiencias para sentir una conexión, un enfoque desde el que se puede entender la compleja identidad nacional, de los inmigrantes en un nuevo país, o de las coproducciones y colaboraciones fílmicas que no son 100% locales. En todos estos ejemplos se (re)producen negociaciones con unas «identidades [que] no son estáticas y unitarias, sino cambiantes, contingentes, y carentes de fijeza»[35]. La siguiente observación, en el contexto de las migraciones, recuerda algo de la fluidez transfronteriza del cine:

> [L]as interconexiones étnicas se han ido desarrollando cada vez más de forma transnacional, con la inclusión de construcciones globales de

---

[33] Masterson & Funada-Classen 2004: xi. Según estos autores, el sentido general de nikkei es el de japoneses en el exterior, sobre todo con énfasis en inmigrantes que se radican permanentemente en otros países.

[34] Recuerda los postulados de Fredik Barth, quien «sugiere que la etnicidad no es simplemente un criterio de identidad dado, sino que involucra un proceso de construcción de identidad. Él argumenta además que un sentido de identificación étnica es a veces elegido, adoptado, o promovido en determinados momentos por determinadas razones» (Creighton 2010: 134). Todas las traducciones de citas de la autora son mías.

[35] Radcliffe y Westwood (1996: 24) hacen referencia al trabajo de Gupta y Chatterjee, quienes, entre otros autores, se plantean la identidad desde una posición posestructuralista.

una identidad panétnica en lugar de una identidad étnica enfocada en miembros de un grupo dentro de una determinada nación-estado. De particular relevancia es el desarrollo de una red global de descendientes de japoneses, y la construcción de una identidad internacional basada en el hecho de «ser nikkei». (Creighton 2010: 134)

Desde mi punto de vista, esta identidad internacional que se intenta construir coexiste problemáticamente con una identidad nacional. En mi experiencia, muchos descendientes se definen según el país de nacimiento, o no desconectan las dos identificaciones (nikkei argentino, nikkei cubano, y otros ejemplos similares). Tengo la impresión de que, en última instancia, se inclinarían por el país de nacimiento. Además de la fuerza que todavía ejerce un sentimiento de pertenencia y exclusividad territorial, en esto influye significativamente la institucionalidad que lo (re)construye a diario. Creighton distingue acertadamente que lo nikkei le ha ganado terreno a lo japonés, desplazando el énfasis de Japón hacia la experiencia migratoria más allá de sus fronteras, y detrás de este cambio está el activo trabajo de instituciones como Copani (que tiene una estructura multinacional). Sin embargo, esta última no tiene (todavía) el alcance de un Estado, el cual, como señalaban Radcliffe y Westwood, es un productor principal en la enorme empresa de construir identidades. En este punto no se puede perder de vista que en ambos casos entran en juego interpretaciones, posiciones, y mecanismos con los cuales se tratan de construir identidades, de *conectar subjetividad* y *comunidad nacional*, o nikkei. No se puede perder de vista que «[l]a nación es una comunidad, pero también ha sido construida y articulada en unas relaciones de poder en las que no todos participan en igualdad de condiciones» (Bolívar 2001: 17); esta dinámica sería importante explorarla también en un cuerpo multinacional como Copani, de manera similar a como Dennison se aproxima críticamente al intercambio transnacional en el cine.

«[L]a identidad nacional puede significar algo diferente para diferentes personas en una misma nación»; desde una ambigüedad similar, la identidad nikkei reconoce similitudes en las experiencias de personas de diferentes naciones. No obstante, esta compleja *simultaneidad* no abre la puerta a una infinitud *imaginativa* y *material*[36]; en realidad cualquiera no puede autodefinirse como nikkei, y, para mover el debate hacia el cine, cualquier filme no puede definirse como dominicano. O pueden hacerlo, pero no serán necesariamente percibidos y/o aceptados como tales. La Ley de Cine, por ejemplo, *materializa* una visión cuantitativa y cualitativa de la identidad nacional de los filmes, y al hacerlo no representa sólo una práctica y un interés del estado, sino que los profesionales del medio también favorecen estas fronteras. Porque este capital nacional muchas veces permite coexistir con un panorama competitivo y globalizado[37].

De ahí que me llamara la atención una coyuntura socioeconómica que el historiador Eric Hobsbawn describía a finales del siglo XX, la cual resulta pertinente en (el contexto cinematográfico) del XXI:

> Hoy en día «la nación» está perdiendo una parte importante de sus viejas funciones, la de constituir una «economía nacional» enmarcada

---

[36] Radcliffe & Westwood 1996: 16. Con referencia al trabajo de Bhabha, las autoras plantean que la simultaneidad caracteriza a las identidades nacionales y a la nación, las cuales no deben ser entendidas meramente como narraciones, puesto que involucran las dimensiones material e imaginativa, colectiva e individual, de los sujetos (1996: 23).

[37] En un caso *sui generis* como el cubano, la Ley de Cine es un reclamo de los cineastas nacionales, no sólo frente a la competencia internacional, sino, y sobre todo, frente a la estatal. En Cuba no existe una Ley de Cine, sino una ley de 1959 para la creación del ICAIC, el organismo estatal que rige oficialmente todo lo relacionado con el cine en el país. En las últimas décadas, y con más fuerza en los últimos cinco años, esto ha sido cuestionado por los profesionales del medio, quienes le han propuesto al Estado, hasta ahora infructuosamente, crear una Ley de Cine. Al respecto, véase Miyasaka 2015 y Miyasaka & Horrigan 2017.

territorialmente. [...] Esto no significa que la función económica de los estados ha disminuido o va a desaparecer. [S]obre todo porque su papel cada vez más importante como agente de una substancial redistribución del ingreso social [...] ha hecho del estado nacional un factor cada día más central. [...] Las economías nacionales, no obstante, debilitadas por la economía transnacional, coexisten y se interconectan con ella. (Hobsbawn 1991: 183)

La Ley de Cine dominicana proyecta un funcionamiento redistributivo similar, cuando reconoce «[q]ue sin los incentivos y el apoyo del Estado, la producción de películas nacionales resulta de gran dificultad económica y técnica, enfrentando profundas barreras estructurales que afectan su competitividad con otros productos audiovisuales en el ámbito interno y en el exterior» (DGCINE 2010: 3). Desde esta posición, la inversión extranjera, las coproducciones, y otras prácticas a través de las cuales se mueve un capital global, buscan expandir las dimensiones económica y simbólica del cine local.

Es muy probable que Álvarez haya entendido como esto último el recorrido transfronterizo de *El muro*[38], así como muchas de sus filmaciones fuera de Cuba. En esto influye que muchas fueron legalmente producciones cubanas, pero también que a través de las prácticas historiográfica y de la crítica de cine, muchos de estos filmes, rodados en, o con temáticas de otros países, se articularon en una narrativa nacional, si bien hay que señalar que en el caso de Álvarez, su posición estético-política articulaba armónicamente un discurso internacionalista, por el cual la nación y algunos países/regiones que estaban más allá de sus fronteras coexistían en una especie de continuidad espacial (sobre todo en los años sesenta y setenta).

Si la identidad tiene un componente posicional, subjetivo (colectivo e individual), y electivo, además de material, práctico, y coyuntural, el documental podría plantear nuevas interrogantes para investiga-

---

[38] Nada se ha escrito del documental, ni de las impresiones de Álvarez sobre el mismo. Incluso muchos especialistas de cine cubano desconocen su existencia.

ciones futuras. Entre ellas, ¿qué significó la experiencia dominicana para Álvarez? ¿Cómo los públicos cubano y dominicano *internalizarían* el documental? ¿Cómo se interconectan los mecanismos de financiamiento y la legitimación de la identidad del filme? ¿Por qué la participación de un productor local (un requisito de la Ley de Cine) es instrumental en la identificación nacional, pero no la de un patrocinador local?

Para concluir, algunas reflexiones sobre la persistencia de la cuestión nacional. Según Lora, la filmografía dominicana «todavía no ha resuelto la interrogante de cuál es la razón esencial de nuestro cine nacional» (2011: 371)[39]. Desde este punto de vista, la distinción simbólica-territorial sigue centrando el debate. Las historias nacionales de cine, y escritos similares, son prácticas que representan la *materialidad* de la que hablaban Radcliffe y Westwood, la cual es instrumental en la construcción de una identidad nacional. A través de ellas se construyen narrativas en las que entran en juego la *interiorización* identitaria del analista, y que a su vez *externalizan*, oficializan, determinados aspectos y visiones de lo nacional. Por ejemplo, la coyuntura histórica antes mencionada de la participación de extranjeros en la industria local ya ha sido legitimada como parte del desarrollo del cine dominicano, aunque es muy posible que

---

[39] En el caso cubano es muy interesante el discurso, no sólo nacional, sino de corte casi nacionalista que reflejan algunos filmes contemporáneos, y las posiciones personales de sus directores. Este es un aspecto al que me he aproximado en los textos antes mencionados, y sobre todo en «Community and the state». Paradójicamente, a pesar de que muchos trabajan, viven y financian sus filmes (desde) fuera de Cuba, tienen y promueven una visión de sí mismos y de sus trabajos fuertemente conectada a lo nacional. El transnacionalismo que practican (en lo profesional y lo personal) en ocasiones parece existir desconectado de cómo se imaginan contenidos exclusivamente dentro de lo nacional. Al mismo tiempo, la crítica local también suele apelar a nociones de purismo nacional, en ocasiones interpretando una conexión entre las prácticas transnacionales de financiamiento y determinadas temáticas, géneros y estilos.

algunos de esos casos quedarían hoy en día fuera de las fronteras que define la Ley de Cine. La inmigración también ha pasado a formar parte de la imaginación colectiva como un componente esencial en la construcción de la nación. Sin embargo, estas identificaciones no son naturales, o permanentes. ¿Qué filmes, personas, temáticas, prácticas, son aceptadas como parte del imaginario nacional? ¿Cuándo, por quién, en que circunstancias se produjeron estas definiciones? Un ejemplo lamentable, que toca indirectamente al proyecto migratorio japonés, es el de la negación de lo haitiano:

> Paradigma y paradoja de la política de inmigración de Trujillo, a los japoneses establecidos en Pedernales se les ofrecieron las fincas cafetaleras que antes cultivaron los haitianos, muchos de los cuales habían sido forzados a abandonar el área o habían sido asesinados para dominicanizar la frontera. (Peguero 2005: 144)

Este concepto de nación dominicana no sólo significó una neg(oci)ación de la exclusividad territorial para que esta incluyera también el componente externo, sino que se hizo legitimando a unos inmigrantes y negando a otros. Con anterioridad, a los japoneses se les había negado el derecho a la tierra que tenían los europeos. El proyecto transpacífico confluyó además en el mencionado plan agrícola de Trujillo, que seguía un «camino imaginado para el progreso» del país (con su énfasis en la producción de, y el control sobre, los pequeños agricultores), en el que una intensa presencia del estado en el espacio rural reforzaría la interconexión de este último a una «comunidad nacional mayor» (Lee Turits 2003: 93, 86). Así, los inmigrantes japoneses que se vieron inmersos en estos eventos de finales de los cincuenta, que practicaron la pequeña agricultura y estaban conectados al control y asistencia del estado y sus instituciones a través de leyes, impuestos, subsidios, servicios, entre otros mecanismos, formaron parte de una visión particular de la nación dominicana.

¿Cómo identificar *El muro*? ¿Una producción cubana (sin relación temática con Cuba)? ¿Un filme dominicano (en el que no participó la industria local)? ¿Una práctica transnacional (de un director que probablemente la interpretó como nacional)? ¿Un proyecto dominicano-cubano (que no es oficialmente una coproducción)? En el documental, en una especie de coincidencia simbólica, Toshie Hidaka de Méndez habla de su amistad con una señora cubana residente en Santo Domingo, quien la ayudó después de que su familia japonesa la expulsara de la casa por romper la tradición del matrimonio concertado. Para ella, lo que muestra su anécdota sobre la camaradería entre una cubana y una japonesa en territorio dominicano es que no tenemos que ser de sangre para ser una familia. En el contexto nikkei, «existe una tensión a la hora de construir una identidad que equilibre el "ser o parecer japonés" y el "no ser japonés"» (Creighton 2010: 142). Desde una perspectiva similar se puede entender la dinámica dentro-*y*-fuera de *El muro*: cómo identificar/negociar su esencia cubana con su parecido dominicano. El título de este trabajo pone un énfasis inicial en la diáspora japonesa, para terminar el recorrido con el proyecto de comunidad nikkei; de igual manera, el aspecto transnacional del documental se desarrolla hacia el debate sobre lo nacional. No estamos todavía en ese momento enteramente transnacional que promovía el slogan de una convención nikkei, «unidos sin fronteras», sino que el recorrido por la problemática interconexión entre lo nacional y lo que está más allá de sus fronteras, la tensión y la negociación que genera, la simultaneidad de similitudes y diferencias, de prácticas e imaginaciones, es lo que mantiene vivo el debate.

Bibliografía

Álvarez, Rolando & Guzmán, Marta (2002): *Japoneses en Cuba*. La Habana: Fundación Fernando Ortiz.

ÁLVAREZ, Santiago (1978): «El periodismo cinematográfico». En *Biblioteca Digital*: <http://www.cinelatinoamericano.org/biblioteca/fondo.aspx?cod=2339>.
— (1996): *El muro* [filme]. Cuba: Televisión Cubana.
— (2003): «Arte y compromiso». En Paranaguá, Antonio (ed.): *Cine documental en América Latina*. Madrid: Cátedra, 458-460.
BOLÍVAR, Ingrid Johanna (2001): *Nación y sociedad contemporánea*. Bogotá: Ministerio de Cultura.
BUSTOS, Gabriela (2010): «El Noticiero Icaic Latinoamericano: Santiago Álvarez y la contrainformación en el Nuevo Cine Latinoamericano». En *II Congreso Internacional Artes en Cruce: bicentenarios latinoamericanos y globalización*: <http:// www.docplayer.es/14466734-Ii-congreso-internacional-artes-en-cruce-bicentenarios-latinoamericanos-y-globalizacion.html>.
CREIGHTON, Millie (2010): «Metaphors of Japanese-ness and negotiations of Nikkei identity: the transnational networking of people of Japanese descent». En Adachi, Nobuko (ed.): *Japanese and Nikkei at home and abroad: negotiating identities in a global world*. Amherst: Cambria Press, 133-63.
DENNISON, Stephanie (2013): «National, transnational and post-national: issues in contemporary filmmaking in the Hispanic world». En Dennison, Stephanie (ed.): *Contemporary Hispanic cinema: Interrogating the transnational in Spanish and Latin American film*. Woodbridge / Suffolk / Rochester: Tamesis, 1-24.
DESPRADEL, Alberto (1996): *La migración japonesa hacia la República Dominicana*. Santo Domingo: Editora de Colores.
ENDOH, Toake (2009): *Exporting Japan: politics of emigration toward Latin America*. Urbana: University of Illinois Press.
GARCÍA BORRERO, Juan Antonio (2003): «Santiago Álvarez». En Paranaguá, Antonio (ed.): *Cine documental en América Latina*. Madrid: Cátedra, 156-163.
HERNADI, Paul (1985): *Interpreting events: tragicomedies of history on the modern stage*. Ithaca: Cornell University Press.
HOBSBAWN, E. J. (1991): *Nations and nationalisms since 1780: program, myth, reality*. Cambridge: Cambridge University Press.

Holden, Stephen (1996): «Goodbye Santo Domingo, hello Manhattan». En *The New York times:* <http://www.nytimes.com/1996/02/14/movies/film-review-goodbye-santo-domingo-hello-manhattan.html>.

DGCINE (2010): «Ley para el fomento de la actividad cinematográfica en República Dominicana». En *Dirección General de Cine DGCINE*: <http://www.dgcine.gob.do/pdf/Ley_fomento_actividad_cinematografica.pdf>.

Lora, Félix Manuel (2011): «La cinematografía en República Dominicana: evolución y desarrollo del cine de ficción dominicano». En Notario, Luis Alberto & Paddington, Bruce (eds.): *Explorando el cine caribeño*. La Habana: Ediciones Icaic, 357-381.

— «Documentales». En *Cinema Dominicano*: <http://www.cinemadominicano.com/documentales.html>.

Maríñez, Pablo A (1993): *Agroindustira, estado y clases sociales en la era de Trujillo (1935-1960)*. Santo Domingo: Fundación Cultural Dominicana.

Masterson, Daniel M. & Funada-Classen, Sayaka (2004): *The Japanese in Latin America*. Urbana: University of Illinois Press.

Matsumoto, Alberto J. (2015): «Los nikkei de IIº generación de la República Dominicana y la Copani 2015». En *Discover Nikkei*: <http://www.discovernikkei.org/es/journal/2015/12/2/nikkei-latino/>.

Miyasaka, Miharu M. (2015): «Dinámica cultural y ansiedad nacional en la *zombificación* de La Habana: diálogo con Alejandro Brugués, director del filme *Juan de los muertos*». En Díaz-Zambrana, Rosana (ed.): *Terra zombi: el fenómeno transnacional de los muertos vivientes*. San Juan: Isla Negra, 217-233.

Miyasaka, Miharu M. & Horrigan, Patrick (2017): «Community and the state: piecing together differences in Alejandro Brugués' *Juan of the Dead*». En Yovanovich, Gordana, y Roberta Rice (eds.): *Re-Imagining community and civil society in Latin America and the Caribbean*. New York: Routledge, 105-125.

Morales, Larry (2008): *Memorias para un reencuentro: conversación con Santiago Álvarez*. La Habana: Unión.

Lee Turits, Richard (2003): *Foundations of despotism: peasants, the Trujillo regime, and modernity in Dominican Republic.* Stanford: Stanford University Press.

Peguero, Valentina (2005): *Colonización y política: Los japoneses y otros inmigrantes en la República Dominicana.* Santo Domingo: BanReservas.

Radcliffe, Sarah & Westwood, Sallie (1996): *Remaking the nation: place, identity and politics in Latin America.* London / New York: Routledge.

Villazana, Libia (2013): «Redefining transnational cinemas: a transdisciplinary perspective». En Dennison, Stephanie (ed.): *Contemporary Hispanic cinema. Interrogating the transnational in Spanish and Latin American film.* Woodbridge / Rochester: Tamesis, 25-46.

El cine dominicano
Arte de colaboración e interseccciones transcaribeñas

Kristina I. Medina Vilariño

El cine dominicano ha experimentado un acelerado impulso ante esfuerzos culturales tales como la Ley 108 para el Fomento de la Actividad Cinematográfica en la República Dominicana –mejor conocida como «la Ley de Cine»–, promulgada en el 2010 bajo el gobierno del Presidente Leonel Fernández, modificada en el 2013, y con la subsecuente creación de la Dirección General de Cine[1]. Según cineastas como Leticia Tonos Paniagua, la Ley de Cine ha provocado un *boom* de producción cinematográfica dominicana. Cabe reconocer también la visión crítica de algunos cinematógrafos hacia la implementación y asignación de fondos de esta ley.

Sería necesario reconocer los peligros que conlleva institucionalizar el arte dentro de la política en una futura investigación para examinar de forma más completa el impacto que pueda haber tenido la malversación y asignación de fondos en el desarrollo del cine en la República Dominicana. Esto nos ayudaría a expandir el análisis que propongo aquí sobre la Ley de Cine, para analizarla de forma menos idealista y más compleja. Sin embargo, a la vez que reconozco la importancia de permanecer con ojo crítico hacia la asignación de fondos provistos mediante la Ley de Cine, por ahora me limitaré a explorar cómo más allá de las dinámicas políticas o éticas de la

---

[1] Véase la web oficial de la Dirección General de Cine (<http://www.dgcine.gob.do/pdf/DGCINE-Decreto-370-11.pdf>).

aparentemente controversial asignación de fondos, esta explosión de esfuerzos cinematográficos trae consigo reflexiones críticas sobre las tendencias temáticas en películas recientes, su relación con la producción que le antecede y con la cinematografía que le rodea en otras partes del Caribe. De igual modo, me interesa considerar el impacto de la colaboración transnacional presente en los elementos de la producción misma –*casting*, equipo de producción, lugares de filmación, etcétera–, lo cual inevitablemente lleva también a preguntas que desafían el concepto del cine nacional y tiene el poder de abrir las puertas a una producción cinematográfica de mayores posibilidades para la exploración de lo transcaribeño.

De primera intención es necesario aclarar que el concepto al que me refiero como «cine nacional» se desprende de casi cuatro décadas de crítica cinematográfica, iniciada por la obra seminal *Historia de un sueño importado* (1982), de José Luis Saéz. Hoy, críticos como Félix Manuel Lora han retomado la historiografía gestada por Saéz, en publicaciones como *Encuadre de una identidad audiovisual: Evolución y perspectivas en República Dominicana* (2007). Esta historia del cine dominicano va acompañada de un documental en donde se presentan entrevistas a varios directores dominicanos que abordan las cuestión de si existe o no un cine nacional[2]. En dicho documental, *Un rollo en la arena: Visión e ilusión del cine dominicano*, Lora explora la posibilidad de hablar de un cine dominicano. Más recientemente, luego de la renovación de la Ley de Cine, el director y actor dominicano Etzel Báez ha retomado dicha pregunta en el diario de circulación digital *Acento* (2017: en línea).

---

[2] Deseo agradecer a todo/as los directores, editores y cineastas aquí citados por su generosidad para completar estas entrevistas. Sin su ayuda no hubiese sido posible completar este artículo desde la perspectiva y experiencia de los propios cineastas, que fue en todo momento mi intención principal.

El tema del cine nacional ha retomado en los últimos siete años una nueva relevancia, ya que es el fundamento mismo de la Ley de Cine, que establece lo siguiente en su Sección II:

SECCIÓN II
Del objeto
Artículo 2. Objeto. La presente ley tiene por objeto propiciar un desarrollo progresivo, armónico y equitativo de la cinematografía nacional y, en general, promover la actividad cinematográfica en la República Dominicana, mediante:
1) El ordenamiento de la producción y actividad cinematográfica y audiovisual desarrollada en la República Dominicana.
2) La promoción y el fomento de la producción, distribución y exhibición de obras cinematográficas y audiovisuales, así como el establecimiento, tanto de condiciones que favorezcan su creación y difusión, como de medidas para la conservación del patrimonio cinematográfico y audiovisual.
3) Promoción de la cinematografía desde un contexto de la identidad nacional y el desarrollo de la cultura y la educación.
4) El fomento de modo viable y efectivo, de la educación, la formación cinematográfica y la investigación. (DGCINE 2010: en línea)

Llaman la atención secciones como la anterior, que promulgan específicamente la promoción de la identidad cultural, de la mano de la promoción y sustento del crecimiento cinematográfico como una gestación del Ministerio de Cultura. Como logré confirmar en una entrevista realizada al cineasta Yoel Morales, los directores dominicanos en su mayoría entienden la Ley de Cine a través de «tres objetivos fundamentales»; estos son «regular la actividad cinematográfica a través de la institución DGCINE y manejar el FONPROCINE, incentivar la inversión local en el cine dominicano a través del artículo 34», e «incentivar la inversión extranjera para la filmación de películas extranjeras en el país a través de su artículo 39» (comunicación personal)[3].

Tomando en consideración aspectos culturales y financieros como las oportunidades económicas que presenta la Ley de Cine, en varias entrevistas a la nueva vanguardia de directores dominicanos exploré las posibilidades que ofrece un cine dominicano que se ubique más allá de lo nacional y que a la vez se presente como transcaribeño. A continuación presento un comentario crítico e ilustrado a través de entrevistas a algunos de los protagonistas de la cinematografía dominicana más reciente como son Ernesto Alemany, Juanjo Cid, Leticia Tonos Paniagua, Yoel Morales y Carlos Rodríguez. Los elementos que se considerarán en este análisis no se limitan sólo a los aspectos temáticos o de personajes en la producción dominicana, sino que se se hace énfasis también en los elementos correspondientes a la producción misma, incluyendo las fuentes de apoyo económico para proyectos de colaboración y los lugares de contacto que sirven como laboratorio para las proyectos cinematográficos con talento de diversas partes del Caribe hispano.

Para reflexionar sobre el tema propuesto, parto específicamente de películas como *La hija natural* (dir. Tonos Paniagua, 2011), *Cristo Rey* (dir. Tonos Paniagua, 2013) o *La Gunguna* (dir. Ernesto Alemany, 2015). Expondré brevemente los beneficios y retos que puede presentar el cine de colaboración intercaribeño a nivel económico y sociocultural –sobre todo República Dominicana, Cuba y Puerto Rico–, los cuales provienen de las expresiones de los cineastas en las mismas entrevistas. A través de las entrevistas busco indagar con mayor atención y desde múltiples ángulos el concepto de tránsito que tanto marca la realidad dominicana, así como explorar el poder

---

[3] Entre las obras en que ha colaborado Morales se encuentran *Un lío de dólares* (2014) y *La familia Reyna* (2015). Su más reciente largometraje, *Azul magia* (2017), presenta un *Bildungsroman* o *coming of age* cinematográfico.

que tiene el cine transcaribeño y dominicano para desestabilizar las ideologías culturales que emanan de una raíz colonial.

Resulta oportuno volver nuestra mirada a algunas ideas expresadas en manifiestos publicados en *Cinema Paraíso: representaciones e imágenes audiovisuales del Caribe hispano* para comprender la conexión existente entre respuestas poscoloniales y cine dominicano, desde la producción cinematográfica y sus temáticas[4]. En «Manifiesto al cine barrio», el cineasta dominicano José Enrique «Pinky» Pintor[5] explica que el cine dominicano aún está demasiado sujeto al pasado de la dictadura –idea que es altamente debatible–, y que «está demasiado abierto a oír recomendaciones externas y asesorías, pudiendo llegar a perder esa mágica identidad caribeña de la que tanto podemos presumir en este momento porque en eso radica el éxito de nuestro cine dominicano» (Díaz-Zambrana & Tomé 2010: 31).

Aunque por razones prácticas comprensibles tanto los directores como los críticos de cine enfatizan constantemente los retos económicos y la necesidad de apoyo financiero a los proyectos cinematográficos dominicanos, es necesario también considerar las ideas del cineasta cubano Humberto Solás sobre lo que llama «el cine pobre», refiriéndose en este caso al cine del Caribe en general. En su «Manifiesto al cine pobre» Solás argumenta que el «Cine pobre no quiere decir cine carente de ideas o de calidad artística, sino que se refiere a un cine de restringida economía que se ejecuta tanto en los países

---

[4] *Cinema Paraíso* es, hasta el momento, la única antología dedicada exclusivamente al cine del Caribe hispano.

[5] Pintor es un cineasta español de nacimiento que ha hecho de República Dominicana su hogar y lugar de trabajo. He decidido mantener su decisión identificarse como parte de la producción cinematográfica dominicana, sin ni ningún tipo de separación, y así lo confirma él mismo constantemente en su colaboración en *Cinema Paraíso*, titulada «Manifiesto cine barrio». Varios críticos y directores de cine en la República Dominicana discuten las obras de Pintor dentro de un marco del cine nacional dominicano.

de menos desarrollo o periféricos, así como también en el seno de la sociedades rectoras a nivel económico-cultural, ya sea a través del cine independiente o alternativo» (Díaz-Zambrana & Tomé 2010: 29). Algunos directores y cineastas más asociados a otros aspectos de la producción entrevistados presentaron una visión similar a la de Solás en cuanto a los retos principales del cine caribeño, y más específicamente el dominicano. En primer lugar, todos ellos apuntan a los retos de distribución del cine, y al difícil acceso al cine local para un público nacional. En segundo lugar, concuerdan en que el mayor reto para la producción y distribución del cine dominicano es económico, y es esto lo que lo pone en desventaja.

Asimismo, tanto Solás como los cinco cineastas dominicanos entrevistados parecen estar de acuerdo en que las nuevas tecnologías para la distribución facilitan la producción. Esto es fundamentalmente a lo que Solás se refiere como «la democratización de la profesión», lo que a mi parecer es el resultado más productivo de la expansión del acceso a tecnologías de cine (Díaz-Zambrana & Tomé 2010: 29). Solás, sin embargo, se refiere a la globalización del cine como «el vandalismo del cine nacional», mientras que directores dominicanos jóvenes, como Morales, ven los efectos de este mismo fenómeno como un cambio positivo. En palabras de Morales:

> Creo que es muy importante la colaboración entre distintos países a la hora de afrontar un proyecto cinematográfico. No he trabajado directamente en este tipo de empresa, pero los resultados saltan a la vista. Para empezar, la película puede obtener distribución internacional más fácilmente, ya que la parte empresarial del otro país va a tener un interés directo en ver su producto en las salas de su país. Segundo está la parte de la inversión, pudiera resultar más sencillo conseguir dinero de dos países distintos a intentar conseguirlo en uno sólo. Muchas veces hay proyectos que no logran el financiamiento total en su país y hacer una co-producción con otro país se convierte en una salida rentable. Quizás una desventaja sería que al hacerse este tipo de acuerdos es casi seguro que se tendrá que incluir un porcentaje de mano de obra del país

de la co-producción ya sea en la parte artística -actores- o en la parte técnica –*crew* o equipo de trabajo– y esto obviamente va en detrimento del personal local. (comunicación personal)

Morales difiere de Solás en cuanto al valor de las coproducciones y de la globalización del cine caribeño, y específicamente el dominicano. Sin embargo, ambos coinciden en que hay un posible efecto adverso de las colaboraciones en el cine local, que para Solás parece ser mayormente negativo y para Morales parcialmente positivo en la medida en que ayuda a resolver un problema mayor, que es el de la salida y la distribución.

Morales señala un aspecto en el que posiblemente la mayoría de la nueva generación de directores dominicanos entrevistados –muchos de ellos cuentan con un amplio y reconocido cuerpo de trabajo– coincide con los más veteranos y canónicos en el cine dominicano –entrevistados por Lora como parte de *Encuadre de una identidad audiovisual*–. Entre «los veteranos» hallamos a Ángel Muñiz –director de *Nueba Yol,* estrenada en 1995, y *Perico ripiao,* estrenada en el 2003–, que forma parte de un grupo que cree que sí existe una identidad dominicana en el cine nacional; entre la nueva generación resalta la opinión de Morales:

> Creo que sí, nuestro cine es una realidad palpable, una industria en crecimiento, y distinto a lo que muchos opinan creo que tiene identidad, y está subiendo una corriente nueva de cineastas jóvenes que están apostando cada vez más a pulir y plasmar esta esencia dominicana, ejemplos: Johanne Gómez con su documental *Caribbean Fantasy*, Tito Rodríguez con su película *La familia Reyna*, Alfonso Peña en cada uno de sus cortometrajes, Alex Fox, Judith Rodríguez, Bladimir Abud, Ernesto Alemany, [y] Leticia Tonos Paniagua. Estos son realizadores que apuestan por un cine con más identidad. Pero incluso en los productos comerciales más grandes, en las comedias, se cuela esta identidad, la dominicanidad está presente de manera innegable y quién sabe si

intencional pero está, quizás donde hace falta trabajo es en el cuidado de la estética para poder tener películas que traspasen las fronteras. (comunicación personal)

Ante opiniones como las de Morales es necesario hacer una distinción entre una identidad del cine dominicano, y cómo se representa la dominicanidad y la sociedad dominicana en el cine; aunque ambas ideas apuntan a dos ángulos distintos, están íntimamente relacionadas. No es posible comprender la totalidad de la realidad de un cine dominicano sin cuestionar cómo se entiende lo dominicano y los estigmas dominicanos sobre otras identidades y espacios caribeños. Sin ánimo de exhaustividad, ya que muchos académicos han trabajado extensamente sobre ello, me limitaré a repasar dos puntos principales sintetizados recurrentemente en dichas discusiones: primero, que la identidad dominicana está en gran medida basada en la diferencia haitiana y el antihaitianismo; y segundo, la importancia del tránsito –migraciones y regresos– con relación a la identidad. En distintos planos, esos dos aspectos se desprenden de construcciones coloniales; el primero tal vez sea más evidente, ya que tiene como uno de sus referentes las luchas por la independencia y soberanía dominicana y la construcción racial dominicana, institucionalizada durante el trujillato y renovada en septiembre del 2013 por la sentencia del Tribunal Constitucional Dominicano (TC-168-13); un segundo plano surge al considerar hechos tales como que la producción cinematográfica dominicana de los últimos quince años tiene constantemente a Puerto Rico como una referencia cultural, ya que al ser territorio estadounidense, ha servido de puente a migraciones dominicanas a Estados Unidos.

Este segundo punto sobre el tránsito también queda claramente plasmado en clásicos como *Nueba Yol* y *Un pasaje de ida* (dir. Agliberto Meléndez, 1988), en éxitos taquilleros más contemporáneos como *Sanky panky* (dir. José Enrique Pintor, 2007), y en videografías de Rita Indiana y los Misterios como «La hora de volvé» y «El juidero» (2010), entre muchas otras producciones. Sin embargo, las videografías de Indiana y muchas de las películas recientes presentan la dominicanidad desde lo transcaribeño —entendiendo por tal el contacto de tránsito e intercambio social, cultural y económico entre sociedades e identidades caribeñas–. La realidad cotidiana dominicana se entiende a través de sus interacciones con sus vecinos caribeños, especialmente haitianos y puertorriqueños. El cine dominicano actual hace hincapié en estas conexiones, y borra parcialmente los límites y las limitaciones geográficas de un cine nacional. La idea del cine nacional es efectiva para lograr apoyo del gobierno, pero como instrumento narrativo puede resultar insuficiente y miope, ya que el cine dominicano actual requiere ser comprendido a través de lo transnacional.

Alemany parte principalmente de su experiencia como director de *La Gunguna*, una historia transcaribeña que narra las peripecias causadas por la mala suerte atraída por una mítica pistola calibre 22, para explicar lo siguiente:

> *La Gunguna* fue mi ópera prima, que se estrenó en junio del 2015, y [...] en agosto del 2016 se estrenó *Loki 7*, que fue mi segundo largometraje. En *La Gunguna* es más evidente «el tema trascaribeño». La historia incluso va a Puerto Rico. Hay una parte de la historia que pasa allá, más allá de que hay personajes boricuas; hay una parte de la historia que sucede en Puerto Rico. En el caso de *Loki 7*, más bien hay «transcaribeñidad» dentro del grupo de personajes, porque *Loki 7* es una historia coral, es una historia más *pop*, más *light* que la de *La Gunguna*, dentro de los personajes de la película hay un puertorriqueño. Pero de hecho en el grupo de personajes hay un mexicano, un español y un argentino. Hay una ensalada de gente porque la historia pasa en Punta Cana y en Punta Cana la conformación de los grupos es así, es bastante multinacional, y entre ellos hay un boricua. Pero no sé si la historia *per se* es transcaribeña. Es decir, eso tal vez sea un término muy denso para lo que en realidad pasa en esa película. Pero en *La Gunguna* sí, la historia pasa en Puerto Rico y hay unos personajes que pesan en

la historia que son de Puerto Rico, y hay un personaje haitiano que también tiene peso importante en una de las subtramas en la historia. Las dos películas son de producción netamente dominicana, o sea, toda la estructura gerencial, administrativa, y toda la inversión con la que se hicieron las películas son totalmente dominicanas, pero a nivel del equipo, por ejemplo, el diseñador de producción es puertorriqueño, Rafi Mercado. Y se hizo en el caso de *La Gunguna* casting en Puerto Rico para ubicar los dos personajes puertorriqueños que había en la historia. Pero resultó que al final apareció el masculino en Nueva York, que fue Jaime Tirelli, y la femenina en Los Ángeles. Pero bueno, en general se está coproduciendo bastante. No en el caso de mis películas, pero sí hay bastante precedente. Leticia Tonos Paniagua hizo *La hija natural*, coproducida con Puerto Rico, hay un editor puertorriqueño, la película se editó allá y la editó Raúl Marchand. Raúl mismo acaba de filmar una película dominicana, *Ovni* (2016). Fue el editor de una que se hizo hace un par de años que se llama *Biodegradable* (2013). O sea, hay bastante a partir de que la Ley de Cine dominicana empezó en el 2011, ha habido bastante más intercambio entre las islas, y en términos de producción. Cuba ha sido un caso aislado. Cuba más bien coproduce con Europa. Todavía, hasta donde sé, no hay una co-producción cubana ni con Puerto Rico, ni con República Dominicana. Creo que Cuba, más allá de haber formado a muchos cineastas, y a mucho personal del equipo técnico, no sé de muchos cubanos que hayan venido a trabajar en las películas aquí [en República Dominicana], al menos no me vienen de pronto así a la cabeza. (comunicación personal)

Aunque Alemany explica que la colaboración entre la cinematografía dominicana y cubana no ha sido desarrollada a nivel de la producción cinematográfica misma, coincide con Cid en que la escuela de San Antonio de los Baños en Cuba «ha sido un centro de acopio de talento regional», porque «casi todo el mundo que está haciendo cine ahora mismo en la región ha pasado por ahí». Alemany sostiene también que «Es poco probable que tú te encuentres una película por ahí en casi cualquier sitio que no haya pasado por la escuela de

San Antonio. De hecho, el director de mis películas es de la escuela de San Antonio. Él es colombiano, pero es egresado de la escuela de San Antonio»[6]. Para Alemany, «el gran aporte que ha hecho Cuba al cine regional es que ha formado a mucha gente que está haciendo ahora cine en la región».

Para el enfoque que propongo sobre lo nacional y lo transnacional resulta también interesante la forma en que algunos directores en la isla comprenden la categoría de lo nacional caribeño, y cómo clasifican a directores, producciones y obras como caribeñas o de la diáspora. Por ejemplo, Alemany explicó en la entrevista que su trabajo no refleja tanto una transcaribeñidad a nivel de producción; sin embargo, más adelante mencionó lo siguiente:

> [...] la primera película en la que yo trabajé como parte del equipo, como parte del *crew*, fue una película que filmó aquí un director cubano, pero es cubano de la diáspora, digamos es un cubano más bien ya norteamericano, León Ichaso[7], que filmó aquí una película que se llama *Azúcar Amarga*. [...] una película con la visión unilateral de los cubanos de Miami [...]. Y buena parte del equipo de trabajo, del *crew*, los dos asistentes de dirección que son así de pronto los que me vienen a la cabeza. Yo era tercer asistente de dirección, y el primero y el segundo eran puertorriqueños, Tito Otero e Inés Mongil Echandi. [...] En general vino un grupito bastante importante de Puerto Rico, porque en ese momento aquí había personal que tenía más bien experiencia y entrenamiento haciendo comerciales, pero en términos de la logística

---

[6] Alemany y Cid se refieren a la Escuela Internacional de Cine y Televisión (EICTV), conocida por su sede en San Antonio de los Baños, en la provincia de Artemisa, Cuba. Entre las obras más recientes en las que ha colaborado Juanjo Cid como editor se encuentran *Nana* (2015), *Algún lugar* (2015) y *El hombre que cuida* (2017).

[7] León Ichaso es un director cubanoamericano, nacido en la Habana y radicado en los Estados Unidos. Entre sus obras más reconocidas se encuentran *Piñero* (2001) y *El cantante* (2006).

que implica hacer una película, ósea de organizar una filmación de seis semanas no había realmente nadie con esa experiencia, y la mayoría de personal en ese sentido era de Puerto Rico. (comunicación personal)

Los comentarios de Alemany apuntan hacia dos ideas claves en una discusión sobre el cine nacional dominicano y transcaribeño. En primer lugar, las definiciones de quién y qué se reconoce como parte de las culturas caribeñas están sumamente sesgadas por las distintas perspectivas sobre la identidad cultural, y su exclusión de Ichaso como director cubano es un ejemplo de ello. Aunque esta discusión sería relevante como bifurcación a las preguntas que propongo en este comentario crítico, en este caso me enfoco en los aspectos temáticos y de producción de la cinematografía según los plantean los directores, y no abundaré aspectos de la identidad cultural[8]. En segundo lugar, las descripción de Alemany sobre la necesidad de la participación de los directores puertorriqueños en *Azúcar Amarga* y la coproducción realizada en *La hija natural* confirma el gran beneficio de la colaboración cinematográfica en el Caribe, ya que tiene el poder de complementar necesidades económicas y de producción. En la misma línea, Carlos Rodríguez, colaborador en varias producciones dominicanas y director de *TransIt*, un documental sobre las vidas de dominicanos y dominicanas transexuales[9], explica que

---

[8] Véase Medina Vilariño 2010, donde exploro el tema de la identidad nacional en el Caribe y hago eco de la tradición filosófica y antropológica caribeña de Stuart Hall, Fernando Ortiz y Antonio Benítez Rojo para argumentar que aquellas definiciones de lo nacional caribeño que categorizan la identidad cultural de un sujeto, atándola a una región geográfica o a una perspectiva política de lo cotidiano, niegan «la hibridez cultural que [...] define a la región caribeña y la transforma continuamente mediante procesos sincréticos producidos por sujetos que siempre han estado y estarán en continuo movimiento» (2010: 418).

[9] *TransIt* fue premiado en el Festival Internacional de Cine LGBT en Santo Domingo como el Mejor Documental Corto, y ha recibido varias menciones de honor en selecciones y festivales internacionales de cine.

[...] en el cine de colaboración no sólo se obtienen beneficios financieros para la realización de la obra, también se da un incremento en la realización de películas y esto lleva a un crecimiento totalitario de la industria cinematográfica del país. De igual manera, la inversión nacional y extranjera tienen la posibilidad de estimular el <capital> cultural de las naciones participantes. (comunicación personal)

Por su parte, Tonos Paniagua añade lo siguiente:

Yo creo que [el cine de coproducción caribeña] es muy ventajoso porque puedes aprovechar lo mejor de los dos mundos. Por ejemplo, con *La hija natural* se hizo antes de la aprobación de la ley, y aquí todavía no habían posibilidades de postproducción de la imagen. Yo pude hacer toda la corrección de color allá [en Puerto Rico], el director de fotografía es Sonnel Velázquez, que es puertorriqueño [...] es un maestro y estoy loca por volver a trabajar con él. Eso fue mi *ópera prima*, yo tenía cero experiencia desarrollando y produciendo un proyecto, pero Fránces Lausell[10], que fue mi coproductora, ya había producido varios proyectos. Entonces, yo pude aprovechar esos conocimientos de ella para que el proyecto llegara un poquito más lejos. Porque en realidad sí fue un proyecto de pocos recursos, y no teníamos esas grandes proyecciones, pero la película sí excedió nuestras expectativas cuando empezó a ir a festivales, cuando la compró HBO. Yo creo que todo eso se hizo gracias a la colaboración que pude lograr con Puerto Rico. De la misma manera, el editor también fue de allá, Raúl Marchand, él mismo me dice que haber trabajado en colaboración lo conectó a él con otro tipo de proyecto, porque en la diferencia que tenemos entre Puerto Rico y República Dominicana en cuanto al mercado es que al dominicano todavía le gusta ir sus propias películas dominicanas, y esperamos que se mantenga, pero que al boricua le cuesta mucho ir al cine y apoyar su

---

[10] Llausel cuenta entre su amplia obra cinematográfica con películas como *El beso que me diste* (2000) y el documental *Little immigrants* (2007). También colaboró como productora en *Broche de oro*.

propio cine porque está muy sobrecargado con Hollywood. Entonces, justo después de nuestra colaboración y de esa conexión que tuvimos, Raúl Marchand dirige *Broche de Oro*, que cuando sale se convierte en la película más taquillera. No sé si de todo el año, pero fue una asistencia importante que rompió *record* de las películas boricuas[11]. Creo que esto tuvo mucho que ver con esa colaboración que hicimos juntos, donde nos intercambiamos información, maneras de ver el cine, de colaborar, y fue muy bonito. (comunicación personal)

La fórmula de lo transcaribeño no sólo puede garantizar un mayor éxito taquillero y una producción que cuente con mayor experiencia en su equipo de rodaje y edición, sino que también puede ampliar las posibilidades de una salida internacional y por consiguiente llegar a una audiencia más amplia, algo en lo que coinciden Tonos Paniagua, Alemany, Morales y Rodríguez en sus entrevistas. La coproducción también puede romper el paradigma de sólo entender lo dominicano a través (1) de una narrativa fundamentalista de los procesos histórico-culturales, como la independencia de España y/o la influencia cultural hispana; o (2) de sus pugnas con un vecino haitiano a quien se ve como una amenaza histórica a la soberanía dominicana, o a la sociedad misma, o (3) de cierto esencialismo racial del mito de la identidad étnica nacional, que marginaliza constantemente la negritud. Las colaboraciones, especialmente entre culturas caribeñas –al contrario de lo que argumenta Solás en su manifiesto– pueden traer consigo amplitud temática y dar visibilidad a un cine de la región que ha sido colonizado y, en ocasiones, consumido por imperios del cine como lo es Hollywood. Tonos Paniagua –cuyos dos largometrajes, *Cristo Rey* y *La hija natural*, tocan directa e indirectamente la transcaribeñidad y «el

---

[11] *Broche de oro* se estrenó en 2012 en las salas de cine en Puerto Rico. Se trata de una comedia con matices temáticos *hollywoodenses* que presenta la historia de tres hombres retirados que deciden escapar de su lugar de retiro para ancianos y lanzarse a una aventura que celebra la vida y la amistad.

problema haitiano»– explica que ha estado involucrada «en iniciativas regionales muy interesantes, y que por ejemplo, se hizo un intento de formar un Caribbean Audiovisual Network». Luego añade que

> [...] eso fue en el 2007 más o menos, con los fondos de la Unión Europea. Las primeras reuniones de esta iniciativa[12] se hicieron en República Dominicana y en Guadalupe, ahí estuvo muy involucrado el que es el *field comissioner* de Guadalupe, que es Tony Coco-Violoin, un pionero en estas iniciativas. [...] Digo que se intentó porque al final fue muy difícil superar las barreras del lenguaje, de la limitación económica, de las diferencias culturales. Pero fue súper interesante porque durante un tiempo tuvimos varias reuniones. La primera fue en Trinidad y Tobago, donde nos tuvieron a puerta cerrada dos días definiendo los objetivos del *network*. Y se fundó y se seleccionó un presidente, pero la verdad es que la falta de recursos no permitió que tuviera continuidad. Incluso, se subió una página web con contenido caribeño, CAN eran sus siglas; también con Rigoberto López [quien] tiene lo que se llama *La muestra itinerante del cine del Caribe*. Él básicamente va tomando muestra de país en país caribeño, y es una selección amplísima de todo el Caribe. Está Haití, Trinidad y Tobago, Guadalupe, Barbados. ¡Imagínate! ¿Cuándo nosotros tenemos la oportunidad de ver contenido propio? ¡No la tenemos nunca! Y yo estuve con él y logramos organizar la muestra aquí por primera vez; fue después de *La hija natural*, tendría que ser como en el 2012. El producto de ese contacto con Rigoberto, después con Watson Balmire, un cineasta haitiano que vive aquí [en República Dominicana], pues armamos una *Muestra de cine dominico-haitiano*. Eso fue justo después del terremoto[13]. [...] La *Muestra de cine caribeño* tuvo que haber sido antes del 2010. (comunicación personal)

---

[12] Para una descripción más detallada sobre la iniciativa, véase <http://www.cubaheadlines.com/2009/11/26/18831/traveling_caribbean_cinema_board_audiovisual_network.html>.

[13] Se refiere al terremoto del 12 de enero del 2010, que dejó un saldo de entre 45 000 y 50 000 muertos e incontables pérdidas económicas.

El cine transcaribeño e intercaribeño[14] tiene mayor potencial que el cine producido exclusivamente como nacional para romper con las barreras impuestas por procesos de imperialismo y colonización, como la desventaja económica que comparten las sociedades de plantación del Caribe, la poco cuestionada experiencia definitoria de lo caribeño o aun las divisiones lingüísticas, que prevalecen todavía en los Estudios caribeños mismos, incluso cuando parten desde teorías poscoloniales, como apunta Walter Mignolo[15]. Esos son los obstáculos a los que se enfrenta el poder transformador de estas iniciativas desde lo local dominicano, pero los jóvenes directores dominicanos están liberándose de esas cadenas poco a poco, a través del cine de colaboración. No puedo más que predecir, a raíz de la muestra actual de entrevistas a cineastas, que esta grieta por la que se nos ha deslizado la caribeñidad audiovisual continuará sellándose paulatinamente, y en vez de aislarse en las sombras, continuará ascendiendo mientras preserve el sello de la identidad nacional que tantos fondos, accesibilidad de talento y proyección en pantallas puede asegurar en este momento.

Bibliografía

Baéz, Etzel (2017): «¿Qué es el cine dominicano?». En *Acento*, 20 de enero: <http://acento.com.do/2017/opinion/8420745-que-es-el-cine-dominicano-2/>.

---

[14] «Developing Caribbean Film Culture», un artículo publicado el 18 de mayo del 2017 en *The Trinidad Guardian Newspaper*, presenta la importante labor de programas de cine como el de la Universidad de las Indias Occidentales (conocida por sus siglas en inglés, UWI) para el desarrollo de una cultura de cine en el Caribe (<http://www.guardian.co.tt/entertainment/2017-05-17/developing-caribbean-film-culture>).

[15] Mignolo argumenta, a la luz de un análisis poscolonial, que las ideologías nacionalistas sobre el idioma y la literatura son tan penetrantes que aun los críticos culturales y literarios más progresistas pueden permanecer ciegos a las mismas (Mignolo 2010: 216).

Díaz-Zambrana, Rosana & Tomé, Patricia (eds.) (2010): *Cinema paraíso*. San Juan: Isla Negra.

DGCINE (2010): «Ley para el fomento de la actividad cinematográfica en República Dominicana». En Dirección General de Cine DGCINE: <http://www.dgcine.gob.do/pdf/Ley_fomento_actividad_cinematografica.pdf>.

Lora, Félix Manuel (2007a): *Encuadre de una identidad audiovisual*. Santo Domingo: Valdivia.

— (2007b): *Un rollo en la arena*. Dvd.

Medina Vilariño, Kristina (2010): «¿La identidad está en el regreso?: Posicionamientos geográficos en *El Cantante*». En Tomé, Patricia & Zambrana-Díaz, Rosana (eds.): *Cinema paraíso: representaciones e imágenes audiovisuales en el Caribe hispano*. San Juan: Isla Negra, 416-434.

Mignolo, Walter (2000): *Local histories/global designs: coloniality, subaltern knowledges, and border thinking*. New Jersey: Princeton University Press.

Apéndice

Entrevista a Ivette Marichal, directora de la DGCINE

Patricia Tomé

P. T.: *Como apunta su sitio web, la DGCINE se fundó en el año 2011 con la misión de «promover el desarrollo de la Industria del Cine así como establecer y ordenar las políticas para las actividades Cinematográficas y Audiovisuales, atendiendo a la modernización y la internacionalización de la industria nacional del cine de conformidad a lo que establece la Ley No. 108-10». ¿Podría profundizar en cómo surgió la necesidad de crear esta entidad y en los trámites y conversaciones con organismos gubernamentales o no gubernamentales que tuvieron lugar para alcanzar el funcionamiento íntegro de DGCINE?*

Y. M.: [Surgió] en los años noventa, a pesar de impulsos realizados anteriormente por cineastas y documentalistas dominicanos que habían tomado la producción fílmica como un objetivo esencial, traducidos en iniciativas como el Comité Pro Instituto Nacional de Estudios Cinematográficos (CINEC), primer grupo de cine del país, fundado en 1973, el cual aglutinaba a un conjunto de profesionales que buscaban la manera de impulsar un proyecto para establecer el mecanismo institucional hacia el desarrollo de la industria del audiovisual en República Dominicana; el anteproyecto de ley para la creación del Instituto Nacional de Cinematografía y Televisión (INCIT) –por los miembros del CINEC y el Instituto Dominicano de Cine y Televisión–, que responsabilizaba a este organismo de constituir la Comisión Nacional para la Cinematografía, que tendría deberes de estudio y de consulta sobre los problemas del sector; nuestro país manifestaba una falta de mecanismos de incentivos reales para movilizar el cine dominicano en materia de leyes.

Frente a debates y sugerencias para solucionar las faltas institucionales que enfrentaba el país en el campo audiovisual y cinematográfico, dentro del gobierno del Partido de la Liberación Dominicana, con el ex-presidente de la República, el Dr. Leonel Fernández Reyna (1996-2000), surgieron dos propuestas que significaron intentos muy próximos en la meta para impulsar el desarrollo del medio audiovisual en el país. Por un lado, y a raíz de la creación del Consejo Presidencial de Cultura en 1996, este organismo gubernamental propuso el establecimiento de un mecanismo estructural denominado Centro Coordinador de Cine, Video y Televisión. Y por el otro lado, el documentalista René Fortunato propuso ante la Subcomisión de Cultura del Diálogo Nacional, y aprobada por unanimidad por la sesión plenaria de dicha Subcomisión, la creación del Instituto Nacional de la Imagen en Movimiento (Cine, Video, TV y Nuevas Tecnologías). En 2002 se crea la Comisión Nacional de Cine, a través del decreto número 934-02, con la finalidad de elaborar un proyecto de ley para crear el marco legal de la industria cinematográfica en el país; pero no es hasta el nuevo período gubernamental iniciado en agosto del 2004 que la comisión toma efecto.

Podemos decir que el paso más concreto que se ha dado en la República Dominicana para dotarla de manera definitiva de un marco legal de inversión vino a través del Consejo Nacional de Cultura, y dentro de los planes de gobierno del ex-presidente de la República, el Dr. Leonel Fernández Reyna, al asumir un nuevo período presidencial en agosto del 2004. Entonces, el 17 de septiembre del 2004, bajo el decreto 4-01, se creó la Dirección Nacional de Cine (DINAC), como organismo regulador de todas las actividades cinematográficas que se desarrollaran en la República Dominicana.

Sin embargo, esta iniciativa no trajo los resultados esperados. La DINAC no tenía las facultades ni potestades necesarias para lograr el real impulso de la cinematografía, lo que generó discusiones en el sector, y puso sobre la mesa la posibilidad de la creación de una Ley de Cine.

Tras varios años de encuentros y diálogos, finalmente el 29 de julio del 2010 se promulga la Ley 108-10 para el Fomento de la Actividad Cinematográfica en la República Dominicana, que creó todo un marco legislativo que sentó las bases para una real industria cinematográfica dominicana. A raíz de la promulgación de esta ley, se crea la Dirección General de Cine (DGCINE), entrando en operación el 13 de junio del 2011.

P. T.: *A pesar de la copiosidad de rodajes propiciada a partir de la legislación, en la actualidad el cine dominicano continúa ocupando un espacio marginal dentro del concepto internacional de industria cinematográfica latinoamericana. ¿Cuáles son, a su parecer, los retos a los que se enfrentan los directores cinematográficos en la República Dominicana y la misma DGCINE? ¿Cuáles son las críticas más agudas y los halagos o resultados más satisfactorios que ha recibido?*

Y. M.: Estoy convencida de que poco a poco la industria cinematográfica dominicana va calando y se va posicionando. El cine dominicano avanza a buen ritmo, y prueba de ello son todos los proyectos nacionales que están participando en importantes festivales internacionales –muchos por primera vez–, donde sólo el cine de calidad puede entrar. Este hecho cataloga como «invaluable» el trabajo que realizan los productores, directores, actores, realizadores e industria en general. Entonces, la idea es continuar trabajando más y mejor.

P. T.: *¿En qué medida considera usted que ha progresado el cine dominicano de la última década y cuál sido el papel de la DGCINE en este progreso?*

Y. M.: Desde el 2010, a seis años de la puesta en marcha de la Ley 108-10 para el Fomento de la Actividad Cinematográfica en la República Dominicana, a través de la Dirección General de Cine (DGCINE), contamos con una producción sostenida de cine nacional, algo inexistente en el país durante los primeros cien años de vida del cine, el cual se muestra cada vez más diverso y más profesional.

Nuestro país y sus producciones cinematográficas han visitado importantes festivales y mercados del mundo, donde antes éramos desconocidos. Pero no sólo hemos logrado proyectar internacionalmente nuestro cine, sino también nuestra geografía como destino de inversiones y rodajes. Apoyándonos en el sector turístico, hemos construido una dinámica industria cinematográfica a partir de una atractiva combinación de incentivos fiscales, locaciones únicas y una infraestructura y servicios de primer nivel. La Ley de Cine ha convertido a nuestra nación en una auténtica excepción en América Latina, un país en el que la industria del cine inyecta a la economía nacional varios millones de dólares a través de rodajes extranjeros que desembarcan en el territorio atraídos por los distintos incentivos fiscales. Estas inversiones han repercutido también en la producción del cine nacional y el país se ha convertido en una excepción en el continente al ser el único en el que las películas nacionales ostentan una cuota de mercado que ronda el 25%, con una producción anual de una veintena de películas. Pero el atractivo del país como destino fílmico va más allá de los incentivos fiscales, ya que además de la riqueza de nuestras locaciones y calidad de los servicios ofrecidos, nuestra isla cuenta con dos estudios de filmación de nivel internacional.

En resumen, República Dominicana ha logrado consolidar y fortalecer su industria cinematográfica a través de nuestra ley e iniciativas dirigidas a confortar todos los eslabones de la cadena de valor de la cinematografía: desde la formación, creación y producción, hasta los servicios técnicos, artísticos y creativos, la distribución, la coproducción, la inversión nacional y extranjera y la formación de públicos.

P. T.: *¿Qué tipo de cursos o talleres de formación ofrece la DGCINE a los jóvenes dominicanos interesados en la industria fílmica, dígase estudiantes, directores o cinéfilos? ¿Cómo ha sido su recibimiento y cómo se ha traducido este esfuerzo en las nuevas producciones?*

Y. M.: Desde el área de capacitación y formación, emprendemos diversos cursos, talleres, charlas, los cuales realizamos de manera gratuita, para diferentes públicos, abordando temas de: apreciación cinematográfica, desarrollo y sometimiento de proyectos, producción cinematográfica, dirección, actuación, tratamiento de guión, entre muchos otros.

La acogida que recibimos por parte del público nos impulsa a seguir trabajando y duplicar esfuerzos, pues las convocatorias siempre superan nuestras expectativas, y los resultados se traducen en realizadores o futuros realizadores emprendiendo proyectos de cine con altos estándares de calidad.

P. T.: *¿Qué le gusta ver al dominicano en la pantalla de cine?¿Cree usted que existe una preferencia por los circuitos culturales «mainstream», especialmente los estadounidenses?*

Y. M.: Según estudios realizados y ventas de taquillas, el público dominicano opta por ver películas locales frente a películas internacionales. Contamos con un público que se inclina en el cine criollo, específicamente en el género comedia.

P. T.: *¿Cuál cree usted que ha sido la clave del éxito para los mayores récords de taquilla en estos últimos años? Pensamos particularmente en el éxito taquillero de algunos filmes como* Nueba Yol *(1995),* Perico ripiao *(2003) y* Sanky Panky *(2007), por mencionar algunos.*

Y. M.: Además de la calidad de la que gozaban estos filmes, y de presentar guiones que retrataban factores socioculturales de nuestra nación, eran producciones casi únicas –hablamos de que se realizaba una película al año, aproximadamente–, lo que garantizaba un flujo bastante amplio sólo por tratarse de películas netamente dominicanas, no muy frecuentes. Pero, actualmente se registran unas 20 películas dominicanas al año, con un público que no ha crecido en esa misma proporción. Es importante destacar que luego de la Ley de Cine hemos tenido algunos éxitos taquilleros, como es el caso de *Tubérculo Gourmet* (dir. Archie López, 2015), que vendió casi 540 000 taquillas.

P. T.: *¿Con cuántas salas de cine cuenta el país aproximadamente en la actualidad y qué capacidad tienen?*

Y. M.: Actualmente contamos con 199 salas de cine, que asientan 32 219 butacas.

P. T.: *¿Qué tipo de esfuerzos existen para llevar a estas salas producciones nacionales?*

Y. M.: A pesar de que la ley establece que la DGCINE puede fijar una cuota de pantalla, esta acción no ha sido necesaria debido a que gracias al gran respaldo del público, todas las películas dominicanas se colocan en las salas de cine nacionales, porque representan alrededor del 25% del total de taquillas vendidas.

P. T.: *¿Existen proyecciones itinerantes para dar auge al cine nacional el lugares más remotos de la isla?*

Y. M.: Dentro del programa de capacitación y formación de la DGCINE, a los fines de sumar esfuerzos para intentar elevar el nivel cultural cinematográfico de la nación, la institución ha llevado a zonas del interior del país donde no hay cines, la proyección de películas dominicanas, acompañadas de talleres de apreciación cinematográfica, los cuales ofrecen formación relacionada a la apreciación del cine como medio de expresión y, por supuesto, dan a conocer la filmografía dominicana. Además, contribuyen a que las personas identifiquen el cine como una importante herramienta para el desarrollo individual y colectivo.

P. T.: *¿De qué manera colabora la DGCINE con festivales que promocionan y promueven el cine nacional dentro y fuera del país? ¿Existe algún tipo de fondo económico exclusivo en la DGCINE para festivales de cine?*

Y. M.: A los fines de promocionar la cultura e identidad nacional, la DGCINE, en colaboración con embajadas dominicanas, ha celebrado muestras de cine dominicano en diferentes países alrededor del mundo, otorgando un apoyo económico para la contratación de los servicios necesarios y gestionando todos los permisos de lugar.

Del mismo modo, hemos ofrecido apoyo logístico para garantizar la proyección de nuestras películas en decenas de muestras y festivales realizados a nivel nacional y mundial, cumpliendo así nuestros objetivos estratégicos de posicionar el contenido dominicano en condición de alcanzar la audiencia global.

P. T.: *¿Qué relación/conexión sostiene la DGCINE con la comunidad dominicana en Nueva York, particularmente la residente en Washington Heights? ¿Tiene algún tipo de interacción con el Festival de Cine dominicano de Nueva York?*

Y. M.: Sí, nuestra cinematografía ha estado presente en el Dominican Film Showcase (Washington, Estados Unidos) y el Dominican Film Festival (New York, Estados Unidos).

P. T.: *¿Cómo atiende la DGCINE a temas como la exhibición, la preservación y la investigación sobre la historia y los compromisos del cine dominicano?*

Y. M.: La Ley 108-10 para el Fomento de la Actividad Cinematográfica en la República Dominicana establece como organismo de la DGCINE a la Cinemateca Dominicana, una entidad que tiene por misión salvaguardar el patrimonio cinematográfico de la nación, difundir los valores cinematográficos nacionales e internacionales y fomentar la investigación en materia cinematográfica.

Anualmente la Cinemateca Dominicana realiza un promedio de 36 programas de divulgación cinematográfica de cine clásico y contemporáneo, con entrada libre de costos para toda la ciudadanía. En sus salas se llevan a cabo alrededor de 400 proyecciones al año, de las cuales, un por ciento importante son películas dominicanas de distintas épocas.

La Cinemateca Dominicana cuenta con una unidad de Archivo Fílmico e Investigación Cinematográfica, en la cual se realizan actividades de rescate, restauración y preservación de películas. Dentro de esta unidad existe una sub-unidad de investigación dedicada a recolectar información sobre la historia del cine dominicano.

De acuerdo al último informe realizado en marzo del 2017, en la Cinemateca Dominicana se preservan 26 321 documentos, divididos en audiovisuales, recursos documentales (libros, revistas, folletos, fotografías, afiches, artefactos, etcétera) y artículos de prensa digitales e impresos. Además, no podemos olvidar la participación de películas dominicanas en muestras y festivales de cine a nivel nacional y mundial.

P. T.: *¿Cuáles son las responsabilidades a las que usted debe hacer frente diariamente como directora de la DGCINE? ¿Podría elaborar un comentario sobre la importancia de que sea una mujer la directora de una organización cultural de esta magnitud?*

Y. M.: Día a día asumimos con mayor fe, amor y compromiso la posición de dirigir esta institución, llevando a cabo acciones que promuevan y fomenten la industria cinematográfica dominicana, y al mismo tiempo posicionen nuestro hermoso país como destino de locaciones para producciones extranjeras. Independientemente del género, pues hoy nos enfrentamos a un mundo que se rige por la igualdad en deberes y derechos, donde la mujer juega un rol importante en la sociedad, desde nuestra gestión, siempre enfatizaremos en el respeto, cuidado y protección de nuestra ley, estando de acuerdo con todas aquellas medidas destinadas a fortalecer y transparentar su fiel cumplimiento

P. T.: *Por último: Su pronóstico para el cine producido en la República Dominicana en la próxima década es…*

Y. M.: Tenemos la certeza de que la cinematografía dominicana seguirá diversificando sus géneros y, con ello, seguiremos pisando nuevos escenarios alrededor del mundo. Tenemos las capacidades, los vínculos internacionales y la firme convicción de que el cine dominicano puede lograr mucho más, como punta de lanza de una industria audiovisual en la que todas las áreas se interconectan y retroalimentan. No debemos olvidar que la actividad cinematográfica y audiovisual es un área estratégica del mundo actual, una industria en constante crecimiento y con alto valor agregado que debemos potenciar, aprendiendo de experiencias exitosas realizadas en otros países, pero aplicadas a nuestra realidad. Además, combina cultura e industria, fomentando el desarrollo social y cultural de los ciudadanos.

Entrevista a Armando Guareño, fundador y director actual del Festival de Cine Dominicano en Nueva York

Adriana Tolentino

A. T.: *Nos gustaría empezar con una pregunta que busca indagar en los inicios de este evento. ¿Nos podría relatar más sobre cómo surgió la idea de este festival de cine? ¿Qué lo motivó a usted a crear tal evento en la ciudad de Nueva York?*

A. G.: El Festival de Cine Dominicano nace con el objetivo de favorecer la difusión y promoción, e incentivar su producción y la necesidad de una mayor distribución y exhibición de la cinematografía dominicana en los Estados Unidos. Al mismo tiempo la intención de crear un mercado local útil para la industria del cine dominicano, y como lugar de encuentro entre el público anglosajón y los cineastas en un encuentro que apuesta por la diversidad cultural y con amplio conocimiento del séptimo arte.

El Festival surge con la idea de informar al público de la ciudad de Nueva York sobre el cine dominicano y su relación con la historia, la política y la vida social de este país, mediante un enfoque estético. La presentación mostrará una amplia creación artística de la diversa población en la ciudad incluyendo una amplia proporción de latinos provenientes de otros 21 países. La idea es promover una nueva generación de cineastas dominicanos conjuntamente con los ya establecidos. El festival se esfuerza en fortalecer la vital relación económica y cultural de República Dominicana con los Estados Unidos.

A. T.: *Desde nuestra perspectiva como asistentes al festival, nos gustaría preguntarle un poco más sobre el papel de Jackson Heights y específicamente de la elección de la ciudad de Nueva York como sede del festival. ¿En qué sentido la ciudad de Nueva York cumple con la filosofía del festival? ¿Y cuál diría usted que es la doctrina de este festival?*

A. G.: La razón principal para hacer el Festival en Washington Heights y la ciudad de Nueva York es que el gran porcentaje de los dominicanos que viven en los Estados Unidos, 80% de ellos (nosotros), vivimos en Nueva York y en el área triestatal. Con el festival también aspiramos a mantener a los espectadores de la ciudad de Nueva York informados sobre el cine dominicano y su relación con la historia, política y vida social de este país, cómo es presentado por los directores de cine, mediante los temas y la propuesta estética con la cual son enfocados. La doctrina y filosofía es fortalecer la vital y creciente relación económica y cultural con los Estados Unidos.

A. T.: *Al considerar la diversidad sociocultural de los dominicanos en Estados Unidos –particularmente en el área triestatal– ¿cuál ha sido su experiencia como director del festival? ¿Cómo el evento involucra a las comunidades dominicanas (y latinas) en Nueva York? Es decir ¿quién asiste al festival y por qué? ¿Qué tipo de esfuerzos existen para atraer a una audiencia más amplia?*

A. G.: Mi experiencia como director ha llenado todas mis expectativas. Una de mis metas era enriquecer la experiencia artística de los dominicanos y no dominicanos, sin exclusiones, y mantener al público informado acerca de las últimas producciones fílmicas de nuestro país como recurso esencial para el desarrollo personal y cultural.

A. T.: *¿En qué sentido cree usted que el festival puede funcionar como puente para definir la «dominicanidad» en base al poder político y al espacio geográfico de donde se localiza?*

A. G.: No creo que nuestro festival tenga una ética de «dominicanidad», lo considero un cliché mal usado. Se podría decir que nuestro festival es «marca País», pero incluye temas universales que pueden pasar en cualquier parte del mundo. Podría decir, en este contexto, que los festivales o muestras de cine son eventos privilegiados de difusión de ideas y de entretenimiento. En la actualidad todas las ciudades importantes del mundo cuentan con un festival o muestra de cine. Y tanto las posibilidades que ofrece a los organizadores (públicos y privados) como el interés del público es tan enorme que en Estados Unidos y Europa no sólo la capital del país, sino las ciudades más relevantes tienen un festival de cine. Por tal razón no podemos categorizar particularmente nuestro festival con la palabra «dominicanidad», porque entonces habría que hacer lo mismo con festivales como el francés, el cubano, el ecuatoriano, el italiano, etcétera.

A. T.: *¿Existe una demanda por parte del pueblo dominicano residente en esta área para dicho festival, o para ver, producir, o participar activamente en el cine dominicano?*

A. G.: Sí, la demanda existe. El dominicano apoya fielmente y ama el cine dominicano, y nuestro festival es una celebración de nuestra cultura, un espacio de encuentro artístico. La integración multicultural y multilingüe no sólo es posible en la ficción cinematográfica. Y el desarrollo sostenible es algo más que una utopía inalcanzable. Por eso creemos que el progreso de los pueblos culturalmente depende de su capacidad para convertir el abismo de la negación que nos asalta a cada paso en acción positiva y afirmativa.

A. T.: *¿Cuál es el monto de la inversión empleada en llevar a cabo el festival? ¿Quién dona o ayuda financieramente o de otra manera? ¿Colabora la Dirección General de Cine (DGCINE) activamente – tanto económica como socialmente– durante el festival? Si es así ¿de qué manera?*

A. G.: El festival es sumamente costoso, nuestro festival cuesta casi un cuarto de millón realizarlo. Nuestros fondos vienen de empresas corporativas, con patrocinios metálicos y otras con patrocinios de intercambios. También tenemos los fondos de empresas e instituciones dominicanas como la Dirección General de Cine, que también nos ayuda con la logística del festival.

A. T.: *¿Nos podría hablar sobre los desafíos de ser el creador y director de un proyecto de la magnitud del Festival de Cine Dominicano de Nueva York? Nos gustaría saber también sobre los retos culturales y sociales que se han enfrentado durante la organización del evento ¿Cómo han cambiado estos retos durante los cinco años en que se realizado el festival?*

A. G.: Mis desafíos como director eran muchos; el principal, romper con el estereotipo de que nosotros somos más que merengue y bachata, que tenemos una industria cinematográfica real, que [hay] dominicanos cultos e intelectuales y que estamos en crecimiento para aportar y quizás dejar un legado cultural. También tratar de fortalecer y contribuir al desarrollo educativo y cultural a través del cine dominicano, al igual que a los avances mundiales de la cultura universal, y al mismo tiempo enfocar nuestra labor en un nivel pedagógico [para] que los momentos [fílmicos] sirvan de ayuda psicológica para nuestros ciudadanos. Pero gracias a Dios [y] a la dedicación de hacer una producción del festival cada año, a la dedicación de mi equipo de trabajo, hemos podido enfrentar todos los retos.

A. T.: *Tras el inicio del Festival de Cine Dominicano de Nueva York parece haber un incremento significativo de producciones cinematográficas en la República Dominicana. ¿Considera usted que de alguna manera este evento ha ejercido presión en la industria fílmica, y ha propiciado la aparición de otros eventos de este tipo (por ejemplo: en Madrid y Miami)? ¿Nos podría hablar sobre la forma en que estos festivales y el de Nueva York están en diálogo?*

A. G.: Aunque nuestros festivales de cine son eventos de difusión de ideas, cultura y de entretenimiento, y aunque han crecido como ningún otro festival de cine latinoamericano que realizan en los Estados Unidos, no podemos decir que nuestro festival ha incrementado las producciones cinematográficas en la República Dominicana. Ese crédito se lo lleva la Ley de Cine Dominicana y la Dirección

General de Cine. Sí hemos creado un espacio cultural y de difusión para nuestro cine que es muy valorado y respetado por la industria de cine en nuestro país.

Las iniciativas de festivales de cine dominicano en otros estados de Estados Unidos son iniciativas personales y privadas, con excepción del Festival de Cine Dominicano en Miami, [que] es franquicia nuestra. Nosotros sí tenemos relaciones profesionales y hablamos mayormente de las nuevas producciones y de cuáles son mejores para sus respectivos festivales. De los festivales de cine dominicano que hacen alrededor del mundo, son unos veinte, pero el más grande y con un buen concepto de curaduría es el nuestro. Aunque el cine, las artes, son subjetivas, nosotros tratamos de tener un tema, un lema y *slogan* para ser diferentes de los demás. Por ejemplo tenemos secciones como «Dominicanos en Diáspora», «La Mujer y el Cine», «Cortometrajes: Grandes Historias», «Muestra de un actor y/o actriz: colección de fotografías». Para la próxima edición estamos trabajando en nueva secciones [como] «Segundo Género», una muestra dedicada al documental, y «Volver a Mirar», [en la que] presentaremos cine clásico dominicano, y algunas sorpresas más.

A. T.: *En cuanto a la selección de películas que son proyectadas en cada una de las ediciones de los festivales, ¿A qué criterios se someten los filmes seleccionados? ¿Cómo es el proceso de curación/ejecución del festival? ¿Quiénes o qué entidades se involucran en este proceso?*

A. G.: Nuestro festival de cine es popular y didáctico, de aporte al conocimiento del cine, así como [a] realzar la cultura de nuestro país. Por lo tanto, tratamos de hacer una programación ecléctica y diversa donde presentamos todo tipo de géneros: drama, comedia, documental, cortometrajes y cine experimental. En términos de géneros siempre tratamos de que nuestra programación sea diversa, desde temas sociales [hasta] sexuales. Por esa razón tenemos un equipo de programadores con experiencia cinematográfica y de personas con experiencia a nivel de curaduría, y evaluamos las películas para su selección.

A. T.: *¿Existe algún tipo de colaboración entre este y el Festival de Cine Global Dominicano? En su opinión ¿qué los diferencia y/o cuál es la aportación principal del festival del Festival de Cine Dominicano de Nueva York?*

A. G.: El Festival de Cine Global Dominicano es uno de nuestros patrocinadores y nos ayudan en el proceso, en conjunto con la DGCINE, a la selección de algunos de los filmes. Al mismo tiempo, el Festival de Cine Dominicano en New York programa para el Festival de Cine Global la muestra «Dominicanos en la Diáspora», la cual es un colección de cortometrajes de dominicanos que viven en el extranjero, ya sea Estados Unidos, Latinoamérica o Europa.

El aporte principal de nuestro festival, como proyecto cultural y educativo, es exhibir un cine de calidad al tiempo que se proyecta como un puente cultural entre la República Dominicana y los Estados Unidos, y al mismo tiempo, promocional de nuestra cultura más allá de lo que es el merengue y la bachata. ¡Ahora podemos decir que también somos cine!

A. T.: *¿Qué le espera en el futuro al Festival de Cine Dominicano en NY?*

A. G.: El futuro de nuestro festival es grandioso. Podemos decir con mucho orgullo que nuestro festival, como un evento «niche», como un festival de géneros, es el más grande que existe en Nueva York y el área triestatal. La apertura de nuestra última edición fue un éxito total, con más de 3 000 espectadores, una hazaña que tenemos que volver a repetir ya que puso el festival en otra dimensión.

Catálogo de cine dominicano (2014-2017)

Félix Manuel Lora

Vamos de robo, 2014 (Dirección: Roberto Ángel Salcedo; Género: Comedia; Duración: 1 hora 36 minutos; Estreno: 16 de enero 2014). Argumento: Michael, Pedro, Mateo y Antonio se desempeñan como encargados del departamento de fiscalización de un banco que, una noche, es objeto de un robo de 150 millones de pesos de la bóveda. Esto los convierte a ellos en sospechosos, ya que se encontraban en el banco en el momento del robo.

Duarte, traición y gloria, 2014 (Dirección: Leo Silverio; Género: Drama histórico; Duración: 1 hora 46 minutos; Estreno: 30 de enero 2014). Argumento: Película sobre el libertador y principal patricio de la República Dominicana, Juan Pablo Duarte Diez, donde se relatan sus aprestos conspirativos para la fundación de la República y su forzado exilio hacia Caracas, Venezuela, donde finalmente murió.

Locas y atrapadas, 2014 (Dirección: Alfonso Rodríguez; Género: Drama; Duración: 1 hora 36 minutos; Estreno: 13 de febrero de 2014). Argumento: Cinco mujeres quedan atrapadas en un ascensor, situación que sirve para que cada una de ellas empiece a contar sus propias historias desnudando sus vidas, entre discusiones, llantos, risas y la lucha por querer salir.

De pez en cuando, 2014 (Dirección: Francisco Valdéz; Género: Comedia; Duración: 1 hora 20 minutos; Estreno: 6 de marzo 2014). Argumento: Cuenta la historia de Ben, un escritor frustrado que dejó una vida profesional para dedicarse a escribir su fracasada novela. Rechazado por el éxito y desdichado en el amor, el protagonista tiene poca sed de vida, pero un suceso en su cotidianidad lo cambiará para siempre.

Lotoman 003: Volando bajito, 2014 (Dirección: Archie López; Género: Comedia; Duración: 1 hora 35 minutos; Estreno: 27 de marzo de 2014). Argumento: Manuel y Modesto aceptan una propuesta que le propone un comando especial de la policía y al hacerlo descubren el emocionante mundo de los agentes secretos. En esta nueva aventura tienen la misión de detectar a sospechosos integrantes de «La Cosa Aquella», pero durante la curiosa misión es puesta a prueba su integridad y los protagonistas se dan cuenta de que, a veces, sencillamente es difícil hacer lo correcto.

Al sur de la inocencia, 2014 (Dirección: Héctor Manuel Valdez; Género: Drama. Duración: 1 hora 30 minutos; Estreno: 24 de abril de 2014). Argumento: Cuenta la historia de Vera y Andrés, dos jóvenes dominicanos de clase alta, y de Santiago, un fotógrafo al que conocen trabajando en una fiesta que le organizan a Vera. Tras un trastorno familiar, Santiago invita a los dos jóvenes al Sur del país, llevando a cabo un viaje que les cambiará la vida, los obligará a conocer sus límites más íntimos y a tomar conciencia de la otra cara de la realidad dominicana.

La extraña, 2014 (Dirección: César Rodríguez; Género: Thriller; Duración: 1 hora 35 minutos; Estreno: 15 de mayo de 2014). Argumento: Nueva versión del filme francés *L'etrangere*, que produjo Sergio Gobbi en 1968. Es la historia de Jean Louis Caba dueño de una editorial en Santo Domingo, quien se encuentra traumatizado por el accidente de su ex esposa Gaia. Abrumado por su trabajo y el estado de su ex mujer a quien todavía ama, Alberto decide escapar a Casa de Campo, donde su familia tiene la propiedad. En la entrada se encuentra con una mujer hermosa con el nombre de Rosa. Esto da inicio a una relación ambivalente y Alberto entrará en una espiral de peligrosa pasión.

El pelotudo, 2014 (Dirección: Raymond Hernández, Jr.; Género: Comedia; Duración: 1 hora 40 minutos; Estreno: 12 de junio de 2014). Argumento: Martín es un argentino que siente la fascinación por algún día jugar beisbol profesionalmente en los Estados Unidos. Como no lo puede lograr en Argentina, decide viajar a la República Dominicana para asistir a una de las pruebas de los equipos locales, con la esperanza de comenzar a jugar allí. Pero para esto tiene que ser dominicano por naturaleza. Por eso, con la ayuda de varios amigos, se hace pasar por un jugador dominicano, convirtiéndose en una entretenida transformación.

Despertar, 2014 (Dirección: José María Cabral; Duración: 1 hora 26 minutos; Estreno: 19 de junio de 2014). Argumento: Narra la historia de René en búsqueda de su esposa Naomi, quien desaparece una madrugada sin dejar pistas de su paradero. A partir de ese momento su vida se convierte en una pesadilla, pensando que todos conspiran contra él. Usando a una amiga de aliada descubren que la posible desaparición está vinculada a unos científicos que llevan a cabo unos experimentos.

Quiero ser fiel, 2014 (Dirección: Joe Menéndez; Género: Comedia; Duración: 1 hora 30 minutos; Estreno: 26 de junio de 2014). Argumento: Comedia romántica donde un ex mujeriego se casa con la mujer de sus sueños y jura serle fiel, hasta que un importante editor le encomienda escribir un libro acerca de por qué son infieles los hombres. En el trayecto se enfrenta con situaciones que ponen en riesgo su fidelidad y la finalización del libro. Adaptación del guión original «Why do men cheat?».

El que mucho abarca, 2014 (Dirección: Ronni Castillo; Género: Comedia; Duración: 1 hora 30 minutos; Estreno: 17 de julio de 2014). Argumento: Ricardo es un joven empresario de conducta rutinaria, en una larga relación con Valentina. Luego de la llegada de Dalila a la oficina, Ricardo intentará ser infiel por primera vez. Esto le traerá serias consecuencias en su relación con Valentina y su trabajo.

Un lío en dólares, 2014 (Dirección: Francis Disla (El Indio); Género: Comedia ; Duración: 1 hora 41 minutos; Estreno: 14 de agosto de 2014). Argumento: Eulogio, un cantante de bachata dominicano, viaja a Nueva York en busca de una mejor vida. Pero su viaje se complica cuando su amigo Cheo es apresado por el FBI. Huyendo y sin saber adónde ir ni qué hacer toma un taxi que lo lleva a Washington Heights, donde renta un apartamento haciéndose pasar por un pintor famoso. Al morir el dueño del apartamento, este deja un maletín con 150 000.00 USD, pero las cosas se ponen peor cuando unos supuestos ladrones entran a robar y lo que encuentran es un muerto, una intrusa y un falso pintor.

Código paz, 2014 (Dirección: Pedro Urrutia; Género: Drama/Acción; Duración: 1 hora 36 minutos; Estreno: 18 de septiembre de 2014).

Argumento: Pedro Ruiz, un impaciente ladronzuelo de estrato humilde, nacido y criado en Villa Consuelo, lleva una doble vida. Durante el día trabaja como vendedor inmobiliario en una importante firma y durante las noches roba dentro de las mismas propiedades que vende junto a su amigo de barrio Wellington. Pedro quiere comerse el mundo aquí y ahora, hacerse rico antes de cumplir los treinta años sin importar las consecuencias, hasta que roba la casa equivocada.

Primero de enero, 2014 (Dirección: Erika Bagnarello; Género: Drama; Duración: 1 hora 25 minutos; Estreno: 16 de octubre de 2014). Argumento: Relata la historia de Sebastián, un niño de 12 años que sufre por el divorcio reciente de sus padres, y que ahora vive con su madre y su hermana. En el restaurante de su familia roban el preciado piano antiguo de su padre, lo que desencadena un viaje por toda la República Dominicana en donde Sebastián, sus dos mejores amigos y su hermana mayor recorren la geografía nacional para intentar recuperarlo.

Yo soy la salsa, 2014 (Dirección: Manuel Villalona; Género: Documental; Duración: 1 hora 21 minutos; Estreno: 30 de octubre de 2014). Argumento: Documental homenaje al músico dominicano Johnny Pacheco. Se apoya en las tres películas de la Fania y en el concierto homenaje que organizó la producción en homenaje a Johnny por sus cincuenta años en la Fania, entre otros materiales de archivo.

Dólares de arena, 2014 (Dirección: Laura Amelia Guzmán e Israel Cárdenas; Género: Drama; Duración: 1 hora 20 minutos; Estreno: 13 de noviembre de 2014). Argumento: Noelí, una joven dominicana que se prostituye en las playas de las Terrenas con el único fin de sobrevivir a una vida de carencias, tiene entre sus clientes a Anne, una francesa de edad madura con la cual establece un vínculo sexual que le permite conseguir algo de dinero para compartir con su novio. Ambas transitarán por un camino impreciso de sueños y soledades.

No hay más remedio, 2014 (Dirección: José E. Pintor; Género: Drama; Duración: 1 hora 44 minutos; Estreno: 27 de noviembre de 2014). Argumento: Ángel, Fonso y Roberto, tres ancianos con problemas que difícilmente puedan solucionar en el poco tiempo de vida que les queda, toman una decisión equivocada: cometer un atraco a una farmacia para conseguir el dinero necesario para realizar cada uno su sueño personal. La edad, la tecnología, los particulares empleados y clientes de la farmacia y una sociedad muy particular hacen que esos planes no se lleven a cabo como ellos tenían pensado.

339 Amín Abel Hasbún: memoria de un crimen, 2014 (Dirección: Etzel Báez; Género: Drama; Duración: 1 hora 38 minutos; Estreno: 4 de diciembre de 2014). Argumento: Filme centrado en la noche del asesinato del ingeniero y líder estudiantil universitario Amín Abel Hasbún y de los interrogatorios de todas las personas que estuvieron presentes en su asesinato, el 24 de septiembre de 1970. Los interrogatorios son realizados por el procurador de justicia del gobierno de Joaquín Balaguer.

María Montez, la película, 2014 (Dirección: Vicente Peñarrocha; Género: Drama; Duración: 1 hora 44 minutos; Estreno: 11 de diciembre de 2014). Argumento: Filme biográfico sobre María África Gracia Vidal, mejor conocida como María Montez. Nacida en 1912 en la ciudad de Barahona, República Dominicana, mostró desde muy temprana edad una gran pasión por la actuación. Armada de su carisma, exótico físico y perseverancia, logró convertirse en la primera actriz dominicana en pisar el firmamento de Hollywood.

Pa'l campamento, 2015 (Dirección: Roberto Ángel Salcedo; Género: Comedia; Duración: 1 hora 30 minutos; Estreno: 15 de enero de 2015). Argumento: Pedro José, un joven abogado, se enamora de Natalia, quien tiene un apuesto y manipulador novio que termina con ella para juguetear con otras dos chicas. Pedro José tratará de conquistar el corazón de Natalia en circunstancias inusuales: infiltrándose, fingiendo ser guardia de seguridad, en un campamento escolar de verano, junto a dos colegas y amigos de confianza: Raúl, otro mujeriego, e Ismael, un evangélico que mantiene hilarantes e inolvidables diálogos sobre la fe y su relación cuasi pecaminosa con el Señor.

Los paracaidistas, 2015 (Dirección: Archie López; Género: Comedia; Duración: 1 hora 40 minutos; Estreno: 12 de febrero de 2015). Argumento: Cuatro empleados de una fábrica de colchones tratan de romper un curioso récord: participar en cien fiestas a las que no han sido invitados. Su propósito principal es entretener a Leo, quien no supera la ruptura con su novia y –de paso– convertirse en ricos y famosos. Pero terminan arriesgando lo que más les importa: su amistad, sus trabajos y el amor.

Una breve historia de amor, 2015 (Dirección: Alan Nadal Piantini; Género: Comedia; Duración: 1 hora 22 minutos; Estreno: 26 de marzo de 2015. Argumento: Martin, director creativo en una gran agencia publicitaria, poco profesional, mujeriego y con un ego por las nubes, ve las cosas de una forma muy peculiar. Inés, una nueva ejecutiva de cuentas, organizada y responsable, llega para cambiar su mundo.

Bestia de cardo, 2015 (Dirección: Virginia Sánchez Navarro; Género: Drama; Duración: 1 hora 39 minutos; Estreno: 7 de mayo de 2015). Argumento: Una joven dominicana, luego de pasar muchísimo tiempo fuera del país, es forzada a regresar a su pueblo natal –para ella es un sitio sofocante, una alta sociedad que le complica la vida, que la obliga a ser de la manera que ella no es–. En eso conoce a un sastre enigmático, una persona muy misteriosa. Ambos desarrollan una amistad muy fuerte e intentan escaparse juntos, pero descubren que hay menos maneras de salir de las que pensaron.

Morir soñando, 2015 (Dirección: Josh Crook; Género: Drama; Duración: 1 hora 30 minutos; Estreno: 28 de mayo de 2015). Argumento: Cuando Vincent e Isabella se conocen la atracción es inmediata, pero la vida de ambos comienza a peligrar cuando una gran organización criminal intenta utilizarlos para llevar a cabo una operación de alto riesgo nacional.

Detective Willy, 2015 (Dirección: José María Cabral; Género: Drama; Duración: 1 hora 36 minutos; Estreno: 25 de junio de 2015). Argumento: Willy Echevarria es policía en un pequeño pueblo en la República Dominicana. Es también fan del cine negro y anhela ser como sus protagonistas clásicos. Después de ser despedido en una operación fracasada por una mala jugada de su compañero policía Bruce García, Willy le roba al destino una última oportunidad de arreglarlo todo: ser asignado para investigar el misterioso robo de un valioso artefacto del patrimonio histórico junto a la sarcástica oficial Díaz. De esta manera luchará contra su miedo para enfrentar las pruebas más descabelladas y peligrosas de su vida.

La gunguna, 2015 (Dirección: Ernesto Alemany; Género: Thriller/Humor negro; Duración: 1 hora 33 minutos; Estreno: 16 de julio de 2015). Argumento: «La Gunguna» es una diminuta pistola calibre 22 con toda una historia detrás. Es la principal protagonista como un augurio de que, a veces, las maldiciones vienen disfrazadas en enchapes de oro: dueña y señora del bajo mundo, es la causante de todo lo que pasa. Toca las puertas de prestamistas de poca monta, mujeres de frontera, traficantes de armas, jugadores profesionales de billar, la mafia china, artistas del engaño y un individuo que, en el medio de todo esto, busca un mejor futuro. Cada uno tiene un motivo en esta historia, algunos movidos por la venganza y otros por el engaño. Todos, irremediablemente, quedan entrelazados por el destino que ella marca.

Blanco, 2015 (Dirección: Melvin Durán; Género: Documental; Duración: 1 hora; Estreno: 23 de julio de 2015). Argumento: Retrata la cotidianidad y el lado humano de seis albinos en diferentes edades y etapas de la vida pero con más en común que su condición visible y que, desinformados sobre las características del albinismo, asumen la vida con normalidad a pesar de la apariencia exterior, los problemas de visión y los inevitables cambios que el sol ha producido en su piel.

Tú y yo, 2015 (Dirección: Natalia Cabral, Oriol Estrada; Género: Documental; Duración: 1 hora 27 minutos; Estreno: 6 de agosto de 2015). Argumento: Dos mujeres, una viuda blanca en sus setentas y su joven sirvienta afroamericana, luchan para mantener la casa limpia, la carne sazonada y la novela en la TV, sin matarse antes de que se acabe el día.

Pueto pa'mí, 2015 (Dirección: Iván Herrera; Género: Drama; Duración: 1 hora 50 minutos; Estreno: 13 de agosto de 2015). Argumento: Dos jóvenes cantantes urbanos, a pesar de las penurias y falta de recursos, nunca renunciarán a sus sueños y anhelos de superación entregando el todo por el todo para alcanzar el éxito.

Algún lugar, 2015 (Dirección: Guillermo Zouain; Género: Drama; Duración: 1 hora 11 minutos; Estreno: 10 de septiembre de 2015). Argumento: Oliver está a punto de graduarse del bachillerato y organiza un viaje a lo largo de la República Dominicana con sus dos mejores amigos, Hemingway y Moisés. Cada uno tiene su propia razón para embarcarse en el viaje. Oliver quiere despedirse de su novia Verónica antes de que ella se mude a Nueva York, y para hacerlo debe llegar a toda costa a la remota ciudad de Pedernales. Hemingway quiere escapar el ambiente opresivo de su familia. Moisés documenta el viaje como un último adiós a su pasión por la fotografía, antes de matricularse en una carrera de ingeniería.

Todo incluido, 2015 (Dirección: Roberto Ángel Salcedo; Género: Comedia; Duración: 1 hora 35 minutos; Estreno: 24 de septiembre de 2015). Argumento: Cuenta la historia de un grupo de vendedores de seguros, «La Primera», en una convención de ventas que realiza la empresa en un resort en Punta Cana. Llegando al hotel se desencadenan una serie de situaciones en la vida de los participantes.

Ladrones, 2015 (Dirección: Joe Menéndez; Género: Comedia; Duración: 1 hora 30 minutos; Estreno: 15 de octubre de 2015). Argumento: Dos ex ladrones se unen para ayudar a una humilde comunidad tejana a recuperar sus terrenos, robados por una mujer poderosa que conserva los documentos escondidos en su mansión de una isla paradisíaca.

Oro y polvo, 2015 (Dirección: Félix Limardo; Género: Drama/Acción; Duración: 1 hora 35 minutos; Estreno: 22 de octubre de 2015). Argumento: Danny de niño, recogido en la calle por el capo Don Toribio, se encuentra con su amigo Teo, que trabaja en la misma organización. La novia de Teo, Marisela, ambiciosa, tiene un plan para apoderarse del negocio criminal del tráfico de drogas en RD y decide que para eso necesita a Danny, a quien conquista. Juntos provocan una guerra de bandas narcotraficantes que azota a mexicanos, colombianos y dominicanos.

República del color, 2015 (Dirección: Héctor Manuel Valdez; Género: Documental; Duración: 1 hora 25 minutos; Estreno: 29 de octubre de 2015). Argumento: *República del Color* se adentra en la historia de las artes plásticas dominicanas para entender la incidencia del color y la luz en nuestros artistas. El largometraje, a través de coloquios entre respetadas figuras de la plástica dominicana, expertos restauradores e historiadores de la materia, narra una travesía desde las tres principales regiones de la isla hacia distintas partes de España y Francia en busca de los orígenes y el legado de la plástica dominicana en las artes universales.

Dinero fácil, 2015 (Dirección: Daniel Aurelio Pérez; Género: Drama/Thriller; Duración: 1 hora 25 minutos; Estreno: 12 de noviembre de 2015). Argumento: Vicente Ventura es por naturaleza un excelente vendedor. Al ver que no consigue dinero para un proyecto, se hace pasar por un hombre adinerado para hacer negocios con un gran empresario llamado Iván Torres.

Tubérculo gourmet, 2015 (Dirección: Archie López; Género: Comedia; Duración: 1 hora 30 minutos; Estreno: 26 de noviembre de 2015). Argumento: Tubérculo y Tirson son amigos desde niños, pero su relación termina abruptamente a causa de un malentendido. Veinte años después una circunstancia inesperada los reúne y ambos tendrán que aprender a perdonarse.

Del color de la noche, 2015 (Dirección: Agliberto Meléndez; Género: Drama; Duración: 1 hora 34 minutos; Estreno: 3 de diciembre de 2015). Argumento: Aproximación a la vida del Dr. José Francisco Peña Gómez, la cual relata aspectos de su origen, procedencia, formación intelectual y vida pública hasta cubrir los 61 años de su vida.

Santa Teresa y otras historias, 2015 (Dirección: Nelson Carlo de Los Santos Arias; Género: Drama; Duración: 1 hora 5 minutos; Estreno: 3 de diciembre de 2015). Argumento: En la ciudad ficticia –aunque prototípica en su universalidad– de Santa Teresa, ubicada en la frontera entre México y Estados Unidos, el investigador Juan de Dios Martínez se para en la línea divisoria entre el periodismo y el quehacer detectivesco para llevar adelante una pesquisa que gira en torno a los crímenes y abusos contra mujeres y trabajadores de la zona.

Los fabulosos ma'mejores, 2015 (Dirección: Carlos Manuel Plasencia; Género: Comedia; Duración: 1 hora 30 minutos; Estreno: 30 de diciembre de 2015). Argumento: Cuando a un equipo de béisbol sus recursos económicos y deportivos no le alcanzan para competir en un gran torneo infantil, el ingenioso entrenador «Chelo» hace hasta lo imposible para cumplir el gran sueño de su equipo, y esto se convierte en un viaje donde suceden todo de tipo de aventuras.

Mi suegra y yo, 2016 (Dirección: Roberto Ángel salcedo; Género: Comedia; Duración: 1 hora 44 minutos; Estreno: 21 de enero de 2015). Argumento: Cuenta la historia del amor entre Ernesto e Isabel, marcada por la presencia de la madre de esta, doña Laura. La suegra resulta ser avasallante desde el primer momento, imponiendo su criterio en la relación de noviazgo de su hija y en la preparación de la boda, para luego irse a vivir a la casa de Ernesto e Isabel, provocando una serie de situaciones inesperadas.

A orillas del mar, 2016 (Dirección: Bladimir Abud; Género: Drama; Duración: 1 hora 25 minutos; Estreno: 11 de febrero de 2016). Argumento: Es la historia de Pedro, un niño que vive en Samaná y que emprende la búsqueda de su padre, un pescador que se fue hacia Santo Domingo. Allí se encontrará con el más triste panorama de desolación y peligro que un adolescente puede enfrentar cuando no tiene nada.

Dos policías en apuros, 2016 (Dirección: Francisco Disla; Género: Comedia; Duración: 1 hora 35 minutos; Estreno: 25 de febrero de 2016). Argumento: Una historia en la que dos policías, un poco «locos», se unen a un agente del FBI con una personalidad completamente distinta a ellos (recto y meticuloso) para investigar una red internacional de malhechores. En el proceso de la investigación ocurrirán muchos incidentes que complican aún más la misión para la cual fueron reclutados.

Girasol, 2016 (Dirección: Dilia Pacheco Méndez; Género: Drama; Duración: 1 hora 35 minutos; Estreno: 31 de marzo de 2016). Argumento: Basada en una historia real, Víctor Méndez Capellán, hijo de dos campesinos, queda huérfano a los siete años y decide emprender un camino que lo llevará a enfrentar obstáculos y tragedias, pero en el que alcanzará grandes logros.

Nana, 2016 (Dirección: Tatiana Fernández Geara; Género: Documental; Duración: 1 hora 11 minutos; Estreno: 5 de mayo de 2016). Argumento: Leidy, Fina y Clara dejan a sus hijos en pueblos lejanos al cuidado de familiares mientras cuidan los hijos de otras personas. Entre escenarios urbanos y rurales, este documental se adentra en los conflictos enfrentados por las nanas que viven con sus empleadores. En una cadena de amor donde las figuras maternas se sustituyen y se duplican, se crean vínculos fuertes entre los niños y sus nanas, al igual que entre los hijos de las nanas y las abuelas o tías que los crian.

La familia Reyna, 2016 (Dirección: Tito Rodríguez; Género: Drama; Duración: 1 hora 30 minutos; Estreno: 2 de junio de 2016). Argumento: Isaac es un trabajador joven y exitoso de la agricultura en el Valle de Constanza, aunque es frío y distante con sus allegados. Su madre, Doña Sarah, le brinda paz, y su padre Abraham la disciplina; su hermano Ismael abandonó el pueblo hace tiempo. Años más tarde, el arribo de Ismael desata una serie acontecimientos que los conduce a un intrigante y restaurador encuentro entre parientes, una oportunidad de olvidar el pasado y vivir el presente.

Todos los hombres son iguales, 2016 (Dirección: Manuel Gómez Pereira; Género: Comedia; Duración: 1 hora 26 minutos; Estreno: 30 de junio de 2016). Argumento: Tres hombres, cuya situación sentimental es similar, se conocen durante un vuelo a República Dominicana. Los tres se encuentran en proceso de divorcio. Deciden mudarse juntos y una de las reglas que establecen es que ninguna mujer puede pasar más de una noche en la casa. Pero habrá una mujer que pasará más de una noche en dicho hogar, la empleada doméstica. Las tensas relaciones con sus ex esposas y sus posiciones machistas darán vida a esta comedia.

Flor de azúcar, 2016 (Dirección: Fernando Báez Mella; Género: Drama; Duración: 1 hora 50 minutos; Estreno: 28 de julio de 2016). Argumento: República Dominicana 1948. Samuel, un joven campesino dominicano de firmes principios, se enfrenta a la hostilidad e injusticia de la dictadura de Trujillo. Indignado por el abuso de un grupo de guardias del régimen da muerte involuntariamente a uno de sus miembros, viéndose obligado a huir y abandonar a su esposa Elena y a sus dos hijas.

Allen report, 2016 (Dirección: Alanna Lockward; Género: Documental; Duración: 1 hora 16 minutos; Estreno: 28 de julio de 2016). Argumento: Producción documental domínico-haitiana, que investiga el legado liberador de la Iglesia Africana Metodista Episcopal (AME) en la República Dominicana, Haití y Namibia, y en su lugar de origen, los Estados Unidos. Narrativas comunes de lucha en contra de la esclavización y el apartheid son contadas en tres idiomas (castellano, inglés y francés) en las voces de diecinueve personas.

Loki 7 / El perro de la siberia, 2016 (Dirección: Ernesto Alemany; Género: Comedia; Duración: 1 hora 39 minutos; Estreno: 11 de agosto de 2016). Argumento: Siete amigos se ven envueltos en un lío de mucho dinero entre dos mafiosos, uno ruso y el otro dominicano, quienes controlan el bajo mundo de Punta Cana.

El camino correcto, 2016 (Dirección: José Carlos Goma; Género: Drama; Duración: 1 hora 2 minutos; Estreno: 25 de agosto de 2016). Argumento: Arturo es un chico de El Verde, Bonao, que aprovecha las oportunidades que se le presentan. Su madre está enferma y se va del campo para buscar trabajo en el pueblo. Esto le hará vivir una serie de experiencias que pondrán a prueba su integridad como persona.

Camino a Higüey, 2016 (Dirección: Abinadab Alberto; Género: Documental; Duración: 1 hora 6 minutos; Estreno: 1 de septiembre de 2016). Argumento: Documental que retrata la peregrinación de los Toros de la Virgen, tradición centenaria poco conocida, que tiene su origen en Bayagüana, provincia de Monte Plata, organizada e impulsada por la hermandad de los Toros de la Virgen de las diferentes comunidades del Este. Expone los testimonios, vivencias y experiencias de vida de personas devotas de la Virgen.

¿Pa'qué me casé?, 2016 (Dirección: Roberto Ángel Salcedo; Género: Comedia; Duración: 1 hora 36 minutos; Estreno: 15 de septiembre de 2016). Argumento: Cuenta la historia de dos parejas en procesos de divorcios marcados por los celos, la amistad sincera, la infidelidad, la desconfianza y los encuentros inesperados.

Caribbean fantasy, 2016 (Dirección: Johanne Gómez Terrero; Género: Documental; Duración: 53 minutos). Argumento: Debajo del puente Duarte, Ruddy conecta las dos orillas del Río Ozama. Rema transportando a los obreros del barrio. Dos veces a la semana, Morena interrumpe su rutina de barquero. Son amantes. Ella evangélica. Como pareja tienen once años, a pesar de que ella está casada. Durante el proceso, Ruddy reflexiona sobre su relación.

Cuentas por cobrar, 2016 (Dirección: Ronni Castillo; Género: Drama; Duración: 1 hora 20 minutos; Estreno: 13 de octubre de 2016). Argumento: Aquiles ha cumplido con la justicia durante diez años y ahora intenta redimir su vida con un trabajo digno, pero la enfermedad de su hijo lo obliga a hacer un encargo para el Francés, un usurero que opera en el mercado. Un giro inesperado lo obliga a escaparse con un policía, y juntos enfrentan todo lo que se presenta en un largo camino para tratar de salvar a su hijo de una mortal enfermedad.

Muerte por mil cortes, 2016 (Dirección: Juan Mejía Botero y Jake Kheel; Género: Documental; Duración: 1 hora 13 minutos; Estreno: 20 de octubre de 2016). Argumento: El brutal asesinato de un guardabosque dominicano se convierte en la metáfora de la creciente tensión entre Haití y la República Dominicana sobre explotación ilícita del carbón de leña y la deforestación masiva.

Verdad o reto, 2016 (Dirección: Suzette Reyes; Género: Drama; Duración: 1 hora 20 minutos; Estreno: 3 de noviembre de 2016). Argumento: Relata la historia entre Aura, una joven promesa de la pintura con una vida plena, y Gael, un joven solitario que intriga a Aura desde el momento en que se conocen. El amor de la joven pareja se gana de inmediato un gran antagonista: los médicos diagnostican a Aura un tumor en el cerebro que hará que ponga su vida en perspectiva, convirtiendo esta historia en una de crecimiento y pasión por la vida.

Si dios quiere, Yuli (*Si Bondye Vle Yuli*), 2016 (Dirección: Jean Jean; Género: Documental; Duración: 1 hora 11 minutos; Estreno: 10 de noviembre de 2016). Argumento: La vida de Yuli, una mujer haitiana que vive en República Dominicana hace más de 35 años, ha sido una lucha permanente por criar a los suyos con dignidad, pese al precario estatus migratorio con el que ha vivido desde entonces. El hijo que provocó que Yuli cruzara la frontera a principio de los años ochenta regresa y encuentra a su madre, que después de todo ese tiempo está intentando arreglar su situación frente al Plan de Regularización que el gobierno dominicano ha puesto en marcha. Este documental explora las relaciones dominico-haitianas a través de la vida cotidiana de Yuli y de la mano de su hijo, quien dirige el documental.

Tubérculo presidente, 2016 (Dirección: Archie López; Género: Comedia; Duración: 1 hora 30 minutos; Estreno: 24 de noviembre de 2016). Argumento: Tubérculo y Tirson son elegidos presidente y vicepresidente del país. Su gobierno logra popularidad, sobre todo por sus programas de alimentación para el pueblo y su política anticorrupción, pero un grupo desea hacer negocios turbios a costa de su mandato.

Catastrópico, 2016 (Dirección: Jorge Hazoury; Género: Comedia; Duración: 1 hora 30 minutos; Estreno: 22 de diciembre de 2016). Argumento: Una famosa y mimada actriz internacional lucha por regresar a la civilización tras la caída de su jet privado, lo que evita un planificado secuestro en su contra y la deja a merced de su latoso asistente y un torpe secuestrador en el marco del ambiente rural dominicano.

Addendum

Azul magia, 2017 (Dirección: Cristian Mojica; Género: Drama; Estreno: 2 de enero de 2017). Argumento: Moisés recurre a un bosque con la intención de encontrar un fruto que sanará a su madre enferma. Durante su búsqueda, tiene un extraño encuentro con una joven a la que debe proteger de un supuesto monstruo que la persigue.

El plan perfecto, 2017 (Dirección: Roberto Ángel Salcedo; Género: Acción; Estreno: 19 de enero de 2017). Argumento: Acusados injustamente de haber robado un almacén en el que trabajan, unos jóvenes se dan a la fuga a la vez que planean revelar la verdad de la estafa en la que se encuentran involucrados.

Voces de la calle, 2017 (Dirección: Hans García; Género: Drama; Estreno: 2 de febrero 2017). Argumento: Con ímpetu de escapar la dura realidad de su barrio, tres jóvenes unen sus talentos musicales, pero la falta de dinero para poder grabar su música los incita a negocios ilícitos.

El encuentro, 2017 (Dirección: Alfonso Rodríguez; Género: Drama; Estreno: 23 de febrero 2017). Argumento: José, quien pierde trágicamente a su esposa, se enamora a primera vista de Clara tres años después, y descubre que ella podría llevar el corazón trasplantado de su ex esposa.

Reinbou, 2017 (Dirección: Andrés Curbelo & David Maier; Género: Drama; Estreno: 16 de marzo de 2017). Argumento: Ambientada en la época de la guerra civil dominicana de 1965, el protagonista, Ángel, busca al padre que nunca conoció.

El hombre que cuida, 2017 (Dirección: Alejandro Andújar; Género: Drama; Estreno: 30 de marzo de 2017). Argumento: Después de que su esposa se queda embarazada de otro hombre, Juan decide abandonar el pequeño pueblo pesquero en el que vivía y se obsesiona en cuidar la mansión ostentosa de una familia adinerada. Un día el joven hijo del propietario aparece en la casa sin el permiso de su padre, cargado de alcohol y con un amigo extranjero y una chica del pueblo que acaban de conocer. Durante el fin de semana Juan se verá obligado a tomar decisiones que afectarán el resto de su vida.

Mañana no te olvides, 2017 (Dirección José Enrique Pintor; Género: Drama; Estreno: 18 de mayo de 2017). Argumento: Un adolescente con síndrome de Down y su abuelo diagnosticado con Alzheimer logran crear una relación especial con tal de evadir las obstáculos diarios a los que se enfrentan y encontrar la felicidad.

Carpinteros, 2017 (Dirección: José María Cabral; Género: Drama; Estreno: mayo de 2017). Argumento: Julián encuentra el amor en el lugar más inimaginable: la cárcel de Najayo. Su romance con la interna Yanelly se desarrolla a través de un lenguaje de señas con tal de evitar la censura de los guardias. Julián intenta mantener la relación escondida de Manaury, un hombre muy peligroso que también «carpintea» con Yanelly.

Sambá, 2017 (Dirección: Laura Amelia Guzmán & Israel Cárdenas; Género: Drama; Estreno: 29 de junio de 2017). Argumento: Tras quince años en prisión, el protagonista regresa a la República Dominicana y ante la dificultad para encontrar un trabajo digno recurre a las peleas de boxeo con tal de ganar dinero fácil e ilícito.

Veneno, 2017 (Dirección: Tabaré Blanchard; Género: Drama). Argumento: Basado en la vida deportiva del luchador dominicano Rafael Sánchez, mejor conocido como Jack Veneno, y su archienemigo José Manuel Guzmán, alias Relámpago Hernández.

De los autores

Lisa Blackmore es Profesora en Historia del Arte y Estudios Interdisciplinarios en la Universidad de Essex. Fue Investigadora Posdoctoral en la Universidad de Zürich (2014-2017), y profesora universitaria en Venezuela y Reino Unido. Es autora de *Spectacular Modernity: Dictatorship, Space and Visuality in Venezuela 1948-1958* (2017) y co-editora de *From Mall to Prison: El Helicoide's Downward Spiral* (2017).

Fernanda Bustamante Escalona es doctora en Teoría de la Literatura y Literatura Comparada por la Universitat Autònoma de Barcelona. Sus líneas de investigación, bajo un enfoque interdisciplinar, se centran en la narrativa y cultura reciente del Caribe insular hispano, y en las redes intelectuales y literarias transatlánticas entre España y El Caribe. Es co-directora de *Mitologías hoy. Revista de pensamiento, crítica y estudios literarios latinoamericanos*, donde co-coordinó el dossier «Sujetos y subjetividades en el Caribe hispano» (vol. 12, 2015). Es autora del libro *A ritmo desenfadado. Narrativas dominicanas del nuevo milenio* (2014), y editora asociada del libro *Cuentos y poemas (1998-2003)* de Rita Indiana (2017). También realizó la edición comentada de *El asmático insigne, monstruo de Trocadero. José Lezama Lima y José Agustín Goytisolo. Correspondencia y otros textos* (2017) y la edición del libro *Rita Indiana. Archivos* (2017).

Irune del Río Gabiola es Profesora Asociada de español y Directora del Programa de Estudios de Género y Sexualidad en la Universidad de Butler. Es la autora del libro *Resistant bodies in the cultural productions of transnational Hispanic Caribbean women: re/imagining queer identity* (2017). Su investigación actual explora el trabajo de intelectuales españoles exiliados en el Caribe Hispano durante la guerra civil española y la dictadura franquista.

Rita De Maeseneer es catedrática de literatura latinoamericana en la Universidad de Amberes. Especialista en literatura caribeña, es autora de *El festín de Alejo Carpentier. Una lectura culinario-intertexual* (2003), *Encuentro con la narrativa dominicana contemporánea* (2006), *Seis ensayos sobre narrativa dominicana contemporánea* (2011) y *Devorando a lo cubano* (2012). Escribió *Ocho veces Luis Rafael Sánchez* (2008) en colaboración con Salvador Mercado Rodríguez. Actualmente su investigación está orientada hacia la presencia de los sonidos y de la música en la literatura y el cine caribeños.

Rosana Díaz-Zambrana se doctoró en Literatura comparada en la Universidad de Illinois en Urbana-Champaign y actualmente se desempeña como Profesora Titular en Rollins College. Ha escrito ensayos sobre la cultura y literatura caribeñas y sobre autores del *postboom* y el cine latinoamericano contemporáneo. Ha coeditado los volúmenes de cine *Cinema Paraiso: Representaciones e imágenes audiovisuales en el Caribe hispano* (2010) y *Horrofílmico: Aproximaciones al cine de terror en Latinoamérica y el Caribe* (2012). En 2015 completó la antología *Terra Zombi: El fenómeno transnacional de los muertos vivientes.*

Naida García-Crespo es Profesora Auxiliar en el departamento de inglés de la Academia Naval de los Estados Unidos. Sus intereses y publicaciones se enfocan en el cine puertorriqueño, el cine dominicano y las relaciones entre Estados Unidos y el Caribe. Su trabajo ha sido publicado en *Centro Journal, Film History* y *Jump Cut*.

María García Puente es Profesora Auxiliar de español en la Universidad Estatal de California en San Bernardino, donde imparte cursos de literatura, cultura y cine hispanos. Su principal área de investigación es la literatura y cine peninsular contemporáneos, con especial énfasis en las reescrituras fílmicas de cuentos de hadas y los estudios de género.

Félix Manuel Lora es periodista, profesor y crítico de cine. Escribe periodismo cinematográfico en diferentes medios de comunicación como *El Nuevo Diario, Listín Diario, El Caribe* y *cdn Canal 37*. Tiene en su haber el documental *Un rollo en la arena* (2005), un conjunto de reflexiones sobre la industria de cine en el país, y el libro *Encuadre de una identidad audiovisual* (2007), donde analiza la evolución del medio audiovisual en la República Dominicana. Fundador de la Muestra Internacional de Cine de Santo Domingo, actualmente continúa desarrollando crítica de cine desde su propio portal de Cine Dominicano (<www.cinemadominicano.com>).

KRISTINA I. MEDINA VILARIÑO es Profesora Auxiliar en St. Olaf College. Se especializa en estudios culturales, literatura y cine del Caribe hispano. Sus principales áreas de investigación incluyen estudios de género latinos y literatura y cultura latinoamericana. Su trabajo se centra en tópicos relativos a los estudios de transnacionalismo y migración, género y sexualidad, identidad nacional y teoría racial.

MIHARU M. MIYASAKA es investigadora independiente. Obtuvo un doctorado en Estudios Hispánicos en The University of Western Ontario. Trabajó en producción de cine en el Instituto Cubano de Arte e Industria Cinematográficos. Investiga el intercambio migratorio y fílmico cubano-japonés y las prácticas transnacionales en el cine cubano contemporáneo. Ha escrito para publicaciones académicas y culturales como la revista *Cine Cubano* y el volumen colectivo *Re-imagining community and civil society in Latin America and the Caribbean* (2016).

ADRIANA TOLENTINO se desempeña como Profesora Auxiliar en Eckerd College, donde imparte cursos de lengua, cultura y literatura hispana. Sus intereses de investigación giran en torno a los estudios de género y tendencias emergentes en el cine y la literatura latinoamericanos. Más concretamente, trabaja sobre el uso metafórico de figuras huérfanas en la literatura y el cine como medios de creación de comunidades empáticas.

PATRICIA TOMÉ es graduada de la Universidad de Rutgers en Periodismo y Literatura hispanoamericana y obtuvo su doctorado en la Universidad de Kansas. Actualmente se desempeña como Profesora Asociada en Rollins College, en Florida. Ha publicado ensayos sobre las tradiciones culinarias en la literatura cubana y sobre cine latinoamericano, y coeditado los volúmenes *Cinema Paraíso: Representaciones e imágenes audiovisuales en el Caribe hispano* (2010) y *Horrofílmico: Aproximaciones al cine de terror en Latinoamérica y el Caribe* (2012).

RAYMOND TORRES-SANTOS es un académico, administrador, compositor, arreglista, director de orquesta y pianista puertorriqueño. Su escritos académicos se enfocan en la educación musical, creatividad, multiculturalismo, crítica musical y estudios interdisciplinarios, y han sido publicados por CUNY, Hoftra University y Cambridge Scholars Publishing. Es profesor de música en la Universidad del Estado de California en Long Beach.

FERNANDO VALERIO-HOLGUÍN estudió literatura en la Universidad Autónoma de Santo Domingo y se doctoró en Tulane University. Es catedrático de literatura latinoamericana en Colorado State University, donde fue galardonado con el premio John N. Stern Distinguished Professor. Ha dictado conferencias y leído poesía en universidades e instituciones como Smithsonian Institution, the Library of Congress, University of Oxford y Julián Samora Research Institute. Entre sus libros se destacan *Poética de la frialdad: La narrativa de Virgilio Piñera* (1996), *Banalidad Posmoderna* (2006) y *Presencia de Trujillo en la narrativa contemporánea* (2006).

Catálogo Almenara

Aguilar, Paula & Basile, Teresa (eds.) (2015): *Bolaño en sus cuentos*. Leiden: Almenara.

Aguilera, Carlos A. (2016): *La Patria Albina. Exilio, escritura y conversación en Lorenzo García Vega*. Leiden: Almenara.

Amar Sánchez, Ana María (2017): *Juegos de seducción y traición. Literatura y cultura de masas*. Leiden: Almenara

Barrón Rosas, León Felipe & Pacheco Chávez, Víctor Hugo (eds.) (2017): *Confluencias barrocas. Los pliegues de la modernidad en América Latina*. Leiden: Almenara.

Blanco, María Elena (2016): *Devoraciones. Ensayos de periodo especial*. Leiden: Almenara.

Burneo Salazar, Cristina (2017): *Acrobacia del cuerpo bilingüe. La poesía de Alfredo Gangotena*. Leiden: Almenara

Caballero Vázquez, Miguel & Rodríguez Carranza, Luz & Soto van der Plas, Christina (eds.) (2014): *Imágenes y realismos en América Latina*. Leiden: Almenara.

Calomarde, Nancy (2015): *El diálogo oblicuo: Orígenes y Sur, fragmentos de una escena de lectura latinoamericana, 1944-1956*. Leiden: Almenara.

Campuzano, Luisa (2016): *Las muchachas de La Habana no tienen temor de dios. Escritoras cubanas (siglos XVIII-XXI)*. Leiden: Almenara.

Casal, Julián del (2017): *Epistolario. Edición y notas de Leonardo Sarría*. Leiden: Almenara.

Churampi Ramírez, Adriana (2014): *Heraldos del Pachakuti. La Pentalogía de Manuel Scorza*. Leiden: Almenara.

Deymonnaz, Santiago (2015): *Lacan en el cuarto contiguo. Usos de la teoría en la literatura argentina de los años setenta*. Leiden: Almenara.

Díaz Infante, Duanel (2014): *Días de fuego, años de humo. Ensayos sobre la Revolución cubana*. Leiden: Almenara.

Fielbaum, Alejandro (2017): *Los bordes de la letra. Ensayos sobre teoría literaria latinoamericana en clave cosmopolita*. Leiden: Almenara.

García Vega, Lorenzo (2018): *Rabo de anti-nube. Diarios 2002-2009. Edición y prólogo de Carlos A. Aguilera*. Leiden: Almenara.

Garrandés, Alberto (2015): *El concierto de las fábulas. Discursos, historia e imaginación en la narrativa cubana de los años sesenta*. Leiden: Almenara.

González Echevarría, Roberto (2017): *La ruta de Severo Sarduy*. Leiden: Almenara.

Gotera, Johan (2016): *Deslindes del barroco. Erosión y archivo en Octavio Armand y Severo Sarduy*. Leiden: Almenara.

Hernández, Henry Eric (2017): *Mártir, líder y pachanga. El cine de peregrinaje político hacia la Revolución cubana*. Leiden: Almenara.

Inzaurralde, Gabriel (2016): *La escritura y la furia. Ensayos sobre la imaginación latinoamericana*. Leiden: Almenara.

Kraus, Anna (2018): *sin título. operaciones de lo visual en 2666 de Roberto Bolaño*. Leiden: Almenara.

Loss, Jacqueline (2018): *Soñar en ruso. El imaginario cubano-soviético*. Leiden: Almenara.

Machado, Mailyn (2016): *Fuera de revoluciones. Dos décadas de arte en Cuba*. Leiden: Almenara.

Medina Ríos, Jamila (2018): *Diseminaciones de Calvert Casey*. Leiden: Almenara.

Molinero, Rita (ed.) (2018): *Virgilio Piñera. La memoria del cuerpo*. Leiden: Almenara.

Morejón Arnaiz, Idalia (2017): *Política y polémica en América Latina. Las revistas Casa de las Américas y Mundo Nuevo*. Leiden: Almenara.

Pérez-Hernández, Reinier (2014): *Indisciplinas críticas. La estrategia poscrítica en Margarita Mateo Palmer y Julio Ramos*. Leiden: Almenara.

Pérez Cano, Tania (2016): *Imposibilidad del* beatus ille. *Representaciones de la crisis ecológica en España y América Latina*. Leiden: Almenara.

Pérez Cino, Waldo (2014): *El tiempo contraído. Canon, discurso y circunstancia de la narrativa cubana (1959-2000)*. Leiden: Almenara.

Quintero Herencia, Juan Carlos (2016): *La hoja de mar (:) Efecto archipiélago I*. Leiden: Almenara.

Ramos, Julio & Robbins, Dylon (eds.) (2018): *Guillén Landrián o los límites del cine documental*. Leiden: Almenara.

Timmer, Nanne (ed.) (2016): *Ciudad y escritura. Imaginario de la ciudad latinoamericana a las puertas del siglo XXI*. Leiden: Almenara.

— (2018): *Cuerpos ilegales. Sujeto, poder y escritura en América Latina*. Leiden: Almenara.

Tolentino, Adriana & Tomé, Patricia (eds.) (2017): *La gran pantalla dominicana. Miradas críticas al cine actual*. Leiden: Almenara.

Vizcarra, Héctor Fernando (2015): *El enigma del texto ausente. Policial y metaficción en Latinoamérica*. Leiden: Almenara.

www.ingramcontent.com/pod-product-compliance
Lightning Source LLC
Chambersburg PA
CBHW020607300426
44113CB00007B/544